단어 뜻을 직접 써 보며 외우면
기억에 착! 실력도 착착!

착! 붙는
러시아어
단어장

저 러포자 구제 연구소 · М.Ю. Бордюговский

랭기지플러스

머리말

러시아어가 참 어려운 언어라는 이야기를 많이들 합니다. 물론 쉬운 언어는 아닙니다. 그리고 언어 자체의 어려움과 더불어 많은 학습자들이 흥미로운 러시아어 학습 교재와 콘텐츠가 부족하다는 점을 많이 지적하곤 합니다. 그래서 '어려운 러시아어를 더욱 효율적이고 쉽게 공부하는 방법이 있을까'라는 고민을 하던 중 탄생한 교재가 바로 이 단어장입니다.

〈착!붙는 러시아어 단어장〉은 토르플 1급 필수 어휘를 중심으로 기초 단계에서 꼭 필요한 어휘들을 유용하고 흥미로운 테마별로 구성하였습니다. 또한, 각 어휘마다 생생한 예문을 제시하여 어휘의 실제 쓰임을 파악할 수 있도록 하였습니다. 단어는 많이 외웠지만 외국인과 실제 대화를 나누지 못하는 경우가 부지기수입니다. 예문을 반복적으로 듣고 따라 외우다 보면 회화 실력이 절로 향상될 것입니다. 예문은 쉬운 수준과 어려운 수준을 적절히 섞어 단순히 기초에만 머무르는 것이 아니라 중급으로 도약할 수 있는 발판을 만들어 주고자 하였습니다.

따라서 이 단어장을 공부하면 토르플 1급을 비롯한 플렉스, 스널트 등 각종 국가고시의 기본기를 다질 수 있습니다. 저희는 이 단어장을 학습할 때 동사 부분에 중점을 두어 공부하며, 표제어 외에도 참고 단어와 부록을 충분히 활용하기를 제안합니다.

필자들이 러시아어를 공부하며 느꼈던 막막함과 갈증을 이 단어장을 공부하는 학습자들은 조금이나마 덜 느꼈으면 합니다. 이 단어장을 통해 러시아어에 대한 흥미가 더욱 커지고, 실력이 향상되기를 기대합니다.

저자 일동

머리말 3
이 책의 사용법 6

I Семья́ 가정
1. 가족 10   2. 집(내부) 16   3. 집(외부) 20
4. 생활용품 24   5. 위치/배치 32   6. 하루 일과 36

II Челове́к / Жизнь 인간/삶
1. 성격/특징 42   2. 감정 48   3. 생각/의견 54
4. 행동 60   5. 외모/신체 66   6. 감각 71   7. 건강 75
8. 나이/일생 82

III Путеше́ствия / Пое́здки 여행
1. 이동 동사 90   2. 교통 99   3. 쇼핑 106
4. 음식 117   5. 국가/외국 126   6. 관광 132

IV Культу́ра 문화
1. 명절/기념일 142   2. 역사/전통 149   3. 문화/예술 156
4. 취미/놀이 165   5. 스포츠 171   6. 접속사/원인/결과 176

V Общество 사회

1. 인간 관계 182   2. 만남/약속 190   3. 시간 195
4. 필요/능력/소유 206   5. 학교(초·중·고) 210   6. 학교(대학) 215
7. 직장/직업 222   8. 통신 230   9. 정치/경제 236
10. 과학/기술 246

VI Природа / Окружающая среда 자연/환경

1. 자연/우주 254   2. 계절/날씨 261   3. 동식물 267
4. 도시/환경 273

부록 - 1. 러시아어 동사 활용형 280
2. 동사의 상 281
3. 러시아어 형용사/명사 격변화 282
4. 전치사의 활용 288
5. 수사 292
6. 수사의 격변화 293
7. 러시아어 전치사 в/на 295
8. 특수전치격(-y) 296
9. 불규칙 비교급 297
10. 이동 동사의 다양한 의미 298
11. -то, -нибудь, кое- 299

색인 300

▪▪ 기본기를 다지는 데 필요한 엄선된 단어

토르플 1단계 수준의 단어를 학습할 수 있습니다. 단순히 단어를 알파벳 순으로 나열을 한 것이 아니라 가정, 인간, 여행, 문화, 사회, 환경 등 흥미로운 테마별로 구성하여 관련성 있는 단어와 표현들을 효과적으로 학습할 수 있도록 하였습니다. 또한, 각 주제마다 생생한 예문과 풍부한 추가 단어를 실어 학습자들의 흥미 자극과 어휘 확장에 도움을 줍니다.

▪▪ MP3 파일

원어민이 들려 주는 발음을 통해 확실하게 단어를 익힐 수 있습니다. 발음 연습을 하면서 청취 실력도 충분히 향상시킬 수 있습니다. 랭기지플러스 홈페이지 (www.sisabooks.com/langpl)나 '콜롬북스' 어플을 통해 자료를 다운 받을 수 있습니다.

셀프 점검&연습문제

단어 앞의 □박스에 체크하면서 외운 단어를 점검해 볼 수 있습니다. 하나의 단어를 공부하더라도 유의어, 반의어, 격변화, 문장 속 쓰임까지 완벽히 마스터하자는 마음가짐으로 공부하세요. 소주제마다 연습문제를 실어 학습한 내용을 확인할 수 있도록 하였습니다. 학습자들은 연습문제를 통해 자신이 모르는 부분을 확인하고, 더욱 심화된 학습을 할 수 있습니다.

부록

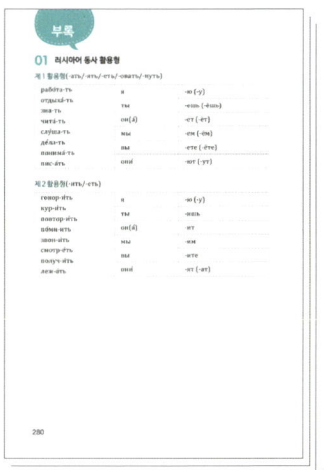

부록에는 러시아어를 학습하는데 있어 필요한 기본적 문법 사항 및 어휘와 관련된 추가 설명을 실었습니다. 부록 자료를 통해 러시아어 학습의 기초를 탄탄하게 다져 보세요.

일러두기

유 유의어	단생 단수 생격	кто-что 주 주격
반 반의어	복생 복수 생격	кого́-чего́ 생 생격
남 남성 명사	형단 형용사 단어미	кому́-чему́ 여 여격
여 여성 명사	불 불완료상	кого́-что 대 대격
중 중성 명사	완 완료상	кем-чем 조 조격
복 복수 명사	инф. 동사원형	ком-чём 전 전치격

① 각 단어는 변화형이 어렵거나 불규칙인 경우만 표시하였습니다.
② 동사는 불완료상, 완료상의 순서로 표기하였습니다.

▶ 러시아어 인칭대명사

я 나 / ты 너 / он 그 / она́ 그녀 / оно́ 그것 /
мы 우리 / вы 당신, 너희들 / они́ 그들

▶ 러시아어 소유/지시형용사

мой(-я, -ё, -и) 나의 / твой(-я, -ё, -и) 너의 / его́ 그의, 그것의 / её 그녀의 /
наш(-а, -е, и) 우리의 / ваш(-а, -е, и) 당신의, 너희들의 / их 그들의 /
свой(-я, -ё, -и) 자신의 / э́тот(-а, -о, -и) 이(this)

▶ 러시아어 의문사

кто 누가 / что 무엇 / как 어떻게 / како́й(-а́я, -о́е, -и́е) 어떠한 /
где 어디 / когда́ 언제 / куда́ 어디로 / почему́ 왜

I
Семья́
가정

1 Семья́ 가족

Track 01

☐ семья́	Семья́ – э́то са́мое дорого́е в мое́й жи́зни. **가족**은 나의 삶에서 가장 소중한 것이다. семе́йный 가족의, 가정의	가족, 가정
☐ роди́тели	Я живу́ с роди́телями. 나는 **부모님**과 함께 산다.	복 부모
☐ оте́ц	У моего́ отца́ есть маши́на. 우리 **아버지**는 자동차가 있다. 유 па́па 아빠	아버지 단생 отца́
☐ мать	Моя́ мать была́ учи́телем ру́сского языка́. 우리 **어머니**는 러시아어 선생님이었다. 유 ма́ма 엄마	어머니 생 여 전 ма́тери 조 ма́терью
☐ де́душка	Вчера́ у́мер мой де́душка. 어제 **할아버지**가 돌아가셨다.	할아버지 복생 де́душек
☐ ба́бушка	Моя́ ба́бушка чита́ла мне ска́зки. **할머니**가 나에게 동화책을 읽어 주셨다.	할머니 복생 ба́бушек
☐ сын	Моему́ сы́ну три го́да. 우리 **아들**은 3살이에요.	아들 복 сыновья́ 복생 сынове́й
☐ дочь	Совсе́м неда́вно Ле́на родила́ дочь. 얼마 전 레나가 **딸**을 낳았다.	딸 생 여 전 до́чери 조 до́черью

10

☐ брат

Мой мла́дший брат – певе́ц.
내 **남동생**은 가수이다.

남자 형제
복 бра́тья
복생 бра́тьев

☐ сестра́

У мое́й сестры́ дво́е дете́й.
우리 **언니(누나, 여동생)**는 아이가 둘이다.

여자 형제
복 сёстры
복생 сестёр

☐ муж

Мы с му́жем живём душа́ в ду́шу.
저와 **남편**은 사이좋게 지내고 있어요.

남편
복 мужья́

☐ жена́

Моя́ жена́ рабо́тает в америка́нской компа́нии.
아내는 미국계 회사에서 일한다.

아내
복 жёны
복생 жён

☐ супру́ги

Они́ супру́ги, но давно́ не живу́т вме́сте.
그들은 **부부**지만, 오래전부터 별거 중이다.

복 부부

☐ внук

Мой внук – у́мный, до́брый и краси́вый ма́льчик.
우리 **손자**는 똑똑하고, 착하고, 잘생겼어.
вну́чка 여 손녀

남 손자

☐ ро́дственник

Я звоню́ свои́м бли́зким ро́дственникам ежедне́вно.
나는 가까운 **친척**들과 매일 전화 통화를 한다.

친척

☐ большо́й

У меня́ больша́я семья́.
우리는 **대**가족이다.

큰

I. **Семья́** 가정

☐ ма́ленький	Ребёнок ещё ма́ленький, поэ́тому он не мо́жет сказа́ть, почему́ он пла́чет. 아직 아이가 **어려서**, 우는 이유를 말하지 못한다.	작은; 어린
☐ похо́ж	Ста́ршая дочь похо́жа на ма́му, а мла́дшая – на па́пу. 큰딸은 엄마를 **닮았고**, 작은딸은 아빠를 **닮았다**. 형단 похо́жа, похо́же, похо́жи	на кого́-что 대 닮다
☐ близне́ц	Близнецы́ обы́чно похо́жи друг на дру́га. **쌍둥이**는 보통 서로 닮았다.	쌍둥이
☐ жена́т	Оле́г давно́ жена́т. 올레그는 오래 전에 **결혼했다**.	기혼 남성의
☐ за́мужем	Мне за со́рок, и я не за́мужем. 나는 마흔이 넘었는데, 아직 **미혼이다**.	기혼 여성의
☐ за́муж	Ве́ра вы́шла за́муж за своего́ шко́льного дру́га Ю́рия. 베라는 학창 시절 친구였던 유리와 **결혼했다**. вы́йти за́муж за + 대 ~에게 시집가다	시집가다, 여자가 결혼하다
☐ жени́ться	Серге́й жени́лся на О́льге два го́да наза́д. 세르게이는 올가와 2년 전에 **결혼했다**. 불 / 완 женю́сь, же́нится, же́нятся	на ком 전 장가가다, 남자가 결혼하다
☐ дру́жный	Моя́ семья́ небольша́я, но о́чень дру́жная. 우리 가족은 작지만 **화목하다**.	화목한

1 семья́ 가족

| ☐ разводи́ться развести́сь | Роди́тели развели́сь, когда́ мне бы́ло шесть лет.
제가 6살 때 부모님이 **이혼하셨어요**.
불 развожу́сь, -во́дится, -во́дятся
완 разведу́сь, -дётся; -вёлся, -вела́сь | 이혼하다 |

| ☐ состоя́ть 불 | Моя́ семья́ состои́т из трёх челове́к: па́па, ма́ма и я.
우리 가족은 엄마, 아빠, 저, 이렇게 3명으로 **구성되어 있어요**.
불 состои́т, состоя́т | из чего́ 생
구성되다 |

| ☐ роди́ться 완 | Я роди́лся и вы́рос в Сеу́ле.
저는 서울에서 **나고** 자랐어요.
완 роди́лся, -ла́сь, -ли́сь | 태어나다 |

| ☐ забо́титься позабо́титься | Роди́тели забо́тятся о своём ребёнке, а не о себе́.
부모님은 자기 자신을 돌보기보다 자식을 **보살핀다**.
불 забо́чусь, -тится, -тятся | о ком-чём 전
보살피다,
신경 쓰다 |

| ☐ расти́ть 불 | Без му́жа тру́дно расти́ть ребёнка.
남편 없이 아이를 **키운다**는 게 어렵죠.
불 ращу́, расти́т, растя́т | кого́-что́ 대
기르다 |

| ☐ расти́ вы́расти | Мой сыно́к растёт с ка́ждым днём.
아들이 하루가 다르게 **자라고 있어요**.
불 расту́, -тёт, -ту́т; рос, росла́, росли́
완 вы́расту, -тет, тут; вы́рос, -сла, -сли | 자라다 |

| ☐ де́тский сад | Де́ти игра́ют во дворе́ де́тского са́да.
아이들이 **유치원** 마당에서 논다.
воспита́ние 양육, 교육 | 유치원 |

I. Семья́ 가정 13

1 семья́ 가족

☐ жить 불	Моя́ семья́ живёт в Росси́и уже́ пять лет. 우리 가족은 벌써 5년째 러시아에서 **살고** 있다. 불 живу́, -вёт, -ву́т; жил, жила́, жи́ли	살다
☐ ста́рший	Мой ста́рший брат слу́жит в а́рмии. 우리 **형(오빠)**은 군 복무 중이다. 반 мла́дший 더 어린	나이가 더 많은
☐ моло́же	Жена́ моло́же му́жа на три го́да. 아내가 남편보다 3살 **어리다**. 유 мла́дше 더 어리다 반 ста́рше 나이가 더 많다	더 어리다
☐ зову́т	Мою́ ма́му зову́т Ольга Петро́вна. 어머니 **성함은** 올가 페트로브나**입니다**. зову́т의 동사원형: звать (부르다)	кого́ 대 이름이 ~이다
☐ домохозя́йка	Моя́ жена́ – домохозя́йка. 제 아내는 **전업주부**입니다.	주부

추가 단어

свёкор	시아버지	двою́родный брат	사촌 동생, 오빠, 형
свекро́вь	시어머니	двою́родная сестра́	사촌 동생, 언니, 누나
тесть	장인	племя́нник(-ница)	조카
тёща	장모	дя́дя	삼촌, 외삼촌, 고모부, 이모부
неве́стка	며느리	тётка(тётя)	고모, 이모, 숙모, 외숙모
зять	사위		

연습 문제

1 짝 지어진 단어의 관계가 나머지와 다른 하나는?

1-1 ① отец – мать ② родитель – родственник

③ бабушка – дедушка ④ жена – муж

1-2 ① жена – жёны ② брат – братья

③ внук – внучка ④ сын – сыновья

2 빈칸을 채우시오.

① 우리 가족은 화목합니다. Моя семья _____.

② 우리 가족은 5명입니다. Моя семья состоит _____ 5(пяти) человек.

③ 저는 미혼이에요. Я не _____ / _____. (남/여)

④ 나는 우리 엄마와 닮았다. Я _____ мою маму.

3 밑줄 친 단어의 반의어는?

Мой брат <u>старше</u> меня на три года.

① маленький ② старый ③ молодой ④ младше

4 다음 문장의 틀린 곳을 고치시오.

① Олег женился с Верой.

② Моя мама зовут Ольга Петровна.

③ Я развелись с женой.

정답

1. 1-1. ② 1-2. ③
2. ① дружная ② из
   ③ женат/замужем
   ④ похож/похожа на
3. ④
4. ① с Верой → на Вере
   ② Моя мама → Мою маму
   ③ развелись → развёлся

I. **Семья** 가정

2 Дом 집(내부)

☐ **ко́мната**	Моя́ ко́мната небольша́я, но о́чень ую́тная. 제 **방**은 크지는 않지만 아주 아늑합니다.	방
☐ **двухко́мнатный**	Ско́лько сто́ит двухко́мнатная кварти́ра в Сеу́ле? 서울의 **방 두 개**짜리 집은 얼마 정도 합니까? **трёхко́мнатный** 방이 세 개인	방이 2개인, 투룸의
☐ **ую́тный**	Спа́льня должна́ быть ую́тной. 침실은 **아늑**해야 한다. 유 комфо́ртный 편안한	아늑한, 포근한
☐ **ку́хня**	Мать и сын гото́вят у́жин на ку́хне. 어머니와 아들이 **부엌**에서 저녁 준비를 하고 있다.	부엌; 음식
☐ **туале́т**	Вы не ска́жете, где здесь туале́т? 실례지만, 여기 **화장실**이 어디 있나요?	화장실
☐ **гости́ная**	Гости́ная – э́то центр любо́го до́ма. 어느 집이나 **거실**은 집의 중심이다.	거실
☐ **спа́льня**	Спа́льня – одно́ из гла́вных мест в кварти́ре. **침실**은 집의 중요한 공간 중 하나이다.	침실
☐ **ва́нная**	Ма́ма купи́ла занаве́ску для ва́нной. 엄마가 **욕실**용 커튼을 샀다.	욕실

☐ балко́н	Сосе́ди сни́зу куря́т на балко́не. 아랫집 사람들이 **베란다**에서 담배를 피워요.	베란다, 발코니
☐ у́гол	Кре́сло стои́т в углу́ ко́мнаты. 의자가 방**구석**에 있다.	모퉁이, 구석 전 в углу́
☐ дверь	Закро́йте, пожа́луйста, дверь! **문** 좀 닫아 주세요! воро́та 복 대문	여 문
☐ окно́	О́кна гости́ной выхо́дят на юг. 거실의 **창**은 남향이다.	창문 복 о́кна
☐ стена́	На стене́ виси́т зе́ркало. **벽**에 거울이 걸려 있다. насте́нные часы́ 벽걸이 시계	벽 복 сте́ны
☐ пол	Моя́ до́чка лю́бит игра́ть на полу́. 우리 딸은 **바닥**에 앉아서 노는 것을 좋아한다. потоло́к 천장 / кры́ша 지붕	바닥, 마루 전 на полу́
☐ беспоря́док	В ко́мнате у моего́ бра́та – ве́чный беспоря́док. 내 남동생 방은 항상 **난장판**이다. 반 поря́док 질서, 순서	난장판; 폭동, 혼란
☐ убира́ть убра́ть	В выходны́е дни я всегда́ убира́ю свою́ ко́мнату. 쉬는 날이 되면 나는 항상 방을 **정리한다**. 완 уберу́, -рёт, -ру́т; убра́л, -ла́, -ли	что 대 치우다, 정리하다, 청소하다

2 Дом 집(내부)

☐ **чи́стый**
У меня́ больша́я чи́стая ко́мната.
내 방은 크고 **깨끗하다**.
반 гря́зный 더러운
깨끗한

☐ **те́сно**
Живём те́сно, но дру́жно.
집은 **비좁지만**, 화목하게 산다.
좁게, 협소하게; 긴밀하게

☐ **открыва́ть / откры́ть**
Кто откры́л окно́? Здесь о́чень хо́лодно.
누가 창문 **열었어**? 여기 엄청 춥네.
완 откро́ю, -ро́ет, -ро́ют
반 закрыва́ть/закры́ть 닫다
что 대
열다

☐ **ключ**
Я потеря́л ключ от кварти́ры.
나는 집 **열쇠**를 잃어버렸다.
열쇠

☐ **а́дрес**
Запиши́ мой дома́шний а́дрес и приезжа́й в го́сти!
우리 집 **주소** 메모해 놔, 그리고 놀러 와!
주소
복 адреса́

☐ **коридо́р**
Туале́т в конце́ коридо́ра.
화장실은 **복도** 끝에 있어요.
복도

☐ **внутри́**
Мно́гие на Но́вый год украша́ют свой дом не то́лько внутри́, но и снару́жи.
많이 사람들이 새해에는 집 **안팎**을 꾸민다.
반 снару́жи 밖에
кого́-чего́ 생
안에

18

연습 문제

1 다음 중 강세 표시가 바르지 않은 것은?

① ую́тный   ② ку́хня   ③ туа́лет   ④ сте́ны

2 다음 빈칸에 들어갈 표현으로 옳은 것은?

Моя́ до́чка сиде́ла _____ . 딸이 **바닥에** 앉아 있었다.

① на́ пол   ② в по́ле   ③ на полу́   ④ на по́ле

3 다음 뜻에 맞는 러시아어를 쓰고 강세를 표시하시오.

문	① д
정원	② с
좁게	③ т
모퉁이, 구석	④ у
침실	⑤ с

4 빈칸을 채우시오.

① 나는 사무실 열쇠를 잃어버렸다.   Я потеря́л ключ _____ о́фиса.

② 오늘 나는 방 청소를 했다.   Сего́дня я _____ ко́мнату.

5 밑줄 친 단어의 반의어를 쓰시오.

Кто откры́л окно́? → Кто _____ окно́?

정답

1. ③ (туале́т)
2. ③
3. ① дверь   ② сад   ③ те́сно   ④ у́гол   ⑤ спа́льня
4. ① от   ② убра́л(а́)
5. закры́л

3 Дом 집(외부)

Track 03

☐ **дом**
Мой дом нахо́дится ря́дом со шко́лой.
우리 **집**은 학교 근처에 있다.
집; 건물, (아파트의) 동
복 дома́

☐ **до́ма**
Его́ нет до́ма.
그는 **집에** 없다.
집에

☐ **домо́й**
На у́лице уже́ темно́, пора́ домо́й.
밖이 이미 깜깜하네. **집으로** 갈 시간이야.
집으로

☐ **кварти́ра**
Кварти́ра состои́т из трёх ко́мнат.
우리 **집**은 방이 세 개다.
мно́гокварти́рный дом 아파트, 다세대 주택
집, (아파트의) 호

☐ **хозя́ин**
Кто хозя́ин э́того до́ма?
이 집 **주인**은 누구죠?
хозя́йка 여 안주인
주인
복 хозя́ева
복생 хозя́ев

☐ **общежи́тие**
Я живу́ с подру́гой в общежи́тии.
저는 친구와 **기숙사**에 삽니다.
기숙사

☐ **да́ча**
Ле́том мно́гие уезжа́ют на да́чу.
여름철이 되면 사람들은 대부분 **다차**에 간다.
다차
(러시아식 주말 농장, 별장)

☐ **вход**
Я ждал дру́га у вхо́да в общежи́тие.
나는 기숙사 **입구** 근처에서 친구를 기다렸다.
반 вы́ход 출구
입구

20

☐ подва́л	Во́здух в подва́ле о́чень вла́жный. **지하실**은 공기가 매우 습합니다.	지하층, 지하실
☐ двор	У нас во дворе́ не хвата́ет парко́вочных мест. 우리 **마당**에는 주차 공간이 부족해요.	마당
☐ гара́ж	Вы ста́вите маши́ну в гара́ж и́ли оставля́ете её во дворе́? 당신은 자동차를 **차고**에 세워 두십니까, 아니면 마당에 둡니까? 유 стоя́нка, парко́вка 주차장	차고, 주차장
☐ забо́р	Ме́жду на́шим до́мом и у́лицей – высо́кий забо́р. 우리 집과 거리 사이에는 높은 **담장**이 있다.	울타리, 담장
☐ сад	Де́ти игра́ют в саду́. 아이들이 **정원**에서 논다. огоро́д 텃밭	정원, 뜰 전 в саду́
☐ эта́ж	Я живу́ на второ́м этаже́ в пятиэта́жном до́ме. 나는 5**층**짜리 건물 2**층**에 산다. мно́гоэта́жный 고층의	층 단생 этажа́
☐ лифт	Вчера́ в на́шем до́ме слома́лся лифт. 어제 우리 건물 **엘리베이터**가 고장 났었다.	엘리베이터

I. Семья́ 가정

3 Дом 집(외부)

☐ ле́стница	Чка́ловская ле́стница – са́мая дли́нная в Росси́и. 치칼로프스크 **계단**은 러시아에서 가장 길다.	계단
☐ переезжа́ть перее́хать	Мы перее́хали в Москву́ два го́да наза́д. 우리는 2년 전에 모스크바로 **이사 왔다**. 완 перее́ду, -е́дешь, -е́дут	이사하다
☐ поднима́ться подня́ться	Андре́й на́чал поднима́ться по ле́стнице. 안드레이는 계단을 **오르기** 시작했다. 완 подниму́сь, -ни́мется, -ни́мутся; подня́лся, -ла́сь, -ли́сь	올라가다
☐ спуска́ться спусти́ться	Спуска́йтесь и жди́те нас внизу́. 아래로 **내려가서** 기다리세요. 완 спущу́сь, спу́стится, спу́стятся	내려가다
☐ стро́ить постро́ить	Сейча́с в це́нтре го́рода стро́ят мно́го домо́в. 현재 도심에 많은 건물을 **짓고 있다**. 불 стро́ю, стро́ит, стро́ят	что 대 짓다, 설립하다, 세우다
☐ ни́жний	У сосе́дей с ни́жнего этажа́ всегда́ ужа́сно шумя́т. **아래**층에 사는 이웃들이 엄청 시끄러워요. 반 ве́рхний 위쪽의	아래쪽의
☐ внизу́	Пойдём, внизу́ нас ждёт такси́. 가자, **밑에서** 택시가 기다리고 있어. 반 наверху́, вверху́ 위에	아래에

22

연습 문제

1 다음 뜻에 맞는 러시아어를 쓰고 강세를 표시하시오.

엘리베이터	① л
층	② э
기숙사	③ о
집으로	④ д
출구	⑤ в
지하	⑥ п
울타리, 담장	⑦ з

2 다음 밑줄 친 단어의 반의어는?

2-1 Я поднима́юсь по ле́стнице.

① открыва́ю ② хожу́ ③ занима́юсь ④ спуска́юсь

2-2 Сосе́д с ни́жнего этажа́ гро́мко слу́шает му́зыку.

① внизу́ ② ве́рхнего ③ высо́кого ④ внутри́

3 빈칸을 채우시오.

① 나는 도심으로 **이사 가고** 싶어.   Я хочу́ _____ в це́нтр го́рода.

② **텃밭**에서 양배추가 자란다.   Капу́ста растёт в _____ .

정답

1. ① ле́стница ② эта́ж ③ общежи́тие ④ домо́й ⑤ вы́ход ⑥ подва́л ⑦ забо́р
2. 2-1. ④   2-2. ②
3. ① перее́хать   ② огоро́де

4 Бытовы́е това́ры 생활용품

Track 04

☐ бытова́я те́хника	Бытова́я те́хника де́лает жизнь челове́ка удо́бной и комфо́ртной. **가전제품**은 인간의 삶을 편리하고 안락하게 만든다.	가전제품
☐ электро́ника	Коре́йская электро́ника по́льзуется спро́сом во всём ми́ре. 한국의 **전자제품**은 전 세계적으로 수요가 있다.	전자제품
☐ вещь	Меня́ раздража́ет, когда́ ве́щи не на свои́х места́х. **물건**들이 제자리에 있지 않으면, 저는 짜증이 나요.	여 물건; 옷
☐ ме́бель	Ему́ бы́ло тру́дно вы́брать ме́бель. 그에게 **가구**를 고르는 것은 힘든 일이었다.	여 가구
☐ стол	Ве́чером за столо́м собрала́сь вся семья́. 저녁이 되자 **식탁**에 온 가족이 모여 앉았다.	식탁 단생 стола́
☐ стул	Не сади́тесь на э́тот стул. 이 **의자**에는 앉지 마세요.	의자 복 сту́лья 복생 сту́льев
☐ свет	Мне темно́, включи́ свет. 어둡다. **불** 좀 켜 줘.	불, 등
☐ но́вый	Неда́вно здесь сде́лали ремо́нт, купи́ли но́вую ме́бель. 얼마 전에 여기 수리하고, **새** 가구 샀어. 반 ста́рый 오래된, 낡은	새로운

☐ нену́жный	Я ча́сто покупа́ю нену́жные ве́щи.	불필요한
	나는 종종 **필요없는** 물건을 사곤 한다.	
	반 ну́жный 필요한	

☐ тупо́й	Этот нож тако́й тупо́й, что им нельзя́ ничего́ ре́зать.	뭉뚝한, 무딘
	칼이 너무 **무뎌서** 아무것도 잘리지 않는다.	
	반 о́стрый 뾰족한; 매운	

| ☐ тяжёлый | Он с трудо́м тащи́л тяжёлый мешо́к. | 무거운; 힘든, 심한 |
| | 그는 힘겹게 **무거운** 자루를 끌고 갔다. | |

| ☐ лёгкий | В Таила́нд ну́жно взять с собо́й то́лько лёгкие ле́тние ве́щи. | 가벼운, 얇은; 쉬운 |
| | 태국에 갈 때는 **얇은** 여름옷만 챙겨야 한다. | |

☐ сиде́ть 불	Муж сиди́т за компью́тером с утра́ до но́чи.	где 앉아 있다
	남편이 아침부터 밤까지 컴퓨터 앞에 **앉아 있어요**.	
	불 сижу́, сиди́т, сидя́т	

☐ сади́ться сесть	Вот стул, сади́тесь, пожа́луйста.	куда 앉다
	여기 의자예요. **앉으세요**.	
	불 сажу́сь, -ди́тся, дя́тся	
	완 ся́ду, ся́дет, ся́дут; сел, се́ла, се́ли	

| ☐ лома́ться слома́ться | У нас слома́лась стира́льная маши́на. | 망가지다, 깨지다 |
| | 우리 집 세탁기가 **망가졌어요**. | |

4 Бытовы́е това́ры 생활용품(공통)

☐ разбива́ть разби́ть	Осторо́жно, не разбе́й зе́ркало! 조심해, 거울을 **깨지** 않도록! завершённая разобью́, -бьёт, -бью́т	что 대 깨뜨리다
☐ ремо́нт	Вчера́ я отдала́ свой но́утбук в ремо́нт. 나는 어제 노트북 **수리**를 맡겼다. ремонти́ровать 수리하다	수리
☐ выключа́ть вы́ключить	Я вы́ключил телеви́зор и лёг спать. 나는 TV를 **끄고** 잠자리에 들었다. 반 включа́ть/включи́ть 켜다	что 대 끄다
☐ выбра́сывать вы́бросить	Пальто́ ста́рое, его́ мо́жно вы́бросить. 코트가 낡아서 **버려도** 될 것 같아. завершённая вы́брошу, -бросит, -бросят	что 대 내던지다; 버리다
☐ выноси́ть вы́нести	Са́ша, вы́неси му́сор! 사샤, 쓰레기 **내놓고** 와! выношу́, -но́сит, -но́сят завершённая вы́несу, -сет, -сут; вы́нес, -сла, -сли	кого́-что 대 밖으로 가지고 나가다; 버리다
☐ испо́льзовать	Испо́льзовать э́ти проду́кты нельзя́: у них истёк срок го́дности. 이 식료품들은 **사용하면** 안 돼. 유통기한이 지났어. испо́льзую, -зует, -зуют	что 대 사용하다

26

4 Бытовы́е това́ры 생활용품(거실, 침실)

☐ **кре́сло**

Спи́нку кре́сла мо́жно отклони́ть.
의자 **등받이**를 뒤로 젖힐 수 있습니다.

(팔걸이가 있는) 의자
복생 кре́сел

☐ **дива́н**

На э́том дива́не неудо́бно спать.
이 **소파**에서는 자기 불편해.

소파

☐ **крова́ть**

Ко́шка спит на крова́ти.
고양이가 **침대**에서 자고 있다.

여 침대

☐ **шкаф**

Все ве́щи лежа́т в шкафу́.
물건이 다 **옷장**에 들어 있다.

옷장
전 в шкафу́

☐ **по́лка**

На по́лке лежи́т фен для воло́с.
선반에 드라이어가 올려져 있다.

선반

☐ **телеви́зор**

По телеви́зору идёт интере́сная переда́ча.
TV에서 재미있는 프로그램이 한다.

텔레비전

☐ **ра́дио**

За рулём я люблю́ слу́шать ра́дио.
난 운전하면서 **라디오** 듣는 게 좋더라.

라디오

I. Семья́ 가정

4 Бытовы́е това́ры 생활용품(화장실)

☐ **унита́з**

Не встава́йте, пожа́луйста, нога́ми на унита́з!
변기를 밟고 올라가지 마세요, 제발!

변기

☐ **туале́тная бума́га**

В туале́те нет туале́тной бума́ги.
화장실에 **휴지**가 없어요.

두루마리 휴지

☐ **ва́нна**

Вода́ в ва́нне была́ тёплой.
욕탕 물이 따뜻했다.
принима́ть/приня́ть ва́нну 목욕하다

욕조, 욕탕

☐ **стекло́**

Стекло́ бы́ло разби́то.
유리가 깨졌다.

유리

☐ **та́почки**

Наде́нь та́почки, пол холо́дный!
슬리퍼 신어, 바닥이 차가워.

복 슬리퍼

☐ **фен**

Этот фен су́шит во́лосы о́чень бы́стро.
이 **드라이어**로 말리면 머리가 아주 빨리 마른다.

드라이어

☐ **ла́мпа (ла́мпочка)**

У нас в ва́нной перегоре́ла ла́мпочка.
우리 욕실에 **전구**가 나갔어요.

램프, 전등

☐ **мы́ло**

Пе́ред едо́й я всегда́ мо́ю ру́ки с мы́лом.
나는 밥 먹기 전에 항상 **비누**로 손을 씻는다.

비누

4 Бытовы́е това́ры 생활용품(주방)

☐ **холоди́льник**	В **холоди́льнике** оста́лось ма́ло проду́ктов. **냉장고**에 음식이 별로 없다.	냉장고
☐ **плита́**	Электроплиты́ ме́нее опа́сны, чем га́зовые. 가스레인지보다는 **인덕션**이 덜 위험하다.	가스레인지, 인덕션
☐ **микроволно́вка**	Вредна́ ли **микроволно́вка** для здоро́вья челове́ка? **전자레인지**가 건강에 해로운 건가요?	전자레인지
☐ **посу́да**	Наро́дная приме́та гласи́т, что **посу́ду** в гостя́х мыть нельзя́. 손님으로 놀러 가서 설거지를 하면(**그릇**을 씻으면) 안 된다는 민간의 미신이 있다.	그릇, 식기
☐ **му́сорный бак**	Батаре́йки нельзя́ про́сто выбра́сывать в **му́сорный бак**. 건전지를 그냥 **쓰레기통**에 버리면 안 된다. му́сор 쓰레기 유 му́сорка 쓰레기통	쓰레기통
☐ **ча́йник**	Сними́ **ча́йник** с огня́. Он уже́ закипе́л. **주전자** 불에서 내려야겠다. 주전자가 벌써 끓네. ого́нь 남 불, 열	주전자, 커피포트
☐ **накрыва́ть накры́ть**	Дава́й, мой ру́ки и помоги́ мне **накры́ть** на сто́л. 손 씻고 와서 **상 차리는 것** 좀 도와줘. накрыва́ть/накры́ть (на) стол 상을 차리다 완 накро́ю, -ро́ет, -ро́ют	что 대 + чем 조 덮다

추 가 단 어

4 Бытовы́е това́ры 생활용품

🌱 **침실, 거실**
- [ ] ковёр 카펫, 러그
- [ ] пылесо́с 청소기
- [ ] отопле́ние 히터
- [ ] кондиционе́р 에어컨, 냉난방장치
- [ ] ту́мбочка 협탁
- [ ] пульт 리모컨
- [ ] одея́ло 이불
- [ ] поду́шка 베개, 쿠션
- [ ] ве́шалка 옷걸이
- [ ] часы́ 복 시계
- [ ] што́ра 커튼, 블라인드
- [ ] колыбе́ль 여 요람
- [ ] лю́стра 샹들리에
- [ ] ва́за 꽃병
- [ ] обо́и 복 벽지
- [ ] зе́ркало 거울

🌱 **화장실, 욕실**
- [ ] шампу́нь 샴푸
- [ ] щётка 솔
- [ ] зубна́я щётка 칫솔
- [ ] зубна́я па́ста 치약
- [ ] стира́льная маши́на 세탁기
- [ ] расчёска 빗
- [ ] бри́тва 면도기
- [ ] весы́ 복 저울, 체중계
- [ ] полоте́нце 수건
- [ ] гу́бка 샤워스펀지
- [ ] кран 수도꼭지

🌱 **주방**
- [ ] ку́хонная ра́ковина 싱크대
- [ ] ми́ксер 믹서기
- [ ] таре́лка 접시
- [ ] ми́ска 볼(bowl)
- [ ] сковорода́(-ро́дка) 프라이팬
- [ ] кастрю́ля 냄비
- [ ] кры́шка 뚜껑, 덮개
- [ ] самова́р 사모바르(러시아식 찻주전자)
- [ ] тря́пка 행주, 걸레

연습 문제

1 다음 중 화장실에 있어야 할 것이 <u>아닌</u> 것은?

① фен ② зубна́я щётка ③ унита́з ④ холоди́льник

2 동사-명사의 짝이 바르지 <u>않게</u> 묶인 것은?

① включа́ть + дива́н ② сиде́ть + на сту́ле

③ ремонти́ровать + ми́кроволно́вку ④ разбива́ть + стекло́

3 다음 물건과 어울리는 장소를 연결하시오.

① крова́ть   а. на ку́хне

② кре́сло   б. в гости́ной

③ фотогра́фия   в. в спа́льне

④ плита́   г. на стене́

4 의미상 어색한 부분을 알맞게 고치시오.

① На́до вы́бросить но́вые ну́жные ве́щи.

② Это о́чень лёгкая су́мка. Я да́же не могу́ её подня́ть. (подня́ть – 들어 올리다)

③ Сейча́с идёт интере́сная переда́ча. Выключа́й скоре́е телеви́зор! (переда́ча – 프로그램)

정답

1. ④
2. ①
3. ① - в   ② - б   ③ - г   ④ - а
4. ① но́вые → ста́рые, ну́жные → нену́жные
   ② лёгкая → тяжёлая
   ③ Выключа́й → Включа́й

I. Семья́ 가정

5 Ме́сто 위치/배치

☐ есть	Здесь есть где-нибу́дь банкома́т? 이 근처에 ATM이 **있나요**?	있다
☐ нет	В шкафу́ бо́льше нет ме́ста для но́вых веще́й. 옷장에는 새로 물건을 넣을 공간이 더 이상 **없다**.	없다; 아니다
☐ находи́ться 불	- Где нахо́дится Большо́й теа́тр? - В це́нтре Москвы́. – 볼쇼이 극장이 어디 **있나요**? – 모스크바 중심에 있어요. 불 нахожу́сь, -хо́дится, -хо́дятся	где 위치하다
☐ ста́вить поста́вить	Мы поста́вили телеви́зор в гости́ную. 우리는 텔레비전을 거실에 **두었다**. 불 ста́влю, ста́вит, ста́вят	что 대 + куда 세워 두다
☐ стоя́ть 불	В холоди́льнике стои́т буты́лка во́дки. 냉장고에 보드카 한 병이 **있다**. 불 стою́, стои́т, стоя́т	где 세워져 있다; 서 있다
☐ класть положи́ть	Он никогда́ не кладёт ве́щи на ме́сто. 그이는 물건을 제자리에 **놓는** 법이 없어. 불 кладу́, -дёт, ду́т; клал, кла́ла, кла́ли	что 대 + куда 눕혀 놓다, 두다
☐ лежа́ть 불	Кни́ги лежа́т на столе́. 책이 책상 위에 **놓여 있다**. 불 лежу́, лежи́т, лежа́т	где 놓여 있다; 누워 있다

☐ ве́шать пове́сить	Я пове́сил руба́шку в шкаф. 나는 셔츠를 옷장에 **걸었다**. **완** пове́шу, -ве́сит, -ве́сят	что 대 + куда́ 걸다
☐ висе́ть 불	На стене́ виси́т ста́рая семе́йная фотогра́фия. 벽에는 오래된 가족사진이 **걸려 있다**. **불** вишу́, виси́т, вися́т	где 걸려 있다
☐ куда́	Куда́ поста́вить кни́жный шкаф? 책장을 **어디에** 세워 놓죠?	어디로
☐ сюда́	Пожа́луйста, не клади́те сюда́ свои́ ве́щи. **여기에다** 소지품을 놓지 말아 주세요. **반** туда́ 저쪽에, 저기로	이쪽에, 이쪽으로
☐ там	Там хорошо́, где нас нет. 우리가 없는 **저곳이** 좋은 곳이다(남의 떡이 커 보인다). **반** здесь, тут 여기에	저기에
☐ где	Где кастрю́ля с су́пом? 국 냄비 **어디에** 있어?	어디에
☐ ря́дом	Ря́дом со мно́й стоя́т две де́вушки. 내 **옆에** 여자 두 명이 서 있다.	с чем-кем 조 옆에
☐ за	Кто после́дний? Я за ва́ми! 누가 제일 마지막이죠? 제가 그 다음(**뒤**) 차례입니다. (줄 서서 순번을 기다릴 때)	кем-чем 조 뒤에

I. **Семья́** 가정 33

5 Ме́сто 위치/배치

☐ пе́ред
Пе́ред на́шим до́мом – авто́бусная остано́вка.
우리 집 **앞에는** 버스정류장이 있다.

кем-чем 조
앞에

☐ над
Мне хо́чется пове́сить зе́ркало над крова́тью.
침대 머리맡(**위에**)에 거울을 걸고 싶다는 생각이 드네.

кем-чем 조
위에

☐ под
У меня́ под окно́м растёт берёза.
우리 집 창 **아래에서** 자작나무가 자란다.

кем-чем 조
아래에

☐ посереди́не
Жела́тельно не ста́вить крова́ть посереди́не ко́мнаты.
방 **중앙에는** 침대를 놓지 않는 것이 바람직하다.

кого́-чего́ 생
중앙에,
한가운데

☐ напро́тив
Напро́тив на́шего до́ма – большо́й парк.
우리집 **맞은 편에는** 큰 공원이 있다.

кого́-чего́ 생
맞은 편에,
건너편에

☐ сле́ва
Спра́ва от две́ри стои́т большо́й шкаф, сле́ва –дива́н.
문 오른편에는 큰 옷장이 있고, **왼편**에는 소파가 있다.

반 спра́ва 오른편에

от чего́ 생
왼편에

☐ у¹
Встре́тимся у вхо́да в кинотеа́тр.
영화관 입구 **근처에서** 만나자.

유 о́коло + 생 주변에
유 недалеко́ от + 생 근처에

чего́ 생
주변에, 근처에

☐ у²
На кани́кулах я была́ у ба́бушки.
나는 방학 때 할머니 댁**에서** 지냈다.

кого́ 생
~에게,
~의(소유),
~가 있는 곳에

연습 문제

1 보기를 참고해 알맞은 전치사를 고르시오.

① 내 **옆에** 소년 두 명이 서 있다. _____ мной стоя́т два ма́льчика.

② 문 **오른편에** 소파가 있다. _____ от две́ри стои́т дива́н.

③ 숲 **너머에** 집이 있다. _____ ле́сом стои́т дом.

| 보기 | напро́тив | сле́ва | спра́ва | над | под |
| | пе́ред | за | ря́дом с | о́коло | |

2 보기를 참고해 적절한 단어를 고르고 알맞게 변형하시오.

보기 стоя́ть, ста́вить-поста́вить, висе́ть, ве́шать-пове́сить

① На по́лке _____ кни́ги.

② Он верну́лся домо́й, разде́лся и _____ пальто́ в шкаф.

③ Вчера́ мы _____ но́вый пи́сьменный стол в гости́ную.

3 괄호 안의 단어를 알맞은 형태로 바꾸시오.

① Ма́ма положи́ла смартфо́н на (стол).

② В (холоди́льник) лежа́т фру́кты.

③ Руба́шка виси́т в (шкаф).

④ В холоди́льнике нет (проду́кты).

⑤ Посереди́не (гости́ная) стои́т дива́н.

⑥ Над (крова́ть) виси́т карти́на.

정답

1. ① Ря́дом со ② Спра́ва ③ За
2. ① стоя́т ② пове́сил ③ поста́вили
3. ① стол ② холоди́льнике ③ шкафу́ ④ проду́ктов ⑤ гости́ной ⑥ крова́тью

6 Мой день 하루 일과

- [ ] **у́тро**

  Мне всегда́ о́чень тяжело́ встава́ть по утра́м.
  저는 항상 **아침**마다 일어나는 게 너무 힘들어요.
  у́тром 아침에

  아침

- [ ] **днём**

  Сего́дня днём я шла по у́лице и уви́дела своего́ люби́мого актёра.
  나는 오늘 **낮에** 길을 가다 좋아하는 배우를 보았다.
  день 남 낮; 날, 일

  낮에

- [ ] **ве́чером**

  Сего́дня ве́чером мы идём на день рожде́ния к Бори́су.
  오늘 **저녁에** 우리는 보리스의 생일 파티에 간다.
  ве́чер 저녁

  저녁에

- [ ] **но́чью**

  Ты трудого́лик. Рабо́таешь днём и но́чью, без о́тдыха.
  넌 일 중독자야. **밤**낮으로 쉬지도 않고 일하잖아.
  ночь 여 밤

  밤에

- [ ] **ра́но**

  Вчера́ Анна ра́но ушла́ с вечери́нки.
  안나는 어제 파티에서 **일찍** 자리를 떴다.

  일찍

- [ ] **по́здно**

  Звони́ть уже́ по́здно, все спят.
  전화하기엔 이미 시간이 **늦었어**. 다들 자는 걸.

  늦게

- [ ] **встава́ть встать**

  Я встал ра́но, что́бы успе́ть на пе́рвый по́езд.
  나는 첫차를 타기 위해 일찍 **일어났다**.
  불 встаю́, -ёт, -ю́т 완 вста́ну, -нет, нут

  일어나다

| ☐ просыпа́ться
проснуться | Ребёнок ча́сто просыпа́ется но́чью.
아이가 밤에 자주 **깬다**.
완 просну́сь, -нётся, -ну́тся | 깨다 |

| ☐ просыпа́ть
проспа́ть | Вчера́ я лёг спать о́чень по́здно, поэ́тому сего́дня проспа́л.
어제 너무 늦게 잠자리에 들어서 오늘 **늦잠을 잤다**.
완 просплю́, -спи́т, -спя́т | 늦잠 자다 |

| ☐ чи́стить
почи́стить | Я чи́щу зу́бы сра́зу по́сле еды́.
나는 음식을 먹고 나서 바로 이를 **닦는다**.
불 чи́щу, чи́стит, чи́стят | что 대
닦다,
깨끗이 하다 |

| ☐ умыва́ться
умы́ться | Я всегда́ умыва́юсь жи́дким мы́лом.
나는 항상 물비누로 **세수한다**.
완 умо́юсь, умо́ется, умо́ются
мыть/вы́мыть го́лову 머리를 감다 | 세수하다 |

| ☐ душ | По́сле заря́дки я всегда́ принима́ю холо́дный душ.
나는 운동 후에 항상 찬물로 **샤워한다**.
принима́ть/приня́ть душ 샤워하다 | 샤워기 |

| ☐ одева́ться
оде́ться | Ребёнок уже́ сам одева́ется.
아이가 벌써 **옷을** 스스로 **입는다**.
완 оде́нусь, -нется, нутся | 옷을 입다 |

| ☐ заря́дка | Утреннюю заря́дку ну́жно де́лать регуля́рно!
아침 **운동**은 규칙적으로 해야 해요! | 운동, 체조,
스트레칭 |

I. Семья́ 가정

| □ за́втрак | Мно́гие у́тром пропуска́ют за́втрак. 많은 사람들이 **아침 식사**를 거른다. за́втракать/поза́втракать 아침을 먹다 | 아침 식사 |

| □ обе́дать пообе́дать | Вади́м обы́чно обе́дает в студе́нческой столо́вой. 바딤은 보통 학생 식당에서 **점심을 먹는다**. обе́д 점심 | 점심을 먹다 |

| □ у́жинать поу́жинать | Лу́чше у́жинать за два-три часа́ до сна. 잠자기 2~3시간 전에 **저녁을 먹는** 것이 좋다. у́жин 저녁 식사 | 저녁을 먹다 |

| □ гуля́ть погуля́ть | Здесь прия́тно гуля́ть в хоро́шую пого́ду. 여기서 날씨가 좋은 날 **산책하면** 상쾌하다. прогу́лка 산책 | 산책하다 |

| □ гото́вить пригото́вить | Что вы бу́дете гото́вить на у́жин? 저녁으로 어떤 **요리할 거예요**? 불 гото́влю, -вит, -вят | что 대 요리하다; 준비하다 |

| □ возвраща́ться верну́ться | Вчера́ ма́ма по́здно верну́лась домо́й с рабо́ты. 어제 엄마가 직장에서 집으로 늦게 **돌아왔다**. | 돌아오다 |

| □ оставля́ть оста́вить | Це́лый день идёт дождь, а я оста́вил зо́нтик до́ма. 온종일 비가 오는데, 우산을 집에 **놓고 왔어**. 완 оста́влю, оста́вит, оста́вят | кого́-что 대 남겨 두다 |

6 Мой день 하루 일과

☐ оставáться остáться	Сегóдня я хочý остáться дóма и никудá не пойдý. 오늘은 집에 **있**고 싶어. 아무 데도 안 갈 거야. 불 остаю́сь, -ётся, -ю́тся 완 остáнусь, -нется, -нутся	где 남아 있다
☐ сон	Для здорóвья вáжен крéпкий сон. 건강에는 숙**면**이 중요하다. пéред сном 자기 전에	잠, 수면, 꿈 단생 сна
☐ спать 불	Я мáло сплю. 나는 **잠**을 적게 **잔다**. 불 сплю, спит, спят	잠자다
☐ ложи́ться лечь	Я обы́чно ложу́сь спать в два-три часá нóчи. 나는 보통 새벽 2~3시에 **잠자리에 든다**. ложи́ться/лечь спать 잠자리에 들다 완 ля́гу, ля́жет, ля́гут; лёг, леглá, легли́	눕다
☐ уставáть устáть	Я устáл, пойдý домóй. **피곤해**. 집에 갈래. 불 устаю́, -ёт, -ю́т / 완 устáну, -нет, -нут	피곤하다, 지치다
☐ отдыхáть отдохнýть	Мáма в выходны́е не отдыхáет, а стирáет, убирáет дом, готóвит. 엄마는 주말에도 빨래하랴, 청소하랴, 요리하랴, **쉬**지 않는다.	휴식을 취하다
☐ снимáть снять	Онá вошлá в кварти́ру и снялá пальтó. 그녀는 집으로 들어와 코트를 **벗었다**. 완 сниму́, -мет, -мут; снял, -лá, -ли	когó-что 대 벗다; 찍다; 촬영하다; 제거하다

I. Семья́ 가정

연습 문제

1 다음은 나의 하루 일과입니다. 빈칸에 알맞은 단어를 쓰시오.

> **나의 하루**
> 나는 아침 7시에 일어난다. 그 다음 세수하고, 옷을 입고, 아침을 먹는다.
> 가끔 아침 운동을 하기도 한다. 아침을 먹고 나서는 학교에 간다.
> 학교에서는 보통 수업이 2~3개 있다. 학생 식당에서 점심을 먹는다.
> 3시에 집으로 돌아온다. 저녁마다 책을 읽거나 TV를 본다. 12시에 잠자리에 든다.

Мой день

Утром я ① _____ в семь утра. Затем я умываюсь, ② _____ и завтракаю.

Иногда делаю ③ _____ _____. После ④ _____ я иду в университет.

В университете у меня обычно две или три пары занятий. Я ⑤ _____ в студенческой столовой. В три часа я ⑥ _____ домой. По вечерам я

⑦ _____ книги или смотрю телевизор. Я ⑧ _____ _____ в

двенадцать часов.

2 다음 동사와 명사를 알맞게 연결하시오.

① мыть   а. ужин

② снимать   б. руки

③ принимать   в. душ

④ готовить   г. пальто

3 다음 불규칙 동사를 알맞게 변형하시오.

① Я (мыть) голову.

② Завтра я (остаться) дома.

> **정답**
> 1. ① встаю ② одеваюсь   ⑦ читаю   ⑧ ложусь спать
>   ③ утреннюю зарядку ④ завтрака   2. ① - б   ② - г   ③ - в   ④ - а
>   ⑤ обедаю ⑥ возвращаюсь   3. ① мою   ② останусь

II
Челове́к/Жизнь
인간/삶

1 Хара́ктер 성격/특징

☐ **челове́к**

С каки́м челове́ком вы хоте́ли бы дружи́ть?
어떤 **사람**과 친구가 되고 싶으신가요?

사람
복 лю́ди
복생 люде́й, челове́к
복조 людьми́

☐ **хара́ктер**

У нас ра́зные хара́ктеры, поэ́тому мы ча́сто ссо́римся.
우리는 **성격**이 달라서 자주 싸우죠.

성격

☐ **хоро́ший**

Он был хоро́шим му́жем и отцо́м.
그는 **좋은** 남편이자 아버지였다.
хорошо́ 잘, 좋다

좋은, 훌륭한

☐ **плохо́й**

Я счита́ю, что плохо́й челове́к не мо́жет быть хоро́шим писа́телем.
나는 **악인**은 좋은 작가가 될 수 없다고 생각한다.
пло́хо 나쁘게, 못 한다

나쁜

☐ **досто́инство**

Постара́йтесь преврати́ть свои́ недоста́тки в досто́инства.
자신의 단점을 **장점**으로 전환하기 위해 노력하세요.
반 недоста́ток 단점

장점

☐ **до́брый**

Я хочу́, что́бы в ми́ре бы́ло бо́льше до́брых люде́й.
세상에 **착한** 사람들이 더 많아졌으면 좋겠어요.
반 злой 악한, 나쁜

친절한, 착한

☐ **серьёзный**

Серьёзные лю́ди то́же иногда́ дура́чатся.
진중한 사람들도 가끔은 바보처럼 행동할 때가 있다.

진지한, 심각한

| □ скро́мный | Он о́чень скро́мный и ма́ло говори́т о себе́.
그는 **겸손한** 사람이라 자기 자신에 관한 얘기는 많이 하지 않아요. | 겸손한, 소박한 |

| □ у́мный | Дельфи́ны – одни́ из са́мых у́мных живо́тных на земле́.
돌고래는 지구상에서 가장 **영리한** 동물 중 하나이다.
ум 지혜, 지성, 두뇌 | 똑똑한, 영리한 |

| □ глу́пый | Счита́ется, что о́вцы – о́чень глу́пые живо́тные.
양은 굉장히 **멍청한** 동물로 여겨진다. | 멍청한, 바보 같은 |

| □ лентя́й | Я лентя́й, всегда́ откла́дываю дела́ на пото́м.
저는 **게으름뱅이**라 항상 일을 다음으로 미뤄요.
лени́вый 게으른 | 게으름뱅이 |

| □ трудолюби́вый | Коре́йцы – оди́н из са́мых трудолюби́вых наро́дов в ми́ре.
한국인은 세계에서 가장 **근면한** 민족 중 하나이다. | 근면한, 부지런한 |

| □ уве́ренный в себе́ | Уве́ренные в себе́ лю́ди уважа́ют мне́ние други́х.
자신감 있는 사람은 다른 사람의 의견을 존중한다. | 자신감 있는 |

| □ чу́вство ю́мора | У Анто́на нет чу́вства ю́мора. Он вообще́ не понима́ет шу́ток.
안톤은 **유머 감각**이 없어. 걔는 농담을 아예 이해 못 해.
остроу́мный 재치있는 | 유머 감각 |

II. **Челове́к/Жизнь** 인간/삶

☐ ве́жливо	Я ве́жливо отказа́лся от предложе́ния рабо́тать в Росси́и. 나는 러시아에서의 취업 제안을 **정중히** 거절했다.	정중하게
☐ весёлый	Посове́туйте, пожа́луйста, каки́е-нибу́дь лёгкие и весёлые фи́льмы. 가볍고 **유쾌한** 영화 좀 추천해 주세요.	즐거운, 유쾌한
☐ общи́тельный	Он общи́тельный челове́к, вокру́г него́ всегда́ мно́го люде́й. 그는 **사교성이 좋아** 항상 주변에 사람이 많아요.	사교적인
☐ внима́тельный	Внима́тельный челове́к мо́жет легко́ и бы́стро сосредото́читься на рабо́те. **집중력이 좋은** 사람은 빠르고 쉽게 일에 집중한다.	주의 깊은, 집중하는, 꼼꼼한
☐ стро́гий	Почему́-то на всю жизнь я запо́мнил свои́х са́мых стро́гих учителе́й. 왠지 모르게 제일 **엄했던** 선생님들이 평생 기억에 남았다.	엄격한
☐ равноду́шный	Почему́ ты ко мне равноду́шен? Ведь я так люблю́ тебя́! 너 왜 이렇게 나한테 **무관심해**? 나 너 좋아한단 말이야.	к чему́ 여 무관심한, 냉정한
☐ ве́рный	Соба́ка – са́мый ве́рный друг челове́ка. 개는 사람에게 가장 **믿음직한** 친구다. 유 пре́данный, надёжный 믿음직한	진실한, 믿음직한; 올바른

1 Хара́ктер 성격/특징

аккура́тный

Бори́с – аккура́тный челове́к: у него́ ка́ждая вещь стро́го на своём ме́сте.
보리스는 **깔끔하고 철저한** 사람이라 모든 물건이 엄격하게 정해진 자리에 있다.

정확한, 치밀한, (일, 시간, 돈, 옷 등) 깔끔한, 꼼꼼한

акти́вный

Ба́бушка у меня́ акти́вная, ка́ждый день гуля́ет, ча́сто е́здит за грани́цу.
저희 할머니는 **활동적**이라 산책도 매일 하고 외국도 자주 나가십니다.

활발한, 적극적인

отве́тственный

Отве́тственный челове́к любо́е де́ло стара́ется зако́нчить то́чно в срок.
책임감 있는 사람은 무슨 일이든 제때 정확하게 끝내려고 노력한다.

отве́тственность 여 책임감

책임감 있는

че́стный

Сын вы́рос че́стным челове́ком.
아들은 **정직한** 사람으로 자랐다.

정직한, 성실한

споко́йный

Мой па́рень – о́чень споко́йный челове́к, а у меня́ дово́льно вспы́льчивый хара́ктер.
제 남자 친구는 굉장히 **차분한** 사람인데 저는 성격이 꽤 다혈질이에요.

평온한, 침착한, 순한

любопы́тный

Любопы́тный ма́льчик вы́рос и стал кру́пным учёным.
호기심 많은 소년은 자라서 대학자가 되었다.

호기심이 많은

II. Челове́к/Жизнь 인간/삶

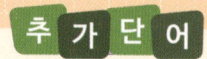

1 Хара́ктер 성격/특징

🌱 성격(반의 관계)

болтли́вый	수다스러운	молчали́вый	과묵한
жа́дный	욕심이 많은	ще́дрый	후한, 너그러운, 통이 큰
общи́тельный коммуника́бельный	사교적인	засте́нчивый за́мкнутый	내성적인
хра́брый сме́лый му́жественный	용감한	трусли́вый	겁쟁이의
эгоисти́чный	이기적인	бескоры́стный	사리사욕이 없는
оптимисти́чный	낙천적인	пессимисти́чный	비관적인
терпели́вый	참을성 있는	нетерпели́вый	참을성 없는
энерги́чный	활동적인	вя́лый	기운 없는
и́скренний	진실한	лицеме́рный двули́кий	위선적인

🌱 성격(긍정적/부정적)

긍정적		부정적	
эконо́мный	알뜰한	скупо́й	자린고비의
му́дрый	현명한	хи́трый	영악한
реши́тельный	결단성 있는	упря́мый	고집이 센
осторо́жный	조심성 있는	капри́зный	변덕스러운
усту́пчивый	양보를 잘하는	ревни́вый	질투심이 강한
дружелю́бный	다정한, 친절한	жесто́кий	무자비한, 모진
не́жный	온화한	не́рвный	신경질적인
серде́чный	마음이 따뜻한	самоуве́ренный	자만하는
интеллектуа́льный	지적인	гру́бый	거친, 난폭한
доброссо́вестный	양심적인, 정직한	легкомы́сленный	경솔한
пунктуа́льный	시간을 잘 지키는, 정확한	вспы́льчивый	다혈질의

연습 문제

1 짝지어진 단어의 관계가 나머지와 다른 하나는?

① хоро́ший – плохо́й   ② досто́инство – недоста́ток

③ общи́тельный – акти́вный   ④ до́брый – злой

2 다음 단어 중 부정적인 성격은?

① че́стный   ② гру́бый   ③ уве́ренный в себе́   ④ ве́рный

3 반의어끼리 연결하시오.

① болтли́вый   а. трусли́вый

② сме́лый   б. легкомы́сленный

③ и́скренний   в. молчали́вый

④ серьёзный   г. лицеме́рный

4 다음 빈칸에 알맞은 말을 쓰시오.

① 우리는 **성격이 다르지만**, 오랫동안 친구로 지내고 있다.

   Хотя́ у нас _____ _____, мы дру́жим уже́ мно́го лет.

② 그는 **유머 감각**이 뛰어나.

   У него́ прекра́сное _____ _____.

정답

1. ③
2. ②
3. ① - в   ② - а   ③ - г   ④ - б

4. ① ра́зные хара́ктеры
   ② чу́вство ю́мора

2 Эмо́ции / Чу́вства 감정

Track 08

☐ **настрое́ние**
Сего́дня у меня́ хоро́шее настрое́ние.
나는 오늘 **기분**이 좋아.
기분

☐ **эмо́ция**
Ва́жно научи́ться контроли́ровать свои́ эмо́ции.
자신의 **감정**을 다스리는 법을 익히는 것이 중요하다.
эмоциона́льный 감정적인
감정

☐ **чу́вство**
Влюблённым сло́жно скрыва́ть свои́ чу́вства.
사랑에 빠진 사람들은 자신의 **감정**을 숨기기 어렵다.
느낌, 감각, 감정

☐ **рад**
Мы ра́ды ви́деть Вас!
(우리는 당신을) 만나서 **반갑습니다**.
형단 ра́да, ра́до, ра́ды
чему́ 여 / инф.
기쁘다, 좋다

☐ **неприя́тный**
У меня́ на рабо́те сего́дня был неприя́тный слу́чай.
오늘 직장에서 **기분 나쁜** 일이 있었어.
기분 나쁜, 마음이 상하는

☐ **гру́стно**
Мне ста́ло о́чень гру́стно.
엄청 **우울해졌어**.
우울하게, 슬프게

☐ **го́ре**
У меня́ случи́лось го́ре. Я потеря́л бли́зкого челове́ка.
슬픔이 나에게 닥쳤다. 가까운 사람을 잃은 것이다.
슬픔

☐ **ску́чно**
Сиде́ть в о́фисе це́лый день так ску́чно!
사무실에 온종일 앉아 있으려니 너무 **지루해**!
심심하게, 따분하게

☐ одино́кий	Я одино́ка, никому́ не нужна́! 나는 **혼자야**, 나는 아무에게도 필요하지 않은 존재야.	외로운, 소외된; 미혼의
☐ счастли́вый	Все счастли́вые се́мьи похо́жи друг на дру́га. **행복한** 가정은 서로 닮아 있다. (톨스토이, 〈안나 카레니나〉) сча́стье 행복 / несча́стье 불행	행복한
☐ влюблённый	Он влюблён в одноку́рсницу. 그는 대학 동기를 **좋아하게 됐다**.	в кого 대 사랑에 빠진 (사람)
☐ люби́мый	М.Ю. Ле́рмонтов – оди́н из мои́х люби́мых ру́сских поэ́тов. 레르몬토프는 제가 **좋아하는** 러시아 시인 중 한 명이에요.	사랑받는
☐ смешно́й	Расскажи́ каку́ю-нибу́дь смешну́ю исто́рию из твое́й жи́зни. 네 인생에서 **웃겼던** 사건 아무거나 좀 얘기해 봐.	웃긴
☐ жаль	Мне о́чень жаль, что ты уезжа́ешь так ско́ро. 네가 이렇게 금방 떠난다니 참 **아쉬워**. к сожале́нию 안타깝게도, 유감스럽게	кому 여 아쉽다, 유감이다
☐ жа́лко	Мне жа́лко бездо́мных живо́тных, поэ́тому я их кормлю́. 나는 집 없는 동물들이 **가여워서** 먹이를 준다.	кому 여 + кого-чего 생 가엾다, 안타깝다

☐ **стра́шно**

Мне стра́шно находи́ться но́чью одно́й в кварти́ре.
저는 밤에 집에 혼자 있는 게 **무서워요**.

страх 공포

무섭게, 끔찍하게

☐ **сты́дно**

Ка́ждый раз, когда́ ты так поступа́ешь, мне о́чень сты́дно за тебя́.
네가 그렇게 행동할 때마다 정말 너 때문에 **부끄러워**.

부끄럽게

☐ **дово́лен**

Ты дово́лен результа́тами экза́менов?
너 시험 결과에 **만족해**?

형단 дово́льна, дово́льно, дово́льны

кем-чем 조
만족하다

☐ **жа́ловаться
пожа́ловаться**

Води́тели жа́луются на про́бки.
운전자들이 교통체증에 대해 **불평한다**.

불 жа́луюсь, -луется, -луются

на что 대
불평하다

☐ **ужа́сно**

Ужа́сно не хо́чется рабо́тать!
진짜 일하기가 **너무** 싫다.

у́жас 공포, 끔찍한 것

끔찍하게;
몹시, 극도로

☐ **ненави́деть** 불

Ненави́жу, когда́ меня́ сра́внивают с други́ми людьми́.
나는 다른 사람하고 비교당하는 게 **싫다**.

불 ненави́жу, -ви́дит, -ви́дят

кого-что 대
미워하다,
혐오하다

☐ **зави́довать
позави́довать**

Не зави́дуй чужо́му сча́стью. Сча́стье у ка́ждого своё.
다른 사람의 행복을 **부러워하지** 마. 모두 각자의 행복이 있는 거야.

불 зави́дую, -дует, -дуют

кому-чему 여
부러워하다

2 Эмо́ции / Чу́вства 감정

☐ **ревнова́ть** 불	Моя́ де́вушка ревну́ет меня́ к бы́вшей жене́. 제 여자 친구가 전 부인에게 **질투심을 느껴요**. 불 ревну́ю, ревну́ет, ревну́ют	кого́ 대 + к кому́ 여 질투하다
☐ **волнова́ться** **взволнова́ться**	Не волну́йся, всё бу́дет хорошо́. 걱정하지 마. 다 잘 될 거야. 불 волну́юсь, -ну́ется, -ну́ются	о ком-чём 전 / за кого́ 대 걱정하다, 긴장하다
☐ **удивля́ться** **удиви́ться**	Я не удиви́лся твоему́ реше́нию. 너의 결정이 **놀랍지** 않아. удивле́ние 놀람 / удиви́тельный 놀라운 완 удивлю́сь, -ви́тся, -вя́тся	кому́-чему́ 여 놀라다
☐ **боя́ться** 불	Я ничего́ не бою́сь, кро́ме мыше́й. 난 쥐 빼고는 **무서운** 게 없어. 불 бою́сь, бои́тся, боя́тся	кого́-чего́ 생 겁내다, 무서워하다
☐ **успока́иваться** **успоко́иться**	Я не могу́ успоко́иться по́сле ссо́ры с дру́гом. 나는 친구와 싸운 후에 **진정할** 수가 없어.	진정하다, 안심하다
☐ **беспоко́иться** **обеспоко́иться**	Я беспоко́юсь о своём бу́дущем. 난 내 미래가 **걱정돼**.	о ком-чём 전 걱정하다, 신경 쓰다, 불안해하다
☐ **смея́ться** **засмея́ться**	В рестора́нах и кафе́ нельзя́ гро́мко разгова́ривать и смея́ться. 레스토랑과 카페에서는 크게 떠들거나 **웃으면** 안 된다. 불 смею́сь, смеётся, смею́тся	웃다; над кем 조 비웃다

II. Челове́к/Жизнь 인간/삶

2 Эмо́ции / Чу́вства 감정

☐ улыба́ться улыбну́ться	Я поздоро́валась, улыбну́лась, он мне то́же улыбну́лся. 내가 인사를 하고 **미소를 지었더니** 그도 나에게 **미소를 지었다**. улы́бка 미소	кому́ 여 미소 짓다
☐ обижа́ться оби́деться	Не обижа́йся на меня́ по пустяка́м. 사소한 일로 나한테 **속상해**하지 마. 완 оби́жусь, оби́дится, оби́дятся	на кого́ 대 마음이 상하다
☐ серди́ться рассерди́ться	Мой нача́льник о́чень рассерди́лся на меня́. 상사가 나한테 무척이나 **화가 났다**. 불 сержу́сь, се́рдится, се́рдятся	на кого́ 대 화나다
☐ горди́ться 불	Я горжу́сь свои́ми роди́телями. 나는 우리 부모님이 **자랑스러워**. 불 горжу́сь, горди́тся, гордя́тся	кем-чем 조 자랑스럽다
☐ стесня́ться 불	Е́сли у вас есть ещё вопро́сы, то спра́шивайте, не стесня́йтесь. 질문 사항이 더 있으면 물어보세요. **불편해하시지** 말고요.	кого́-чего́ 생 / инф. 사양하다, 부끄러워하다
☐ удово́льствие	–Не хо́чешь пойти́ с на́ми в кино́ сего́дня ве́чером? –Коне́чно, с удово́льствием. – 오늘 저녁에 영화 보러 가지 않을래? – 당연히 **좋아(기꺼이)**. с удово́льствием 기꺼이, 만족스럽게	만족, 만족감

연습 문제

1 반의어끼리 연결하시오.

① ра́достный   а. несча́стный

② беспоко́иться   б. успока́иваться

③ люби́ть   в. гру́стный

④ счастли́вый   г. ненави́деть

2 다음 빈칸에 알맞은 말을 쓰시오.

① 나는 오늘 **기분이 좋아**.   Сего́дня у меня́ _____ _____ .

② 다른 사람의 행복을 **부러워**하지 마.   Не _____ чужо́му сча́стью.

3 다음 빈칸에 알맞은 표현을 쓰시오.

① – Он горди́тся тобо́й?

– Нет, наоборо́т(반대로), ему́ _____ за меня́.

② – Он споко́ен пе́ред экза́меном?

– Нет, наоборо́т, он о́чень _____ .

③ – Позови́те, пожа́луйста, Бори́са Петро́вича.

– _____ , его́ сейча́с нет на ме́сте.

4 괄호 안에 있는 단어를 알맞은 형태로 쓰시오.

① Я дово́лен (результа́ты экза́мена).

② (Что) вы жа́луетесь?

③ Не ну́жно стесня́ться (свой акце́нт).

정답

1. ① - в   ② - б   ③ - г   ④ - а
2. ① хоро́шее настрое́ние
   ② зави́дуй
3. ① сты́дно ② волну́ется ③ к сожале́нию
4. ① результа́тами экза́мена
   ② На что   ③ своего́ акце́нта

3 Мнéние / Тóчка зрéния 생각/의견

Track 09

☐ **понимáть** / **поня́ть**

Моя́ подру́га лу́чше всех понимáет меня́.
내 여자 친구는 세상 누구보다 나를 잘 **이해해 준다**.
완 пойму́, -мёт, -му́т; пóнял, -ла, -ли

이해하다

☐ **мысль**

Кáжется, мне в гóлову пришлá интерéсная мысль.
(머릿속에) 흥미로운 **생각**이 떠올랐어.
유 идéя 생각, 아이디어

여 생각

☐ **здрáвый смысл**

Здрáвый смы́сл – лу́чший совéтчик.
상식은 최고의 길라잡이(조언자)다.
смысл 의미, 뜻

상식

☐ **стереоти́п**

Существу́ет стереоти́п, что в Росси́и по у́лицам хóдят медвéди.
러시아에서는 곰이 길거리에 돌아다닐 것이라는 **고정관념**이 있다.
предрассу́док 편견, 선입견

고정관념

☐ **выбирáть** / **вы́брать**

Я непрáвильно вы́брал профéссию.
나는 직업을 잘못 **선택했다**.
вы́бор 선택 / вы́боры 선거
완 вы́беру, вы́берет, вы́берут

кого-что 대
선택하다

☐ **дýмать** / **подýмать**

Нет, я так не дýмаю.
아니요, 저는 그렇게 **생각** 안 해요.
유 считáть 생각하다

о ком-чём 전
생각하다

☐ **пáмять**

Эта поéздка остáлась в моéй пáмяти навсегдá.
이번 여행은 영원히 내 **기억** 속에 남았다.

여 기억(력), 기념

по-мо́ему	По-мо́ему, э́то интере́сное предложе́ние. 내 생각에 이것은 흥미로운 제안인 것 같아. по-ва́шему 당신 생각에는	내 생각에는
внима́ние	Я стара́юсь не обраща́ть внима́ния на ме́лкие неприя́тности. 나는 작은 불쾌한 일에는 **신경 쓰지** 않으려고 노력한다.	주의, 관심
сомнева́ться 불	Мы не сомнева́емся в достове́рности э́той информа́ции. 우리는 이 정보의 신뢰성을 **의심치** 않는다.	в ком-чём 전 의심하다
подозрева́ть 불	Одна́ моя́ знако́мая подозрева́ет му́жа в изме́не. 내 지인은 남편의 바람을 **의심한다**.	кого́ 대 + в чём 전 의심하다
уве́рен	Я уве́рен, что ты сде́лаешь э́то лу́чше меня́. 나는 네가 이 일을 나보다 더 잘할 거라고 **확신해**. 형단 уве́рена, уве́рено, уве́рены	в чём 전 확신하다
каза́ться	Мне ка́жется, у него́ больши́е спосо́бности к языка́м. 내 **생각에** 그는 언어에 재능이 많은 **것 같아**.	кому́ 여 + кем-чем 조 ~인 듯하다, ~라고 생각되다
мне́ние	Я бою́сь выска́зывать своё мне́ние. 저는 제 **의견**을 말하는 게 두려워요.	о ком-чём 전 의견

☐ взгля́д	На мой взгля́д, сча́стье – э́то когда́ люби́мый челове́к ря́дом. 내 **생각**에 행복이란 사랑하는 사람이 곁에 있는 것이다. 유 то́чка зре́ния 관점	на что 대 시선; 관점
☐ о́бщий	У нас во взгля́дах на поли́тику не так мно́го о́бщего. 우리는 정치에 관한 견해에는 **공통**점이 별로 없다.	공통의, 전반적인, 일반의
☐ предлага́ть предложи́ть	Мне предложи́ли рабо́ту за грани́цей. 내게 해외 근무를 **제안해 왔다**. предложе́ние 제안 완 предложу́, -ло́жит, -ло́жат	кому 여 + что 대 / инф. 제안하다
☐ отка́зываться отказа́ться	Бори́с предложи́л Мари́не вы́йти за него́ за́муж, но та отказа́лась. 보리스는 마리나에게 프러포즈를 했지만, 마리나는 이를 **거절했다**. 완 откажу́сь, -ка́жется, -ка́жутся	от чего 생 거절하다, 포기하다, 그만두다
☐ оце́нивать оцени́ть	Ра́зные лю́ди по-ра́зному оце́нивают одни́ и те́ же ве́щи. 똑같은 것이라도 사람마다 다르게 **평가한다**.	кого́-что́ 대 평가하다
☐ по́мнить 불	Я о́чень хорошо́ по́мню своё де́тство. 난 내 어린 시절이 생생하게 **기억나**. 불 по́мню, по́мнит, по́мнят	кого́-что́ 대 / о ком-чём 전 기억하다
☐ наде́яться 불	Я наде́юсь на ва́шу по́мощь. 여러분의 도움을 **기대합니다**. 불 наде́юсь, наде́ется, наде́ются	на что 대 기대하다

3 Мне́ние / То́чка зре́ния 생각/의견

☐ кри́тика	Несмотря́ на кри́тику, Анто́н не собира́ется меня́ть пла́ны. 안톤은 **비판**에도 불구하고 계획을 바꿀 계획이 없다. критикова́ть/раскритикова́ть 비난하다	비판, 비난
☐ согла́сен	Я не согла́сна с ва́шим мне́нием. 저는 당신의 의견에 **동의하지** 않습니다. 형단 согла́сна, согла́сно, согла́сны	с кем-чем 조 동의하다
☐ соверше́нно	Соверше́нно ве́рно, по́лностью с ва́ми согла́сен. 정말 맞는 말이에요. **전적으로** 동의합니다. 유 по́лностью 전부 / совсе́м 완전히, 전혀	완전히, 전적으로
☐ возража́ть возрази́ть	Извини́те, вы не возража́ете, е́сли я откро́ю окно́? 실례지만, 제가 창문 좀 열어도 괜찮을까요? (**반대하지** 않으시죠?) 완 возражу́, -рази́т, -разя́т	про́тив кого́-чего́ 생 반대하다, 반박하다
☐ за	– Дава́й, мо́жет, куда́-нибу́дь съе́здим? – Я то́лько за. – 어디라도 가는 게 어때? – **찬성이야**.	кого́-что 대 찬성의
☐ про́тив	Роди́тели бы́ли про́тив мое́й жени́тьбы на Татья́не. 부모님은 타티야나와의 결혼을 **반대했다**.	кого́-чего́ 생 반대의
☐ положи́тельный	От посеще́ния Коре́и оста́лись то́лько положи́тельные впечатле́ния. 한국 방문 후 **긍정적인** 인상만 남았다. 반 отрица́тельный 부정적인	긍정적인

II. Челове́к/Жизнь 인간/삶

3 Мне́ние / То́чка зре́ния 생각/의견

круто́й

Кака́я у тебя́ крута́я маши́на!
너 자동차 **멋지다**!

кла́ссный 최고의, 최상급의; 학급의

멋진;
험한, 가파른

отли́чно

Отли́чно, вы все молодцы́.
훌륭해요. 모두들 참 잘했습니다.

유 прекра́сно, здо́рово 훌륭하다, 대단하다

훌륭하다,
아주 잘

та́к себе

– Вам всё понра́вилось на о́тдыхе?
– Че́стно говоря́, обслу́живание бы́ло
  та́к себе.
– 휴가지는 다 마음에 들었어요?
– 솔직히 서비스는 **그저 그랬어요**.

그저 그렇다

прав

Вы соверше́нно пра́вы. Мы
по́лностью вас подде́рживаем.
당신 말이 정말 **맞습니다**. 전적으로 찬성합니다.

형단 права́, пра́во, пра́вы

옳다

наве́рное

Наве́рное, у него́ пробле́мы в семье́.
아마도 그는 집안에 문제가 있는 것 같아.

유 наве́рно, мо́жет быть 아마도

아마도

ра́зве

Ра́зве она́ ещё не прие́хала?
그녀가 **정말로** 아직 안 왔어?

유 неуже́ли 정말, 과연(불신, 의혹, 놀라움)

정말로, 실제로

всё равно́

– Куда́ пойдём – в кино́ и́ли в кафе́?
– Мне всё равно́.
– 어디 갈까? 영화관 갈래, 아니면 카페 갈래?
– 나는 둘 다 **상관없어**.

상관없다

연습 문제

1 다음 대화의 빈칸에 들어가기에 알맞은 표현을 고르시오.

- Давай поедем за город!
- ① _____ . А куда?
- Может быть, пригласим Андрея с Наташей?
- ② _____ . Позвони им и пригласи.

① (а) Я только за   (б) К сожалению   (в) Это неудачная мысль

② (а) Я не согласна   (б) Я против   (в) Я не возражаю

2 다음 단어를 한국어 또는 러시아어로 쓰시오.

① здравый смысл →

② мнение →

③ выбирать/выбрать →

④ 아마도 →

⑤ 내 생각에는 →

⑥ 평가하다 →

3 다음 밑줄 친 단어의 반의어를 보기 에서 골라 알맞은 형태로 쓰시오.

보기	подозревать	понимать	предложить	уверен
	так себе	отличный	отрицательный	

① Мы не <u>сомневаемся</u> в достоверности этой информации.

② От посещения Кореи остались только <u>положительные</u> впечатления.

정답

1. ① (а)   ② (в)
2. ① 상식   ② 의견   ③ 선택하다   ④ **наверное, может быть**   ⑤ **мне кажется, я думаю, я считаю, на мой взгляд, с моей точки зрения, по-моему** 등   ⑥ **оценивать/оценить**
3. ① уверены   ② отрицательные

4 Поведе́ние 행동

Track 10

☐ бить / поби́ть

Ни в ко́ем слу́чае не бе́йте свои́х дете́й!
어떤 경우라도 절대 아이를 **때리지** 마세요.
불 бью, бьёт, бьют

кого́-что 대
때리다, 치다

☐ толка́ть / толкну́ть

Вы всё вре́мя толка́ете меня́ – прекрати́те!
자꾸 저를 **미시는데**, 그만 좀 미세요!

кого́-что 대
밀다, 밀치다

☐ кива́ть / кивну́ть

Он кивну́л голово́й в знак согла́сия.
그는 동의의 표시로 고개를 **끄덕였다**.

чем 조
(고개를) 끄덕이다

☐ крича́ть / кри́кнуть

Мать не́рвничает и кричи́т на сы́на.
엄마가 아들에게 짜증을 내면서 **소리를 지른다**.
불 кричу́, кричи́т, крича́т

на кого́ 대
소리 지르다

☐ шути́ть / пошути́ть

Ты шу́тишь и́ли серьёзно?
농담이야, 진담이야?
шу́тка 농담
불 шучу́, шу́тит, шу́тят

농담하다, 장난치다

☐ молча́ть 불

Почему́ студе́нты всё вре́мя молча́т и не задаю́т вопро́сов?
왜 학생들은 계속 **입을 꾹 다물고** 질문을 하지 않는 걸까요?
불 молчу́, молчи́т, молча́т

침묵하다

☐ болта́ть 불

Мужчи́ны лю́бят болта́ть не ме́ньше же́нщин.
남자들도 여자들 못지않게 **수다 떠는** 것을 좋아한다.

수다를 떨다

| пла́кать 불 | Ребёнок пла́чет и день и ночь!
아이는 밤낮을 가리지 않고 내내 **울어요**.
불 пла́чу, пла́чет, пла́чут | 울다 |

| посту́пок | Взро́слый челове́к обя́зан отвеча́ть за свои́ слова́ и посту́пки.
다 큰 성인이라면 자기의 말과 **행동**에 반드시 책임을 져야 한다.
유 поведе́ние 품행, 행동 | 행동, 소행
단생
посту́пка |

| вести́ себя́ 불 | В после́днее вре́мя наш нача́льник ведёт себя́ ка́к-то стра́нно.
요즘 저희 상사가 **행동**이 좀 이상해요.
불 веду́, ведёт, веду́т; вёл, вела́, вели́ | 행동하다 |

| держа́ть 불 | Я всегда́ держу́ своё сло́во и уме́ю держа́ть себя́ в рука́х.
저는 항상 약속을 잘 **지키고** 감정을 **다스릴** 줄 압니다.
держа́ть сло́во 약속을 지키다
держа́ть себя́ в рука́х 감정을 억제하다
불 держу́, де́ржит, де́ржат | кого́-что 대
쥐다,
갖고 있다,
유지하다 |

| соверша́ть соверши́ть | В ю́ности все мы соверша́ем оши́бки.
청소년기에는 누구나 실수를 **한다**. | что 대
~을 하다,
행하다 |

| па́дать упа́сть | На у́лице так ско́льзко – я да́же па́ру раз упа́ла.
여기가 너무 미끄러워서 심지어 몇 번이나 **넘어졌어**.
완 упаду́, упадёт, упаду́т; упа́л, -ла, -ли | 넘어지다,
떨어지다 |

| маха́ть махну́ть | Проща́ясь, Бори́с махну́л руко́й.
작별하면서 보리스는 손을 **흔들었다**.
불 машу́, ма́шет, ма́шут | кем-чем 조
흔든다,
휘두르다 |

II. Челове́к/Жизнь 인간/삶 61

☐ пры́гать пры́гнуть	Де́ти ве́село бе́гают и пры́гают во дворе́. 아이들이 마당에서 신나게 달리며 **팔짝팔짝 뛴다**.	뛰다, 점프하다
☐ стира́ть постира́ть	Цветно́е бельё ну́жно стира́ть отде́льно от бе́лого. 색깔 있는 빨래와 흰 빨래는 따로 **세탁해야** 한다.	что 대 세탁하다
☐ ударя́ть уда́рить	Вчера́ на у́лице бы́ло ско́льзко, я упа́л и бо́льно уда́рил коле́но. 어제 길이 미끄러워서 넘어지는 바람에 무릎을 **찧었다**. уда́р 타격, 충격	кого-что 대 치다, 타격을 가하다, 찧다
☐ замеча́ть заме́тить	Я сра́зу заме́тила оши́бку в расчётах и доложи́ла о ней нача́льнику. 나는 계산 실수를 바로 **눈치챘고**, 이를 상사에게 보고했다. 완 заме́чу, заме́тит, заме́тят	кого-что 대 눈치채다, 알아채다
☐ брать взять	Ты заче́м взяла́ в ба́нке ещё оди́н креди́т? 너 도대체 은행에서 대출은 또 왜 **받은 거야**? 불 беру́, берёт, беру́т; брал, -ла́, -ли 완 возьму́, -мёт, -му́т; взял, -ла́, -ли	кого-что 대 잡다, 가지다, 빌리다, 사다
☐ стуча́ть постуча́ть	Кто́-то стучи́т в дверь. Откро́йте, пожа́луйста. 누군가 문을 **두드리네**. 가서 좀 열어 주세요. стук 노크 불 стучу́, стучи́т, стуча́т	노크하다, 두드리다

4 Поведе́ние 행동

искать / найти	Я до́лго иска́л вы́ход из ситуа́ции, но так и не нашёл. 나는 이 상황에서 벗어나기 위한 방법을 오랫동안 **찾았지만** 결국 **찾지** 못했다. 불 ищу́, и́щет, и́щут 완 найду́, -дёт, -ду́т; нашёл, -шла́, -шли́	кого́-что 대 찾다
теря́ть / потеря́ть	Я потеря́ла ключ от маши́ны. 나는 자동차 열쇠를 **잃어버렸다**.	кого́-что 대 잃다
пуска́ть / пусти́ть	Роди́тели никуда́ не пуска́ют меня́ по́сле десяти́ часо́в ве́чера. 부모님은 밤 10시가 넘으면 저를 아무 데도 못 **가게 해요**. 완 пущу́, пу́стит, пу́стят	кого́-что 대 ~하게 하다, 허락하다, 놓아 주다
прекраща́ть / прекрати́ть	Около ме́сяца наза́д я прекрати́ла есть мя́со. 한 달 전쯤부터 나는 고기를 **끊었다**. 완 прекращу́, -крати́т, -кратя́т	что 대 / инф. 끝내다, 더 이상 하지 않다, 그만두다
дава́ть / дать	Я даю́ шко́льникам ча́стные уро́ки. 나는 학생들에게 과외를 한다(**제공한다**). 불 даю́, даёт, даю́т 완 дам, даст, даду́т; дал, дала́, да́ли	кому́ 여 + что 대 주다
передава́ть / переда́ть	По ра́дио передава́ли конце́рт из произведе́ний Ба́ха. 라디오 **방송에서** 바흐의 협주곡을 **내보냈다**.	кому́ 여 + что 대 전달하다; 방송하다

4 Поведе́ние 행동

☐ **отдава́ть / отда́ть**

Я отда́м тебе́ всё, что у меня́ есть.
너에게 내가 가진 모든 것을 다 **줄게**.

что 대 + кому́-чему́ 여
내주다;
(힘 등을) 쏟다, 바치다

☐ **рвать** 불

Му́сор не броса́ть! Цветы́ с клу́мбы не рвать!
쓰레기를 버리지 마시오! 꽃밭의 꽃을 **꺾지** 마시오!

불 рву́, рвёт, рву́т

кого́-что 대
찢다, 뜯다, 뽑다; 토하다

☐ **ре́зать / поре́зать**

Я поре́зал себе́ па́лец.
나는 손가락을 **벴다**.

불 ре́жу, ре́жет, ре́жут

кого́-что 대
자르다, 베다

☐ **терпе́ть / потерпе́ть**

Я бо́льше не могу́ терпе́ть тако́е поведе́ние своего́ бра́та.
더 이상 오빠의 이런 행동을 **참고 봐줄 수**가 없어요.

불 терплю́, те́рпит, те́рпят

кого́-что 대
참다, 견디다; 겪다

☐ **отнима́ть / отня́ть**

Когда́ у малыша́ отня́ли игру́шку, он гро́мко запла́кал.
아이에게서 장난감을 **빼앗자** 아이가 큰 소리로 울기 시작했다.

완 отниму́, -ни́мет, -ни́мут; о́тнял, -ла́, -ли

что 대 + у кого́ 생
빼앗다

☐ **поднима́ть / подня́ть**

Подними́те ру́ки, е́сли у вас есть вопро́сы.
질문이 있으신 분은 손을 **들어 주세요**.

완 подниму́, -ни́мет; по́днял, -ла́

кого́-что 대
위로 들다

☐ **скрыва́ть / скрыть**

Никола́й скрыва́ет от роди́телей, что его́ уво́лили с рабо́ты.
니콜라이는 해고당한 사실을 부모님에게 **숨긴다**.

완 скро́ю, скро́ет, скро́ют

кого́-что 대 + от кого́ 생
숨기다

연습 문제

1 다음 빈칸에 알맞은 말을 쓰시오.

① Нельзя́ _____ цветы́. 꽃을 **꺾지** 마시오.

② _____ ру́ки, е́сли у вас есть вопро́сы. 질문이 있으신 분은 손을 **들어 주세요**.

③ Моя́ соба́ка _____ ка́к-то стра́нно. 저희 개가 좀 이상하게 **굴어요**.

④ О́коло ме́сяца наза́д я _____ есть мя́со. 한 달 전쯤부터 나는 고기를 **끊었다**.

2 다음 단어 중 주로 **на кого́**와 결합하는 동사는?

① маха́ть 흔들다 ② крича́ть 소리치다

③ отдава́ть 주다 ④ толка́ть 밀다

3 다음 중 입과 소리에 관련된 행동이 아닌 것은?

① пла́кать ② держа́ть ③ болта́ть ④ шути́ть

정답

1. ① рвать ② Подними́те ③ ведёт себя́ ④ прекрати́л(а)
2. ②
3. ②

5 Вне́шность / Ча́сти те́ла 외모/신체 `Track 11`

вне́шность	Непра́вильно суди́ть о лю́дях то́лько по вне́шности. 사람을 **외모**로만 평가하는 것은 옳지 못하다. 유 вне́шний вид 외모	여 외모, 겉모습
краси́вый	Мне ка́жется, в Росси́и мно́го краси́вых де́вушек. 내 생각에는 러시아에 **미녀**들이 많은 것 같다.	아름다운, 예쁜
симпати́чный	Мой муж вне́шне о́чень симпати́чный. 제 남편은 정말 외모가 **호감형이에요**. 유 привлека́тельный 매력적인	호감을 주는, 매력적인, 잘생긴
вес	Мой вес – пятьдеся́т семь килогра́ммов (Я ве́шу 57 кг). 나는 **몸무게**가 57kg이다.	몸무게; 복 весы́ 저울
рост	Како́й у тебя́ рост? 너 **키**가 얼마나 돼?	키
высо́кий	Он высо́кого ро́ста. 그는 키가 **크다**.	높은; 키가 큰
вы́ше	Мой па́рень вы́ше меня́ на пятна́дцать сантиме́тров. 제 남자 친구는 키가 저보다 15cm **더 커요**.	더 높은, 더 큰 (высо́кий의 비교급)
сре́дний	У меня́ рост норма́льный, мо́жно сказа́ть, сре́дний. 제 키는 적당한 편입니다. **평균**이라고 할 수 있겠네요.	중간의, 평균의

| ни́зкий | Францу́зский импера́тор Наполео́н был ни́зкого ро́ста.
프랑스의 황제, 나폴레옹은 **키가 작은** 사람이었다. | 낮은; 키가 작은 |

| ни́же | Я не встреча́юсь с мужчи́нами, кото́рые ни́же меня́.
나는 나보다 키가 **더 작은** 남자랑은 안 만나. | 더 낮은, 더 작은 (ни́зкий의 비교급) |

| фигу́ра | Моя́ жена́ сохрани́ла фигу́ру по́сле ро́дов.
제 아내는 출산 후에도 **몸매**를 잘 유지했습니다. | 모습, 모양, 몸매; 인물 |

| стро́йный | Я стро́йная де́вушка, регуля́рно занима́юсь в фи́тнес-за́ле.
전 **날씬**해요. 정기적으로 헬스장에서 운동하거든요. | 늘씬한, 호리호리한 |

| по́лный | В мо́ду сно́ва вхо́дят по́лные моде́ли.
통통한 모델들이 다시 대세가 되고 있다. | 가득 찬; 통통한 |

| то́лстый | Е́сли счита́ете себя́ то́лстой, то сади́тесь на дие́ту.
본인이 **뚱뚱하다**고 생각하면 다이어트를 하세요. | 뚱뚱한; 두꺼운, 굵은 |

| худо́й | Ещё год наза́д я была́ худо́й, а пото́м попра́вилась.
일 년 전만 해도 **말랐었는데**, 지금은 살이 쪘어요.
худе́ть/похуде́ть 살이 빠지다 | 빼빼 마른, 야윈 |

| идеа́льный | Идеа́льная фигу́ра – мечта́ мно́гих.
이상적인 몸매는 많은 이들이 꿈꾸는 것이죠. | 이상적인 |

☐ **лу́чше**

Ме́ньше ешь – лу́чше вы́глядишь.
적게 먹으면 (얼굴이) **더 좋아** 보인다.

더 좋은
(хоро́ший의 비교급)

☐ **ху́же**

Пять лет наза́д на́ша семья́ жила́ ху́же, чем сейча́с.
5년 전 우리 가족은 지금보다 **못** 살았다.

더 나쁜
(плохо́й의 비교급)

☐ **усы́**

Терпе́ть не могу́, когда́ у мужчи́ны борода́ и усы́!
콧수염이랑 턱수염 기른 사람들 정말 싫어!
борода́ 턱수염 / бакенба́рды 구레나룻

콧수염

☐ **причёска**

У тебя́ но́вая причёска? Тебе́ о́чень идёт.
머리 스타일 바꿨어? 너한테 엄청 잘 어울린다.

헤어스타일

☐ **стричь
постри́чь**

Я иногда́ сама́ стригу́ себе́ чёлку.
난 가끔 앞머리를 직접 **자른다**.
де́лать/сде́лать хи́мию 파마를 하다
🔳 стригу́, -жёт, -гу́т; стриг, -гла, -гли

кого́-что 대
자르다, 깎다

☐ **кра́сить
покра́сить**

Хочу́ покра́сить себе́ во́лосы в све́тлый цвет, стать блонди́нкой.
밝은색으로 **염색해서** 금발로 만들고 싶어.
кра́ситься/накра́ситься 화장하다
🔳 кра́шу, кра́сит, кра́сят

кого́-что 대
염색하다

5 Вне́шность / Ча́сти те́ла 외모/신체

🌱 신체

- [ ] голова́ 머리
- [ ] те́ло 몸
- [ ] ше́я 목
  - дли́нная ~ 긴 목
  - коро́ткая ~ 짧은 목
- [ ] лицо́ 얼굴
  - кру́глое ~ 동그란 얼굴
  - ова́льное ~ 계란형 얼굴
  - по́лное ~ 통통한 얼굴
  - бле́дное ~ 창백한 얼굴
  - сму́глое ~ 까무잡잡한 얼굴
  - ~ с весну́шками 주근깨 있는 얼굴
- [ ] ко́жа 피부
  - гла́дкая ~ 매끈한 피부
  - морщи́нистая ~ 주름이 많은 피부
- [ ] глаз (복глаза́) 눈
  - больши́е ~ 큰 눈
  - ка́рие ~ 갈색 눈
  - се́рые ~ 회색 눈
  - си́ние ~ 파란색 눈
  - голубы́е ~ 하늘색 눈
  - чёрные ~ 검은색 눈
- [ ] ресни́ца (복ресни́цы) 속눈썹
- [ ] нос 코
  - прямо́й ~ 곧은 코
  - дли́нный ~ 긴 코
  - ~ с горби́нкой 매부리코
- [ ] рот 입
  - широ́кий ~ 큰 입
- [ ] губа́ (복гу́бы) 입술
  - то́нкие ~ 얇은 입술
  - пу́хлые ~ 두꺼운 입술
- [ ] зуб (복зу́бы) 이, 치아
- [ ] бровь (복бро́ви) 눈썹
- [ ] во́лос (복во́лосы) 머리카락
  - прямы́е ~ 생머리
  - кудря́вые ~ 곱슬머리
  - густы́е ~ 숱이 많은
  - ре́дкие ~ 숱이 적은
  - седы́е ~ 백발
  - кашта́новые ~ 갈색, 밤색 머리
  - ры́жие ~ 붉은 머리
  - брюне́т, брюне́тка 머리카락 색이 어두운 사람
  - шате́н, шате́нка 머리가 갈색인 사람
  - блонди́н, блонди́нка 금발인 사람
- [ ] лоб 이마
  - высо́кий ~ 넓은 이마
  - ни́зкий ~ 좁은 이마
- [ ] щека́ (복щёки) 볼, 뺨
  - ро́зовые ~ 핑크빛 뺨
- [ ] подборо́док 턱
- [ ] плечо́ (복пле́чи) 어깨
  - широ́кие ~ 넓은 어깨
  - у́зкие ~ 좁은 어깨
- [ ] рука́ (복ру́ки) 팔, 손
- [ ] па́лец (복па́льцы) 손가락, 발가락
- [ ] но́готь (복но́гти) 손톱, 발톱
- [ ] нога́ (복но́ги) 다리, 발
- [ ] у́хо (복у́ши) 귀
- [ ] грудь 여 가슴
- [ ] живо́т 배
- [ ] спина́ 허리, 등
- [ ] коле́но (복коле́ни) 무릎

연습 문제

1 다음 표의 빈칸을 채우시오.

стро́йный	①
② п_____	통통한
③ б_____	턱수염
худо́й	④
вне́шность	⑤
симпати́чный	⑥

2 다음 외모 묘사에 관한 문장을 올바르게 번역하고 강세를 표시하시오.

У неё небольшие карие глаза и длинные рыжие прямые волосы. Лицо у неё овальное, губы тонкие, нос небольшой.

→

3 다음 문장의 빈칸을 채우시오.

① Мой па́рень в_____ меня́_____ 15 см. 제 남자 친구는 키가 저**보다** 15cm **더 커요**.

② Он в_____ р_____. 그는 **키가 크다**.

③ П_____ вне́шность – э́то пода́рок судьбы́. **매력적인** 외모는 운명이 준 선물이다.

정답

1. ① 날씬한 ② по́лный ③ борода́ ④ 빼빼 마른 ⑤ 외모 ⑥ 매력적인, 호감을 주는
2. У неё небольши́е ка́рие глаза́ и дли́нные ры́жие прямы́е во́лосы. Лицо́ у неё ова́льное, гу́бы то́нкие, нос небольшо́й. 그녀의 눈은 작고 갈색이며 머리는 붉고 긴 생머리이다. 얼굴은 계란형에 입술은 얇고 코는 크지 않다.
3. ① вы́ше, на ② высо́кого ро́ста ③ Привлека́тельная

6 Органы чувств 감각

Track 12

☐ **видеть** **увидеть**	Я плохо вижу без очков. 난 안경이 없으면 잘 안 **보여**. 🔸 вижу, видит, видят	кого-что 대 보이다(see)
☐ **смотреть** **посмотреть**	Я редко смотрю телевизор, только иногда новости. 저는 TV를 거의 **보지** 않고, 가끔 뉴스만 **봐요**. 🔸 смотрю, смотрит, смотрят	кого-что 대 / на кого-что 대 보다(watch, look at)
☐ **зрение**	Моё зрение становится всё хуже и хуже. 제 **시력**이 점점 나빠지고 있어요.	시력
☐ **слышать** **услышать**	Слышите? Кто-то зовёт на помощь. **소리 들려**? 누군가가 도움을 요청하고 있어. 🔸 слышу, слышит, слышат	кого-что 대 들리다(hear)
☐ **слушать** **послушать**	Слушать музыку в наушниках вредно. 이어폰으로 음악을 **들으면** 귀에 해롭다.	кого-что 대 듣다(listen to)
☐ **слух**	У бабушки начались проблемы со слухом. 할머니 **청각**에 문제가 생기기 시작했어요.	청력
☐ **запах**	В воздухе стоит запах цветущей сирени. 만발한 라일락 **향**이 공기 중에 퍼져 있다.	냄새
☐ **пахнуть** 🔸	От неё пахло сладкими духами. 그녀에게서 달콤한 향수 **냄새가 났다**. 🔸 пахнет, пахнут; пах, пахла, пахли	чем 조 냄새가 나다

☐ **арома́тный**	Блю́до получи́лось арома́тным и вку́сным. 요리가 **냄새도 좋고** 맛있게 잘됐어. 유 души́стый 향기로운	향기로운, 냄새가 좋은
☐ **воню́чий**	Носки́ воню́чие. Надева́ть их нельзя́. 양말이 **냄새가 고약해**. 신지 마.	냄새가 지독한
☐ **го́лос**	У него́ краси́вый ни́зкий го́лос. 그는 멋있는 저음의 **목소리**를 지녔다.	목소리
☐ **гро́мкий**	Меня́ о́чень раздража́ют гро́мкие зву́ки. 저는 **시끄러운** 소리를 들으면 너무 짜증이 나요.	시끄러운, 큰소리의
☐ **ти́хий**	В большо́м го́роде тру́дно найти́ ти́хое, споко́йное ме́сто. 대도시에서는 **조용하고** 평온한 장소를 찾기가 어렵다.	조용한
☐ **вкус**	По вку́су ма́нго похо́ж на пе́рсик. 망고의 **맛**은 복숭아와 비슷하다.	맛, 취향
☐ **тро́гать тро́нуть**	Тро́гать чужи́е ве́щи нельзя́! 남의 물건을 **만지면** 안 돼!	кого́-что 대 만지다; 감동을 주다
☐ **ощуще́ние**	У меня́ тако́е ощуще́ние, что колле́ги в после́днее вре́мя избега́ют меня́. 요즘 들어 동료들이 나를 피하는 것 같은 **느낌**이 든다.	감각, 느낌, 감

6 Органы чу́вств 감각

☐ **глухо́й**

Глухи́е лю́ди обща́ются с по́мощью же́стов и ми́мики.
청각 장애가 있는 사람들은 상대방의 손짓과 표정을 보고 소통을 한다.

слепо́й 시각 장애인; 눈이 보이지 않는
немо́й 벙어리; 말을 못하는

청각 장애인;
들리지 않는,
귀머거리의

☐ **гла́дкий**

Ка́ждая из нас мечта́ет име́ть гла́дкую краси́вую ко́жу лица́.
누구나 **매끈하고** 아름다운 피부를 갖기 원한다.

매끄러운,
반질반질한,

☐ **мя́гкий**

А в э́том отде́ле мо́жно приобрести́ мя́гкие игру́шки для дете́й.
이 코너에서는 아동용 장난감 인형(**부드러운** 장난감)을 살 수 있어요.

부드러운,
폭신한

☐ **твёрдый**

Твёрдые сыры́ – са́мые популя́рные сорта́ сы́ра.
치즈 중에는 경질(**딱딱한**) 치즈가 가장 널리 사랑받고 있다.

딱딱한, 굳은

☐ **горя́чий**

Не тро́гай утю́г, он горя́чий.
다리미가 **뜨거우니까** 만지면 안 돼.

반 холо́дный 차가운

뜨거운

II. Челове́к/Жизнь 인간/삶

연습 문제

1 다음 표의 빈칸을 채우시오.

мя́гкий	①
горя́чий	②
③ т_____	딱딱한
④ г_____	목소리

2 서로 관련이 없는 것끼리 짝지어진 것은?

① зре́ние–ви́деть   ② немо́й–говори́ть

③ за́пах–тро́гать   ④ слух–слы́шать

3 다음 중 틀린 부분을 찾아 고치시오.

① Вчера́ я уви́дела фильм. 나는 어제 영화 봤어.

② Зде́сь па́хнет мо́ре. 여기서는 바다 내음이 나.

정답

1. ① 부드러운 ② 뜨거운 ③ твёрдый ④ го́лос
2. ③
3. ① уви́дела → посмотре́ла
   ② мо́ре → мо́рем

7 Здоро́вье 건강

☐ здоро́вье	Бога́тство – ничто́ без здоро́вья. 건강을 잃으면 재물도 쓸모없다. здоро́вый 건강한	건강
☐ вре́дно	Вре́дно ли кури́ть электро́нные сигаре́ты? 전자 담배를 피우는 것이 **해롭나요**? вред 해	해롭게
☐ поле́зно	Пить мно́го воды́ поле́зно для здоро́вья. 물을 많이 마시면 건강에 **이롭다**. по́льза 쓸모, 효용	이롭게, 유용하게
☐ боле́знь	Са́харный диабе́т – серьёзная боле́знь. 당뇨는 심각한 **질병**이다.	여 질병
☐ боле́ть¹ заболе́ть	У меня́ ни ра́зу в жи́зни не боле́ло се́рдце. 나는 태어나서 심장이 **아파** 본 적이 한 번도 없어. 불 боли́т, боля́т	у кого́ 생 + что 주 아프다
☐ боле́ть² заболе́ть	Когда́ я заболе́ла анги́ной, то да́же не могла́ норма́льно есть – так боле́ло го́рло. 편도선염에 **걸렸**을 때 얼마나 목이 아팠는지 제대로 먹지도 못했다. 불 боле́ю, боле́ет, боле́ют	кто 주 + чем 조 병이 나다
☐ бо́льно	Я слома́л ру́ку. Мне о́чень бо́льно. 저는 팔이 부러졌어요. 너무 **아파요**. боль 여 통증	кому́ 여 아프다

II. Челове́к/Жизнь 인간/삶 75

☐ больно́й	В небольшо́й пала́те лежа́ло сра́зу се́меро больны́х.	아픈; 환자, 병자
	크지 않은 병실에 7명이나 되는 **환자**가 누워 있었다.	
	유 пацие́нт 환자	
☐ чу́вствовать	– Как вы себя́ чу́вствуете?	что 대 느끼다
	– Спаси́бо, сего́дня я чу́вствую себя́ гора́здо лу́чше.	
	– 좀 어때요?	
	– 오늘은 **컨디션이** 훨씬 **좋아요**.	
	чу́вствовать себя́ хорошо́ 컨디션이 좋다	
	불 чу́вствую, -вует, -вуют	
☐ навеща́ть навести́ть	Неда́вно я ходи́ла в больни́цу навести́ть подру́гу.	кого-что 대 방문하다
	나는 얼마 전 병원에 입원한 친구에게 **병문안**을 다녀왔다.	
	완 навещу́, -сти́т, -стя́т	
☐ инвали́д	В метро́ есть места́ для инвали́дов и пассажи́ров с детьми́.	장애인
	지하철에는 **장애인** 및 아이를 동반한 승객을 위한 자리가 있다.	
☐ кури́ть 불	Кури́ть в обще́ственных места́х запрещено́.	담배를 피우다
	공공장소에서는 **흡연**은 금지되어 있다.	
	불 курю́, ку́рит, ку́рят	
	куре́ние 흡연 / кури́льщик 흡연자	
☐ привы́чка	У меня́ есть привы́чка пло́тно у́жинать.	습관
	나는 저녁을 배불리 먹는 **습관**이 있다.	

7 Здоро́вье 건강

☐ броса́ть / бро́сить	Почему́ бы не бро́сить пить? 술을 **끊는 게** 어때? **완** бро́шу, бро́сит, бро́сят	кого́-что **대** / инф. 던지다, 버리다; 그만두다
☐ перестава́ть / переста́ть	Я переста́ла пить чёрный чай, перешла́ на зелёный. 나는 홍차를 **더 이상** 마시지 **않고**, 녹차를 마신다. **불** перестаю́, -стаёт, -стаю́т **완** переста́ну, -ста́нет, -ста́нут	инф. 그만두다
☐ вызыва́ть / вы́звать	Сего́дня мы с утра́ вы́звали врача́ на́ дом. 오늘 아침에 의사를 집으로 **불렀다**. **완** вы́зову, вы́зовет, вы́зовут	кого́-что **대** 부르다, 초청하다; 초래하다
☐ врач	Врач осмотре́л меня́ и сказа́л, что са́мое стра́шное уже́ позади́. **의사**는 나를 진찰하고 나서 심각한 상황은 지나갔다고 이야기했다.	의사
☐ больни́ца	Моя́ ста́ршая сестра́ – врач, рабо́тает в больни́це. 우리 누나(언니)는 의사여서 **병원**에서 일한다. **유** поликли́ника 외래병원	병원
☐ апте́ка	Апте́ка располо́жена недалеко́ от ста́нции метро́. **약국**은 지하철역 근처에 있어요.	약국

II. Челове́к/Жизнь 인간/삶

☐ принима́ть приня́ть	Принима́йте э́то лека́рство три ра́за в день пе́ред едо́й. 하루 3번 식전에 이 약을 **복용하세요**. пить лека́рство 약을 먹다 **완** приму́, -мет, -мут; при́нял, -ла́, -ли	кого́-что **대** 받아들이다
☐ обраща́ться обрати́ться	У вас температу́ра, вам ну́жно обрати́ться к врачу́. 열이 있네요. 병원(의사에게) **가 보시는** 게 좋겠어요.	к кому́ **에** + куда́ (바람, 부탁, 질문을) 하러 가다
☐ реце́пт	Врач вы́писал реце́пт пацие́нту. 의사는 환자에게 **처방전**을 써 주었다.	처방전; 요리법
☐ лечи́ть вы́лечить	Говоря́т, что вре́мя ле́чит ра́ны. 상처에는 시간이 약이라고들(**치유한다**고) 얘기한다. **불** лечу́, ле́чит, ле́чат	кого́-что **대** 치료하다
☐ выздора́вливать вы́здороветь	Выздора́вливай поскоре́е! Без тебя́ так одино́ко! 얼른 **나아**. 네가 없어서 너무 적적해. **완** вы́здоровею, -веет, -веют	쾌유하다, 건강을 회복하다
☐ ско́рая по́мощь	Для того́ что́бы вы́звать ско́рую по́мощь, набери́те но́мер ноль три. **구급차**를 부르려면 03번을 누르세요.	구급대, 구급차
☐ грипп	Уже́ неде́лю вся семья́ боле́ет гри́ппом. 벌써 일주일째 온 가족이 **독감**으로 고생하고 있다.	독감

7 Здоро́вье 건강

простужа́ться / простуди́ться
Бою́сь, как бы де́ти не простуди́лись.
아이들이 **감기에 걸리지** 않을까 걱정이야.
просту́да 감기 / на́сморк 코감기
완 простужу́сь, -сту́дится, -сту́дятся

감기에 걸리다

температу́ра
У меня́ температу́ра де́ржится уже́ две неде́ли.
벌써 2주째 **열**이 내리지 않아.
давле́ние 혈압, 압력

열, 온도, 체온

ка́шлять / ка́шлянуть
У меня́ серьёзная просту́да: всё вре́мя поте́ю, ка́шляю.
심한 감기에 걸려서 계속 땀이 나고 **기침**을 해요.
ка́шель **남** 기침 / со́пли **복** 콧물 / пот 땀

기침하다

лека́рство
Принима́йте э́то лека́рство за полчаса́ до еды́.
이 **약**은 식사하기 30분 전에 드세요.
табле́тка 알약 / ка́пли **복** 안약, 적제

약

опера́ция
В про́шлом году́ мне сде́лали сло́жную опера́цию.
작년에 나는 복잡한 **수술**을 받았다.
уко́л 주사

수술

пла́стырь
Я прикле́ил пла́стырь на ра́ну.
나는 상처에 **밴드**를 붙였다.
повя́зка 붕대

남 밴드

бессо́нница
У меня́ бессо́нница. Не могу́ засну́ть но́чью.
저는 **불면증**이 있어요. 밤에 잠이 안 와요.

불면증

II. Челове́к/Жизнь 인간/삶

7 Здоро́вье 건강

☐ медици́на	Совреме́нная медици́на изле́чивает почти́ все боле́зни. 현대 **의학**은 거의 모든 질병을 고친다.	의학
☐ спаса́ть спасти́	Врачи́ самоотве́рженно спаса́ют жи́зни люде́й. 의사는 헌신적으로 사람의 생명을 **구한다**. **완** спасу́, -сёт, -су́т; спас, -сла́, -сли́	кого́-что 대 구하다, 살리다
☐ си́ла	Я так пло́хо себя́ чу́вствую! Сил нет да́же ру́ку подня́ть. 몸 상태가 너무 안 좋아서 손을 들어올릴 **힘**조차 없어요. си́льно 대단히, 몹시 / си́льный 힘센, 강한	힘, 에너지
☐ сла́бый	Больно́й поправля́ется, оста́лись то́лько сла́бые головны́е бо́ли. 환자가 회복되고 있고, **약한** 두통만 호소하는 정도이다.	약한, 힘이 없는

추가 단어

🌱 인간의 장기

- ☐ мозг 뇌
- ☐ го́рло 목, 인후, 식도
- ☐ се́рдце 심장
- ☐ пе́чень 간
- ☐ желу́док 위장
- ☐ лёгкие 폐
- ☐ кишка́ 장
- ☐ по́чка 신장
- ☐ кость **여** 뼈
- ☐ кровь **여** 피

연습 문제

1 다음 어휘의 성(남/여)과 뜻을 쓰시오.

① боле́знь : _____

② боль : _____

③ больно́й : _____

2 боле́ть를 알맞은 형태로 변형하시오.

① У меня́ ни ра́зу в жи́зни не _____ се́рдце.
나는 태어나서 심장이 **아파** 본 적이 한 번도 없어.

② Я уда́рила большо́й па́лец на руке́, он распу́х и _____.
엄지손가락을 찧었는데 약간 붓고 **통증이 있어요**.

③ У меня́ си́льно _____ но́ги. 다리가 너무 **아프네요**.

④ Анто́н всю неде́лю не ходи́л в шко́лу, потому́ что он _____ гри́ппом.
안톤은 독감에 **걸리는** 바람에 일주일 내내 학교에 가지 않았다.

3 다음 밑줄 친 단어의 반의어를 고르시오.

3-1 Куре́ние о́чень поле́зно.

① бо́льно ② вре́дно ③ занима́ется ④ спуска́ется

3-2 У меня́ си́льные головны́е бо́ли.

① бессо́нные ② давле́ние ③ сла́бые ④ ско́рые

정답

1. ① **여** 질병 ② **여** 고통 ③ **남** 환자; 아픈
2. ① боле́ло ② боли́т ③ боля́т ④ боле́л
3. 3-1. ②   3-2. ③

II. Челове́к/Жизнь 인간/삶

8 Во́зраст / Возрастны́е пери́оды 나이/일생

Track 14

☐ **жизнь**

В жи́зни быва́ют ра́зные ситуа́ции.
삶에서는 여러 가지 상황이 발생한다.

예 삶, 생활, 생명

☐ **пол**

Пол бу́дущего ребёнка мне не ва́жен.
저에게 태어날 아이의 **성별**은 중요하지 않아요.

성별

☐ **во́зраст**

В како́м во́зрасте лу́чше жени́ться?
몇 **살**에 결혼하는 것이 가장 좋나요?

나이

☐ **ребёнок**

Ребёнок – э́то лу́чший пода́рок от Бо́га.
아이는 신이 주신 최고의 선물입니다.

유 малы́ш 아이, 어린이

아이
단생 ребёнка
복 де́ти
복생 дете́й
복전 детьми́

☐ **де́тство**

Я с де́тства бою́сь пауко́в.
난 **어릴 때부터** 거미를 무서워했어.

де́тский 아이의

유년기

☐ **ма́льчик**

Де́вочки, та́к же как и ма́льчики, лю́бят игра́ть в компью́терные и́гры.
여자 아이들도 **남자 아이**들처럼 컴퓨터 게임을 무척이나 좋아한다.

де́вочка 소녀

소년

☐ **ю́ность**

В ю́ности я серьёзно занима́лась пла́ванием.
청소년 시절에 나는 수영을 진지하게 배웠었다.

ю́ный 젊은, 청소년의 / ю́ноша 남 청년

예 청년기, 청소년기(20세 미만)

☐ подро́сток	Когда́ я был подро́стком, мне хоте́лось поскоре́е стать взро́слым. 청소년기에 나는 빨리 어른이 되고 싶었다.	청소년
☐ де́вушка	Мно́гие де́вушки предпочита́ют носи́ть дли́нные во́лосы. 여자 애들은 긴 머리를 선호한다. па́рень (젊은) 남자	여학생, 아가씨, 젊은 여자
☐ молодёжь	Молодёжь из дереве́нь уезжа́ет рабо́тать в кру́пные города́. 젊은 사람들은 일자리를 찾아 시골에서 대도시로 떠난다. молодо́й 젊은(20~45세)	❹ 젊은 사람들, 젊은 세대
☐ взро́слый	Почему́ да́же взро́слые лю́ди лю́бят игра́ть в игру́шки? 왜 다 큰 어른들도 장난감을 갖고 노는 것을 좋아할까?	성인의, 어른의, 다 자란; 성인, 어른
☐ мужчи́на	В Росси́и мужчи́н ме́ньше, чем же́нщин. 러시아에서는 여자보다 남자 수가 적다. мужско́й 남성의	남성
☐ же́нщина	Почти́ во всех стра́нах же́нщины живу́т до́льше мужчи́н. 대부분의 국가에서 여성이 남성보다 수명이 길다. же́нский 여성의	여성

☐ **станови́ться стать**	Неда́вно я ста́ла ба́бушкой. У мое́й до́чери роди́лся сын. 얼마 전에 저는 할머니가 **됐어요**. 우리 딸이 아들을 낳았거든요. 완 ста́ну, ста́нет, ста́нут	кем-чем 조 되다
☐ **исполня́ться испо́лниться**	Сего́дня у меня́ ра́достный день: сы́ну испо́лнилось пять лет. 오늘은 정말 기쁜 날이에요. 제 아들이 5**살이 됐거든요**.	кому 여 (나이가) ~살이 되다
☐ **сва́дьба**	Неда́вно моя́ до́чка сыгра́ла сва́дьбу с колле́гой по рабо́те. 최근에 우리 딸은 직장 동료와 **결혼식**을 올렸어요.	결혼식, 웨딩
☐ **брак**	Счастли́вый брак – э́то ключ к до́лгой жи́зни. 행복한 **결혼 생활**이 장수의 비결이다. брак по любви́ 연애결혼	결혼, 결혼 생활
☐ **жени́х**	Жени́х и неве́ста обменя́лись ко́льцами и поцелова́лись. **신랑**과 신부가 반지를 교환하고 입맞춤을 했다. неве́ста 신부, 약혼자	신랑, 약혼자
☐ **бере́менная**	Мне ну́жно тебе́ ко́е-что сказа́ть. Я бере́менна. 할 얘기가 있어. 나 **임신했대**.	임신한; 임산부
☐ **пожило́й**	Пожило́й во́зраст – э́то но́вые перспекти́вы и возмо́жности. **노년**은 새로운 기회와 가능성을 준다.	나이 든 (약 60~75세)

8 Во́зраст / Возрастны́е пери́оды 나이/일생

пе́нсия
Мои́ роди́тели уже́ на пе́нсии.
우리 부모님은 이미 **은퇴하셨어**(**연금** 생활을 하셔).
пенсионе́р(-ка) 연금 수령자, 퇴직자
연금

стари́к
Год от го́да старико́в стано́вится всё бо́льше.
매년 **노인**의 수가 늘어나고 있다.
노인

**старе́ть
постаре́ть**
Жаль, что роди́тели так бы́стро старе́ют.
부모님이 이렇게 빨리 **늙어 가는** 모습이 안타까워.
ста́рый 오래된; 늙은(75세 이상)
🔳 старе́ю, старе́ет, старе́ют
늙다

смерть
Смерть бли́зкого челове́ка – э́то всегда́ тако́е го́ре!
가까운 이의 **죽음**은 언제나 큰 슬픔이다.
🔘 죽음

**умира́ть
умере́ть**
Мой де́душка у́мер от ра́ка четы́ре го́да наза́д.
우리 할아버지는 4년 전 암으로 **돌아가셨다**.
🔳 умру́, -рёт, -ру́т; у́мер, -рла́, -рли
죽다

**погиба́ть
поги́бнуть**
В ава́рии поги́бло мно́го люде́й.
사고로 많은 사람이 **사망했다**.
🔳 поги́б, -бла, -бли
죽다

наде́жда
Гла́вное в жи́зни – никогда́ не теря́ть наде́жду.
삶에서 가장 중요한 것은 항상 **희망**을 잃지 않는 것이다.
на кого́-что 🔲
희망, 기대

II. Челове́к/Жизнь 인간/삶 85

8 Во́зраст / Возрастны́е пери́оды 나이/일생

☐ **судьба́**

Челове́к сам стро́ит свою́ судьбу́.
인간은 **운명**을 스스로 만들어 나간다.

운명

☐ **цени́ть** 불

Цени́те своё вре́мя.
자신의 시간을 **소중히 여기세요**.

불 ценю́, це́нит, це́нят

кого́-что 대
소중히 여기다

☐ **цель**

Цель мое́й жи́зни – служи́ть о́бществу и лю́дям.
나의 삶의 **목표**는 사회와 사람들에게 도움이 되는 것이다.

여 목표

☐ **стреми́ться** 불

Ка́ждый челове́к стреми́тся к лу́чшей жи́зни.
모든 사람은 더 나은 삶을 **추구한다**.

불 стремлю́сь, -ми́тся, -мя́тся

к чему́ 여 /
инф.
추구하다,
노력하다

연습 문제

1 짝지어진 단어의 관계가 나머지와 다른 하나는?

1-1 ① жизнь – смерть   ② же́нщина – мужчи́на
     ③ ребёнок – взро́слый ④ подро́сток – ю́ноша

1-2 ① ба́бушка – ста́рость   ② молодёжь – мо́лодость
     ③ пожило́й челове́к – ю́ность ④ малы́ш – де́тство

2 다음 중 틀린 부분을 고치시오.

① Мой сын испо́лнился оди́н год.

② Ка́ждый челове́к стреми́тся лу́чшую жизнь.

③ Мой де́душка умира́ет четы́ре го́да наза́д.

3 다음 질문에 답하시오.

- Кому́ вы должны́ уступи́ть ме́сто в метро́?

- _____

4 다음 표의 빈칸을 채우시오.

во́зраст	①
пол	②
③ с_____	운명
④ с_____	결혼식

정답

1. 1-1. ④   1-2. ③
2. ① Мой сын → Моему́ сы́ну
   ② лу́чшую жизнь → к лу́чшей жи́зни
   ③ умира́ет → у́мер
3. Бере́менным же́нщинам, пожилы́м лю́дям
4. ① 나이 ② 성별
   ③ судьба́ ④ сва́дьба

Ⅲ

Путеше́ствия / Пое́здки

여행

1 Глаго́лы движе́ния 이동 동사

☐ **идти́** 불
- Приве́т! Куда́ идёшь?
- В библиоте́ку.
- 어디 가는 길이야?
- 도서관.

불 иду́, идёт, иду́т; шёл, шла, шли

걸어서 가다

☐ **ходи́ть** 불

Мы ходи́ли по Кремлю́ це́лых три часа́.
우리는 무려 3시간이나 크렘린 안을 **돌아다녔다**.

불 хожу́, хо́дит, хо́дят

걸어서 가다

☐ **е́хать** 불

В теа́тр мы е́хали на авто́бусе, а обра́тно на такси́.
극장에 갈 때 우리는 버스를 **타고 갔고**, 돌아올 때는 택시를 타고 왔다.

불 е́ду, е́дет, е́дут

(교통수단을) 타고 가다

☐ **е́здить** 불

На рабо́ту я е́зжу на авто́бусе и метро́.
나는 버스와 지하철을 **타고** 출근한다.

불 е́зжу, е́здит, е́здят

(교통수단을) 타고 가다

☐ **бежа́ть** 불

Сего́дня я проспа́л, и до остано́вки пришло́сь бежа́ть.
나는 오늘 늦잠을 자서 정류장까지 **뛰어가**야만 했다.

불 бегу́, бежи́т, бегу́т

뛰다

☐ **бе́гать** 불

Де́ти бе́гают в па́рке.
아이들이 공원에서 **뛰어논다**.

뛰다

☐ **лете́ть** 불

Смотри́, пти́цы уже́ летя́т на юг.
봐 봐, 새들이 벌써 남쪽으로 **날아가네**.

불 лечу́, лети́т, летя́т

날다, 비행기를 타고 가다

☐ летáть 불	Я рабóтаю в международной компáнии и чáсто летáю по делáм в рáзные стрáны. 저는 다국적 기업에서 일하고 있고, 업무상 자주 여러 나라를 (**비행기를 타고**) 다녀요.	날다, 비행기를 타고 가다
☐ плыть 불	По рекé плывёт круúзный теплохóд. 유람선이 강을 따라 **가고 있다**. 불 плывý, плывёт, плывýт	수영하다, 항해하다
☐ плáвать 불	Я не умéю плáвать и боюсь воды. 저는 **수영**을 못해요. 물을 무서워하거든요.	수영하다, 항해하다
☐ нестú 불	– Привéт! Комý несёшь цветы? – Сестрé. У неё сегóдня день рождéния. – 안녕. 누구한테 꽃 사 **들고** 가는 거야? – 내 동생. 오늘 생일이거든. 불 несý, несёт, несýт; нёс, неслá, неслú	кого-что 대 들고 가다, 나르다
☐ носúть 불	Я всегдá ношý с собóй пáспорт и планшéт. 나는 항상 여권과 태블릿을 **갖고 다닌다**. 불 ношý, нóсит, нóсят	кого-что 대 들고 가다, 나르다
☐ вестú 불	Мáльчик ведёт собáку на прогýлку. 소년이 강아지를 **데리고** 산책을 가고 있다. 불 ведý, ведёт, ведýт; вёл, велá, велú	кого-что 대 데리고 가다
☐ водúть 불	Мáльчик кáждый день вóдит свою собáку на прогýлку. 소년은 매일 강아지를 **데리고** 산책을 한다. 불 вожý, вóдит, вóдят	кого-что 대 데리고 가다

III. Путешéствия / Поéздки 여행

☐ везти́ 불	Молода́я ма́ма везёт двух близнецо́в в коля́ске по у́лице.	кого́-что 대 (교통수단에) 태우고 가다
	젊은 새댁이 쌍둥이 유모차를 **끌고** 길을 가고 있다.	
✎	불 везу́, везёт, везу́т; вёз, везла́, везли́	

☐ вози́ть 불	Пассажи́ров ста́рше восьми́десяти лет авто́бусы го́рода во́зят беспла́тно.	кого́-что 대 (교통수단에) 태우고 가다
	80세 이상 승객은 무료로 시내버스를 이용할 수 다(승객을 **태운다**).	
	불 вожу́, во́зит, во́зят	

정태 →	뜻	부정태 ↔	정태 →	뜻	부정태 ↔
идти́	걸어가다	ходи́ть	плыть	수영하다, 항해하다	пла́вать
е́хать	타고 가다	е́здить	нести́	들고 가다, 나르다	носи́ть
бежа́ть	뛰다	бе́гать	вести́	데리고 가다	води́ть
лете́ть	날아가다	лета́ть	везти́	태우고 가다	вози́ть

Глаго́лы движе́ния с приста́вками 접두사가 붙는 이동 동사

☐ при-	Мы прие́хали в Москву́ ме́сяц наза́д.	도착, 오다
✎	우리는 모스크바에 한 달 전에 **도착했다**.	

☐ у-	Сего́дня ве́чером я уезжа́ю к тётке в Пуса́н.	떠남, 가다
	저는 오늘 저녁에 부산에 있는 이모 댁으로 **떠나요**.	

☐ в-	Преподава́тель вошёл в аудито́рию, и заня́тие начало́сь.	안으로
	강의실로 선생님이 **들어오고 나서** 수업이 시작되었다.	

1 Глаго́лы движе́ния 이동 동사

☐ вы-
- Алло́, до́брый день! Позови́те, пожа́луйста, Аню.
- Вы зна́ете, она́ ненадо́лго вы́шла, но ско́ро бу́дет.
- 여보세요. 안녕하세요. 아냐 좀 바꿔 주세요.
- 지금 잠깐 **나갔는데**, 곧 돌아올 거예요.

밖으로

☐ под-
Он вдруг подошёл ко мне и пригласи́л на свида́ние.
그는 갑자기 내가 있는 쪽으로 **다가와** 데이트 신청을 했다.

접근

☐ от-
На прибыва́ющий по́езд поса́дки не бу́дет. Про́сьба к пассажи́рам отойти́ от кра́я платфо́рмы.
지금 들어오는 열차는 이 역을 통과하는 열차입니다. 승강장에서 **물러서 주시기** 바랍니다.

분리, 이탈

☐ об-
Тури́сты обошли́ вокру́г па́мятника Пу́шкину.
관광객들은 푸시킨 동상을 **둘러보았다**.

둘레, 우회

☐ пере-
На́ша семья́ перее́хала из Кванджу́ в Сеу́л три го́да наза́д.
우리 가족은 3년 전에 광주에서 서울로 **이사 왔다**.

건너다

☐ про-
Сего́дня она́ прошла́ ми́мо меня́ и да́же не поздоро́валась.
오늘 그녀는 내 곁을 **지나치며** 인사도 하지 않았다.

관통, 통과, 지나치다

☐ за-
По доро́ге с рабо́ты я зашёл в магази́н ря́дом с до́мом.
퇴근길에 집 근처 가게에 **들렀다**.

들르다

III. Путеше́ствия / Пое́здки 여행

☐ до-	От Москвы́ до Петербу́рга мы доéхали за три с полови́ной часá. 모스크바에서 페테르부르크까지 3시간 반만에 **도착했다**.	~까지 도달
☐ вз-	В аэропорту́ Инчхóн самолёты взлетáют и приземля́ются кáждые три мину́ты. 인천 공항에서는 3분마다 비행기가 **이륙하고** 착륙한다.	위로
☐ с-	Лы́жники съéхали с горы́ и отпрáвились в гости́ницу. 사람들은 스키를 타고 산에서 **내려온** 후 호텔로 떠났다.	아래로
☐ с- -ся	Чéрез два дня откры́тие кинофестивáля. В Москву́ съезжáются учáстники и гóсти из рáзных стран ми́ра. 이틀 후 영화제가 개막한다. 그래서 영화제 참석자들과 방문객들이 전 세계에서 모스크바로 **모여들었다**.	모이다
☐ раз- -ся	Пóсле бóулинга мы зашли́ в "Макдóнальдс", потóм разошли́сь по домáм. 우리는 볼링을 치고 맥도날드에 들렀다가 각자 집으로 돌아갔다(**흩어졌다**).	흩어지다

1 Глаго́лы движе́ния 이동 동사

Направле́ние 방향

☐ **отку́да**

- Отку́да вы прие́хали?
- Я прие́хала из Узбекиста́на.
- 어디서 오셨어요(어디 출신입니까)?
- 저는 우즈베키스탄에서 왔습니다.

어디서, 어디로부터

☐ **отсю́да**

Отсю́да до аэропо́рта мо́жно добра́ться за полчаса́.
여기서 공항까지 30분이면 갈 수 있다.

반 отту́да 거기서부터

여기서부터

☐ **пря́мо**

- Как к метро́ пройти́?
- Иди́те пря́мо до перекрёстка, а пото́м нале́во.
- 지하철역까지 어떻게 가죠?
- 사거리까지 **쭉** 가신 다음에 왼쪽으로 꺾으시면 돼요.

곧장, 똑바로

☐ **вперёд**

В жи́зни ну́жно всегда́ идти́ вперёд, не огля́дываться наза́д в про́шлое.
인생을 살면서 과거를 돌아보지 말고 항상 **앞으로** 나아가야 한다.

반 наза́д 뒤로

앞으로

☐ **нале́во**

- Как мне к "Сберба́нку" прое́хать?
- Сейча́с наза́д до светофо́ра, а пото́м нале́во.
- '스베르방크'까지 어떻게 가나요?
- 신호등까지 다시 돌아가신 다음에 **좌회전하셔야** 돼요.

ле́вый 왼, 왼편의

왼쪽으로

III. Путеше́ствия / Пое́здки 여행

| □ напра́во | – Здесь где́-то апте́ка должна́ быть.
– Сейча́с идёте пря́мо до угла́, а пото́м напра́во.
– 여기쯤 약국이 있다고 하던데요.
– 모퉁이까지 직진하시다가 **오른쪽으로** 꺾으세요.
пра́вый 오른, 오른편의 | 오른쪽으로 |

| □ везде́ | Тут уже́ давно́ никто́ не убира́ет му́сор. Везде́ кры́сы и тарака́ны.
여기는 오래전부터 쓰레기를 안 치워. **여기저기** 쥐랑 바퀴벌레 천지야. | 도처에, 곳곳에,
여기저기, 온통 |

| □ о́коло | Тури́сты собрали́сь о́коло экскурсово́да и внима́тельно его́ слу́шают.
관광객들이 가이드 **곁에** 모여서 주의 깊게 설명을 듣고 있다. | кого́-чего́ 생
주위에, 인근에 |

| □ вокру́г | Всё о́зеро мо́жно обойти́ вокру́г часа́ за́ два ме́дленным ша́гом.
호수 **둘레를** 다 도는 데 느린 걸음으로는 2시간 정도가 걸린다. | кого́-чего́ 생
주위에, 둘레를 |

| □ по | В суббо́ту мы ката́лись на велосипе́де по на́бережной реки́ Ханга́н.
토요일에 우리는 자전거를 타고 한강 변을 **따라** 달렸다. | чему́ 여
~를 따라,
~에서 |

| □ по доро́ге | По доро́ге на рабо́ту я де́лаю две переса́дки в метро́.
나는 회사 **가는 길에** 두 번 환승을 한다. | 도중에,
가는 길에 |

1 Глаго́лы движе́ния 이동 동사

☐ ми́мо	По доро́ге на рабо́ту я прохожу́ че́рез Кра́сную пло́щадь, ми́мо Кремля́ и Мавзоле́я. 저는 출근길에 붉은 광장을 가로질러 가는데, 그렘 **옆으로는** 크렘린과 레닌묘가 보이죠.	кого́-чего́ 생 옆을 지나쳐, 곁을 지나쳐
☐ че́рез	За́втра че́рез Швейца́рию мы пое́дем пря́мо в Ита́лию. 내일 우리는 스위스를 **거쳐서** 이탈리아를 갈 예정이다.	что 대 건너서, 통해서, 거쳐서, 가로질러
☐ от	Ско́лько часо́в лете́ть от Москвы́ до Сеу́ла? 모스크바**에서** 서울까지 비행기로 몇 시간이 걸리나요?	кого́-чего́ 생 ~로부터
☐ к	Вчера́ ко мне в го́сти прие́хали друзья́ из Новосиби́рска. 어제 노보시비르스크에서 친구가 우리 집**에** 놀러왔다.	кому́-чему́ 여 ~쪽으로, ~에게로
☐ до	Пого́да была́ хоро́шая, от метро́ до до́ма мы дошли́ пешко́м. 날씨가 좋아 우리는 지하철역에서 집**까지** 걸어서 왔다.	кого́-чего́ 생 ~까지
☐ вверх	Вверх мо́жно подня́ться на ли́фте, мо́жно по ле́стнице. **위로** 올라가시려면 엘리베이터나 계단을 이용하세요. 반 вниз 아래로	위로

III. Путеше́ствия / Пое́здки 여행

연습 문제

1 다음 이동 동사 중 알맞은 것을 고르시오.

① Мама (несёт / ведёт) сына за руку.

② Завтра я (иду / еду) за город.

③ Иногда я (еду / езжу) на работу на велосипеде.

④ Я не умею (плыть / плавать).

⑤ Вчера мы (шли / ходили) в кино.

2 다음에 알맞은 단어를 넣으시오.

- Скажите, пожалуйста, где находится театральная касса?

  극장 매표소가 어딨는지 말씀해 주세요.

- Недалеко ① _____ . Идите ② _____ , а потом поверните ③ _____ , вы увидите магазин "Подарки". ④ _____ от магазина будет касса.

  여기서 멀지 않아요. **직진**하시다가 **왼쪽으로** 꺾으세요. 그럼 선물 가게가 보일 거예요. 선물 가게 **오른편에** 매표소가 있어요.

3 다음 중 밑줄 친 부분이 **틀린** 문장을 고르시오.

① До дома мы дошли пешком.

② Мы поднялись вниз на лифте.

③ Отойдите от двери.

④ Мы перешли реку через мост.

정답

1. ① ведёт ② еду ③ езжу ④ плавать ⑤ ходили
2. ① отсюда ② прямо ③ налево ④ справа
3. ② вниз → вверх

2 Транспорт 교통

транспорт
Обще́ственным тра́нспортом в Москве́ по́льзуется две тре́ти её жи́телей.
모스크바 시민의 2/3가 대중**교통**을 이용한다.

교통, 운송, 교통수단

вид
Авто́бус и метро́ – основны́е ви́ды тра́нспорта в Москве́.
버스와 지하철은 모스크바의 주요 교통수단(**종류**)이다.

종류

авто́бус
У меня́ нет маши́ны, на рабо́ту е́зжу на авто́бусе.
저는 자가용이 없어서 **버스**를 타고 출퇴근합니다.
тролле́йбус 트롤리버스 / трамва́й 전차, 트램

버스

остано́вка
– Скажи́те, как мне до метро́ дое́хать?
– Вот ви́дите остано́вку? Сади́тесь на двена́дцатый авто́бус.
– 저기요, 지하철역까지 어떻게 가면 돼요?
– 저기 **정류장** 보이죠? 12번 버스를 타세요.

정류장
복생
остано́вок

метро́
Скажи́те, пожа́луйста, где здесь ближа́йшее метро́?
여기서 제일 가까운 **지하철**역이 어딥니까?

지하철

ста́нция
Мы дое́хали до ста́нции "Третьяко́вская" и там сде́лали переса́дку.
우리는 '트레티야곱스카야' **역**까지 간 다음 환승을 했다.

역, 정거장

светофо́р
На светофо́ре зажёгся кра́сный свет, все маши́ны останови́лись.
신호등에 빨간불이 켜지자 자동차들이 전부 멈춰섰다.
пешехо́дный перехо́д 횡단보도

신호등

III. Путеше́ствия / Пое́здки 여행 99

☐ **маши́на**

Сего́дня почти́ в ка́ждой моско́вской семье́ есть своя́ маши́на.

요즘 모스크바에는 거의 모든 집에 **자가용**이 한 대씩은 있다.

유 автомоби́ль 남 자동차

자가용

☐ **такси́**

Метро́ бы́ло уже́ закры́то, пришло́сь брать такси́.

지하철이 끊겨서 **택시**를 잡아야만 했다.

중 택시

☐ **самолёт**

За́втра наш самолёт вылета́ет в семь утра́. Что́бы не опозда́ть, придётся о́чень ра́но встава́ть.

내일 우리 **비행기** 시간 7시야. 늦지 않게 도착하려면 엄청 빨리 일어나야 돼.

авиабиле́т 비행기표, 항공권

비행기

☐ **паро́м**

Коне́чно, до о́строва Чеджу́ гора́здо быстре́е добра́ться на самолёте, чем на паро́ме.

제주도까지 가는 데 당연히 **배**보다 비행기가 빠르지.

кора́бль 남 배, 선박

배, 증기선, 페리

☐ **пешко́м**

Я рабо́таю недалеко́ от до́ма. И туда́, и обра́тно хожу́ пешко́м.

직장이 집 근처예요. 그래서 왔다 갔다 **걸어서** 출퇴근해요.

걸어서, 도보로

☐ **доро́га**

На доро́гу от до́ма до рабо́ты у меня́ ухо́дит час с небольши́м.

집에서 직장까지 (가는 **길**이) 한 시간 남짓 걸려요.

шоссе́ 고속도로 / желе́зная доро́га 철도

길, 도로; 여정

2 Тра́нспорт 교통

☐ **у́лица**

Мёндо́н – центра́льная торго́вая у́лица Сеу́ла.
명동은 서울의 중심가에 있는 쇼핑 **거리**입니다.
переу́лок 골목 / проспе́кт 대로

거리

☐ **реме́нь**

Сев в автомоби́ль, обяза́тельно пристегни́те ремни́ безопа́сности.
차에 탈 때에는 반드시 **안전띠**를 매셔야 합니다.

🔵 벨트
🔴 ремни́

☐ **опа́сно**

По́льзоваться моби́льным телефо́ном за рулём опа́сно.
운전 중 휴대전화 사용은 **위험하다**.
безопа́сность 여 안전

위험하게

☐ **осторо́жно**

Жена́ во́дит маши́ну преде́льно осмотри́тельно и осторо́жно.
아내는 극도로 **조심스럽고** 신중하게 운전을 합니다.

조심스럽게, 주의하여

☐ **пассажи́р**

Пассажи́ры ре́йса Сеу́л – Санкт-Петербу́рг мо́гут получи́ть бага́ж у сто́йки но́мер шесть.
서울-상트페테르부르크 구간 **탑승객**은 6번 카운터에서 짐을 찾으실 수 있습니다.

승객

☐ **ава́рия**

Неда́вно оди́н мой друг попа́л в стра́шную ава́рию и чуть не поги́б.
내 친구 한 명이 얼마 전에 큰 **사고**를 당해 거의 죽을 뻔했어.

사고

☐ **про́бка**

Я вчера́ три часа́ простоя́л в про́бке у вокза́ла.
어제 역 근처에서 **차가 밀려서** 3시간 내내 도로에 있었어.

교통체증

III. Путеше́ствия / Пое́здки 여행 101

☐ переса́дка	Переса́дку на зелёную ли́нию я де́лаю на ста́нции "Пло́щадь револю́ции".	환승
	저는 '혁명광장' 역에서 녹색 노선으로 **갈아타요**.	

☐ паркова́ть припаркова́ть	Сосе́д из до́ма напро́тив постоя́нно парку́ет свою́ маши́ну под на́шими о́кнами.	что 대 주차하다
	건너편 건물에 사는 이웃이 자꾸 우리 집 앞에(창 아래에) **주차해요**.	

☐ уступа́ть уступи́ть	В моско́вском метро́ при́нято уступа́ть места́ пожилы́м лю́дям, инвали́дам и бере́менным же́нщинам.	кому 여 + что 대 양보하다, 내어주다; 굽히다
	모스크바 지하철에서는 보통 노약자, 장애인, 임산부에게 자리를 **양보합니다**.	
	완 уступлю́, усту́пит, усту́пят	

☐ аэропо́рт	За́втра наш рейс в де́вять утра́. Зна́чит, в аэропорту́ ну́жно быть са́мое по́зднее в семь часо́в.	공항 전 в аэропорту́
	내일 우리 비행기 시간이 아침 9시야. 늦어도 **공항**에 7시까지는 가야 해.	
	порт 항구	

☐ води́ть 불	Мой муж о́чень агресси́вно во́дит маши́ну.	кого́-что 대 운전하다; 데리고 가다; 실행하다
	제 남편은 차를 정말 험하게 **몰아요**.	
	води́тель 남 운전자, 차량기사	

☐ повора́чивать поверну́ть	Че́рез две́сти ме́тров поверни́те нале́во.	방향을 바꾸다, 회전하다
	200m 지나 좌**회전**하세요.	
	완 поверну́, повернёт, поверну́т	

2 Тра́нспорт 교통

☐ **прие́зд**

С прие́здом! (= Добро́ пожа́ловать!) Как вы дое́хали?
오신 걸 환영합니다. 오는 길은 괜찮으셨어요?
отъе́зд 출발

(탈 것을 타고) 도착

☐ **подъе́зд**

Маши́на останови́лась у подъе́зда.
차가 **현관** 앞에 멈춰 섰다.

현관, 건물 입구

☐ **бензи́н**

Парадо́кс: це́ны на нефть па́дают, а на бензи́н, наоборо́т, повыша́ются!
유가는 하락하는데 **휘발유** 가격은 상승하고 있으니 참 역설적인 상황이야.

휘발유

☐ **ме́дленно**

В час пик все маши́ны е́дут ме́дленно-ме́дленно, ползу́т как черепа́хи.
출퇴근 시간에는 차들이 **느릿느릿** 거북이걸음이다.
반 бы́стро 빠르게, 신속하게

천천히, 느리게

☐ **ваго́н**

Уважа́емые пассажи́ры! При вы́ходе из ваго́на не забыва́йте свои́ ве́щи.
승객 여러분! **열차**에서 내리실 때 잊으신 물건이 없는지 확인해 주시기 바랍니다.
по́езд 열차, 기차 / вокза́л 기차역

열차 칸, 차량

☐ **велосипе́д**

Накоплю́ де́нег и куплю́ себе́ како́й-нибудь хоро́ший дорого́й велосипе́д.
나는 돈을 모아서 비싸고 좋은 **자전거**를 꼭 살 거야.

자전거

☐ **сторона́**

Я нео́пытный води́тель. Когда́ е́ду, по сторона́м не смотрю́, а то́лько на доро́гу.
저는 초보운전이라 **주변**을 못 살피고 앞만 봐요.

면, 방향, 쪽, 측면
대 сто́рону
복 сто́роны
복생 сторо́н

III. Путеше́ствия / Пое́здки 여행

2 Транспорт 교통

☐ **скóрость**

Обы́чно в гóроде я стара́юсь éздить со скóростью шестьдеся́т киломéтров в час.

저는 평소 시내에서 운전할 때 시속 60km 정도를 유지하려고 노력합니다.

예 속도, 속력

☐ **далекó**

– Скажи́те, до метрó далекó éхать?
– Нет, бли́зко. Три остано́вки.

– 지하철까지 **멀어요**?
– 아뇨. 가까워요. 세 정거장 거리예요.

далёкий 먼

от чего 생
멀리, 떨어져

☐ **бли́зко**

Зачéм вы поста́вили маши́ну так бли́зко к дéтской площáдке?

차를 왜 그렇게 놀이터 **가까이** 대 놨어요?

к чему 예
가까이, 붙여서

연습 문제

1 다음을 러시아어로 쓰시오.

신호등	①
골목	②
횡단보도	③
걸어서	④
안전	⑤
승객	⑥

2 다음 빈칸에 알맞은 단어를 쓰시오.

С одно́й стороны́, Росси́я так ① _____ от Коре́и. Самолёт ② _____ до Москвы́ де́вять часо́в. А с друго́й стороны́, – ③ _____ . Паро́м ④ _____ Владивосто́ка идёт ме́ньше су́ток.

러시아는 어떻게 생각하면 한국과 꽤 **먼** 나라입니다. 모스크바까지 9시간에 걸쳐 **비행기를 타고 가야** 하거든요. 그러나 다른 한편으로는 아주 **가까운** 나라이기도 하죠. 블라디보스토크**까지** 배로 하루가 채 안 걸리거든요.

정답

1. ① светофо́р ② переу́лок ③ пешехо́дный перехо́д ④ пешко́м ⑤ безопа́сность
   ⑥ пассажи́р
2. ① далеко́ ② лети́т ③ бли́зко ④ до

3 Поку́пки / Шо́пинг 쇼핑

Track 17

☐ шо́пинг	Шо́пинг мо́жет быть неплохи́м "лека́рством" от стре́ссов и депре́ссии. 쇼핑은 스트레스와 우울함을 '치료하는' 괜찮은 방법이 될 수 있다.	쇼핑
☐ покупа́ть купи́ть	Заче́м лю́ди покупа́ют дороги́е и нену́жные им ве́щи? 사람들은 왜 비싸고 필요 없는 물건을 **사는** 것일까요? поку́пка 구매 완 куплю́, ку́пит, ку́пят	кого́-что 대 사다, 구입하다
☐ продава́ть прода́ть	Мы реши́ли уе́хать жить в Аме́рику и сейча́с продаём кварти́ру. 우리 미국으로 이민 가기로 했어. 그래서 지금 살던 집을 **팔려고** 내놨어. 불 продаю́, продаёт, продаю́т 완 прода́м, -да́ст, -даду́т; про́дал, -ла́, -ли	кого́-что 대 팔다, 판매하다
☐ ско́лько	Интере́сно, ско́лько мо́жет сто́ить кварти́ра в це́нтре Москвы́? 모스크바 도심에 있는 아파트는 가격이 **얼마나** 되는지 궁금하네요.	얼마나, 몇
☐ сто́ить 불	Э́ти кроссо́вки ско́лько сто́ят? 이 운동화 **얼마예요**? 불 сто́ит, сто́ят	값이 나가다, 가치가 있다
☐ продаве́ц	Продаве́ц мне посове́товал вы́брать и́менно э́тот костю́м. 가게 **점원**이 나에게 이 옷을 딱 추천해 줬어.	판매원, 점원, 상인 단생 продавца́

106

☐ покупа́тель	Люба́я распрода́жа – пра́здник для покупа́телей. 세일 행사는 **고객**들에게 축제나 마찬가지다.	남 구매자, 소비자
☐ магази́н	В продукто́вом магази́не осо́бенно мно́го покупа́телей по суббо́там. 식료품 **가게**는 토요일마다 유독 손님이 많다.	가게, 상점
☐ ры́нок	О́вощи и фру́кты я покупа́ю то́лько на ры́нке. 저는 채소와 과일을 **시장**에서만 사요. 유 база́р 시장	시장 단생 ры́нка
☐ това́р	Большинство́ това́ров в росси́йских магази́нах – кита́йского произво́дства. 러시아 가게에서 파는 **상품** 대부분은 웬만하면 다 중국산이다.	용품, 상품, 물품
☐ торго́вый центр	Кру́пные торго́вые це́нтры появля́ются в росси́йских города́х, как грибы́ по́сле дождя́. 현재 러시아는 도시마다 대형 **복합 쇼핑몰**이 우후죽순 생겨나고 있다. как грибы́ по́сле дождя́ 우후죽순 универма́г 백화점	복합 쇼핑몰
☐ обма́нывать обману́ть	Вы меня́ обману́ли! Вы сказа́ли, что э́то кольцо́ золото́е. А на са́мом де́ле э́то медь! 저를 **속이셨군요**! 이 반지 금이라면서요. 사실 금이 아니라 구리잖아요. 완 обману́, обма́нет, обма́нут	кого́ 대 속이다, 거짓말하다

III. **Путеше́ствия / Пое́здки** 여행　107

☐ доста́вка	Доста́вка зака́за занима́ет в сре́днем два рабо́чих дня. 배송은 주말을 제외하고 평균 이틀 정도 소요됩니다.	배송, 배달
☐ до́рого	– Ну что, берёте ту́фли? – Нет, э́то для меня́ сли́шком до́рого. – 그럼 이 구두로 하시겠어요? – 아뇨. 저한테는 너무 **비싸네요**. дорого́й 값이 비싼; 소중한	비싸게
☐ дёшево	Здесь мо́жно дово́льно дёшево купи́ть неплохи́е ве́щи. 여기서는 괜찮은 물건을 꽤 **싸게** 살 수 있어. дешёвый 값이 싼	싸게
☐ ски́дка	– А ски́дку вы мо́жете мне сде́лать? – Хорошо́. Де́сять проце́нтов. – 좀 **깎아** 주실 수 있으세요? – 그래요. 10% 깎아 줄게요.	할인 복수 ски́док
☐ распрода́жа	О́сенью мно́гие суперма́ркеты устра́ивают распрода́жи ле́тних веще́й. 대규모 상점들은 가을이 되면 철 지난 여름 상품에 대해 **대대적 할인**에 들어간다.	대대적 할인, 바겐세일
☐ беспла́тно	Э́ти но́вые космети́ческие сре́дства мо́жно попро́бовать беспла́тно. 여기 새로 나온 화장품들은 **무료로** 테스트해 보실 수 있습니다. пла́тно 유료로	공짜로, 무료로

3 Поку́пки / Шо́пинг 쇼핑

☐ **мо́дный**

Моя́ мла́дшая сестра́ но́сит то́лько са́мую мо́дную оде́жду.
내 여동생은 최신 **유행하는** 옷만 입어.
мо́да 유행, 패션
반 старомо́дный 유행이 지난, 촌스러운

유행하는

☐ **пока́зывать
показа́ть**

Покажи́те ещё, пожа́луйста, вот э́ту ю́бку со скла́дками.
이 주름치마도 좀 **보여 주세요**.
완 покажу́, пока́жет, пока́жут

кому 여 +
что 대
보여 주다

☐ **эконо́мить
сэконо́мить**

Нам легко́ тра́тить де́ньги, но о́чень тру́дно их эконо́мить.
돈은 말이야, 쓰는 건 쉬운데 **아끼는 게** 너무 어려워.
불 эконо́млю, эконо́мит, эконо́мят

что 대 /
на чём 전
아끼다,
절약하다

☐ **тра́тить
потра́тить**

Ча́сто мы безрассу́дно тра́тим де́ньги на вся́кую ерунду́.
종종 우리는 아무 생각 없이 온갖 쓸데없는 데 돈을 **쓰곤** 한다.
불 тра́чу, тра́тит, тра́тят

что 대
소비하다, 쓰다

☐ **плати́ть
заплати́ть**

За ремо́нт маши́ны я заплати́л почти́ две ты́сячи до́лларов.
차를 수리하는 데 거의 2,000달러를 **지불했다**.
불 плачу́, пла́тит, пла́тят

что 대 +
за что 대
지불하다,
돈을 내다

☐ **ка́сса**

Почему́ то́лько одна́ ка́сса рабо́тает? Где остальны́е касси́ры?
왜 이용할 수 있는 **계산대**가 하나뿐이에요? 다른 계산원들은 어디 가고요?

매표소, 계산대

III. Путеше́ствия / Пое́здки 여행

| □ óчередь | В супермáркетах óчереди к кáссам бывáют тóлько по суббóтам. 토요일을 빼면 슈퍼마켓 계산대에 **줄**을 설 일이 없다. | 여 차례, 줄 |

| □ налúчные | Я давнó ужé не пóльзуюсь налúчными. За всё плачý кáрточкой. **현금** 안 쓴 지 오래됐어. 나는 카드만 쓰거든. кредúтная кáрта 신용카드 | 현금 |

| □ сдáча | – Всё, приéхали. С вас двéсти шестьдесят рублéй. – Трúста. Сдáчи не нáдо. – 자, 다 왔습니다. (택시 비는) 260루블입니다. – 여기 300루블이요, **잔돈**은 안 주셔도 돼요. | 거스름돈 |

| □ чек | Не выбрáсывайте чек срáзу же пóсле покýпки. 구매 직후 **영수증**을 바로 버리지 마세요. 유 квитáнция 영수증 | 영수증, 전표; 수표 |

| □ счёт | Мне ещё нýжно зайтú в банк и оплатúть счетá за свет, газ и вóду. 저는 지금 전기와 가스, 수도세(**고지서**) 내러 은행도 들러야 될 것 같아요. | 계산서; 계좌 복 счетá |

| □ упакóвка | Красúвая упакóвка чáсто скрывáет не сáмый кáчественный товáр. 화려한 **포장**을 통해 종종 상품의 조악한 품질을 숨기곤 한다. | 포장 복생 упакóвок |

| □ пакéт | – Вам пакéт нýжен? – Да. Скóлько с меня? – **봉투** 필요하세요? – 네. 총 얼마죠? | 봉투, 봉지 |

3 Покýпки / Шóпинг 쇼핑

☐ **отдéльно**

В ресторáне кáждый плáтит сам за себя́, отдéльно.
식당에서 더치페이를 한다(자기 몫은 **각자** 낸다).

따로따로, 개별적으로, 별도로

☐ **кармáн**

Нóвый планшéт оказáлся мне не по кармáну.
나는 **주머니** 사정상 태블릿을 새로 살 수가 없어.
не по кармáну 구매할 형편이 안 되다

호주머니, 지갑

☐ **мéлочь**

Извини́те, у вас мéлочи не бýдет?
혹시 **잔돈** 없으세요?

여 잔돈; 작은 물건, 사소한 일
복생
мелочéй

☐ **возвращáть верну́ть**

А мóжно верну́ть вам э́ту ю́бку и вмéсто неё взять другу́ю?
이 치마 **반품하고** 다른 것으로 교환해도 돼요?
возврáт 반환, 반품

кому 여 + что 대
돌려주다, 반품하다

☐ **коллéкция**

Моя́ коллéкция состои́т из почтóвых мáрок рáзных стран ми́ра.
내 **수집품**은 세계 각국 우표로 이루어져 있다.

수집(품), 컬렉션

☐ **автомáт**

У нас ря́дом с аудитóрией недáвно постáвили кофéйный автомáт.
최근 우리 강의실 옆에 커피 **자판기**가 하나 생겼더라고.

자판기

☐ **дéньги**

Мне ну́жно снять дéньги. Где тут банкомáт?
현금을 좀 뽑아야 하는데, 여기 ATM이 어딨지?
монéта 동전

복 돈

III. Путешéствия / Поéздки 여행

☐ коли́чество	Ва́жно не коли́чество оде́жды в гардеро́бе, а её ка́чество. 옷장에 있는 옷의 **양**보다 그 질이 더 중요하다. ка́чество 질, 품질	양, 수량
☐ мно́го	В э́том бути́ке продавцо́в мно́го, а покупа́телей ма́ло. 이 부티크(가게)에는 점원만 **많고** 손님은 별로 없네. ма́ло 적은, 적게, 조금	кого́-чего́ 생 많은, 많이
☐ не́сколько	За после́дние пять лет це́ны на мно́гие проду́кты вы́росли в не́сколько раз. 지난 5년간 식료품 가격이 대체로 **몇** 배씩 올랐다.	кого́-чего́ 생 몇, 다소
☐ це́лый	В це́лом твой наря́д вы́глядит непло́хо. 지금 네 패션은 **전체적으로** 나쁘지 않아. в це́лом 전반적으로	전체의, 온전한
☐ часть	В ни́жней ча́сти ку́ртки име́ется два боковы́х карма́на. 점퍼 아랫**부분**에 옆 주머니가 두 개 달려 있다.	예 부분, 일부 복생 часте́й
☐ остально́й	Для меня́ са́мое гла́вное – диза́йн автомоби́ля. Всё остально́е не ва́жно. 나는 차는 디자인이 제일 중요하다고 생각해. **그 밖의** 것은 중요하지 않아.	나머지의, 잔여의
☐ почти́	Больша́я па́ртия смартфо́нов уже́ почти́ вся распро́дана. 그 많던 스마트폰 물량이 **거의** 다 소진되었다.	거의, 대체로

3 Поку́пки / Шо́пинг 쇼핑

☐ **носи́ть** 불

Вам лу́чше носи́ть оде́жду си́них тоно́в.
푸른 계열의 옷을 **입는** 게 좋겠어요.

불 ношу́, но́сит, но́сят
유 ходи́ть в + 전 입다

что 대
입다

☐ **надева́ть
наде́ть**

Никогда́ не надева́йте ро́зовое с голубы́м! Э́то смо́трится ужа́сно!
절대로 분홍색과 하늘색을 매치해서 **입지 마세요**. 완전 최악이에요.

완 наде́ну, наде́нет, наде́нут

что 대
입다

☐ **разме́р**

До рожде́ния ребёнка я была́ ху́денькая и стро́йная. А сейча́с ношу́ оде́жду на два разме́ра бо́льше.
나도 출산 전에는 날씬했었는데, 지금은 두 **치수** 크게 입어.

크기, 사이즈

☐ **примеря́ть
приме́рить**

Приме́рь вот э́тот костю́м. Мне ка́жется, он тебе́ подойдёт.
이 옷 **한번 입어 봐**. 내가 보기에 너한테 잘 맞을 것 같은데.

(몸에 맞는지)
입어 보다,
신어 보다

☐ **вели́к**

Пиджа́к подхо́дит, а вот брю́ки мне велики́.
재킷은 딱 맞는데, 이 바지는 나한테 **커**.

형단 велика́, велико́, велики́

(사이즈가)
크다

☐ **мал**

Блу́зка мне немно́го широка́ в плеча́х, а ю́бка мала́ в та́лии.
나한테 블라우스는 어깨가 조금 크고 치마는 허리가 **작네**.

형단 мала́, мало́, малы́

작다

III. Путеше́ствия / Пое́здки 여행 113

☐ как раз	Эта рубашка как раз подходит к твоим брюкам.	딱, 마침, 더없이
	이 셔츠는 네 바지에 **딱** 잘 어울려.	

☐ каблук	– Вам удобно ходить на таких высоких каблуках?	굽
	– Красота требует жертв.	단생
	– 그렇게 높은 **굽**을 신는 게 편하세요?	каблука
	– 예뻐 보이려면 참아야죠(아름다움은 희생을 요구한다).	

☐ только	Я часто хожу на распродажи, но покупаю только нужные мне вещи.	오직, ~만, 단지
	나는 세일하는 곳은 잘 찾아다니지만 가면 딱 필요한 물건**만** 사서 나온다.	

☐ даже	Я куплю себе этот смартфон! Даже если завтра у меня не будет денег на еду!	~라도, ~조차, 심지어
	내일 밥 사 먹을 돈조차 안 남**더라도** 난 이 스마트폰을 꼭 살 거야!	

3 Поку́пки / Шо́пинг 쇼핑

추 가 단 어

🌱 옷 Оде́жда
- [ ] джи́нсы 복청바지
- [ ] ю́бка 치마
- [ ] брю́ки 복바지
- [ ] шо́рты 복반바지
- [ ] пла́тье 원피스
- [ ] костю́м 정장
- [ ] руба́шка 와이셔츠
- [ ] блу́зка 블라우스
- [ ] футбо́лка 티셔츠, 반팔티
- [ ] ку́ртка 점퍼
- [ ] пиджа́к 재킷
- [ ] сви́тер 스웨터
- [ ] пальто́ 코트
- [ ] шу́ба 모피코트

🌱 신발 Óбувь
- [ ] сапоги́ 복부츠
- [ ] босоно́жки 복샌들
- [ ] боти́нки 복(목이 짧은) 부츠
- [ ] ту́фли 복구두
- [ ] кроссо́вки 복운동화
- [ ] та́почки 복슬리퍼

🌱 잡화 Галантере́я
- [ ] перча́тки 복장갑
- [ ] ва́режки 복벙어리장갑
- [ ] су́мка 가방
- [ ] носки́ 복양말
- [ ] чулки́ / колго́тки 복스타킹

- [ ] ша́пка (차양이 없는) 모자
- [ ] ке́пка 야구모자
- [ ] шля́па 차양모자
- [ ] га́лстук 넥타이
- [ ] шарф 목도리
- [ ] плато́к 스카프
- [ ] зонт 우산

🌱 속옷 Ни́жнее бельё
- [ ] ли́фчик, бюстга́льтер 브래지어
- [ ] трусы́ 복팬티
- [ ] ма́йка 런닝셔츠

🌱 화장품 및 향수 Косме́тика и парфюме́рия
- [ ] крем от со́лнца 선크림
- [ ] пу́дра 파우더
- [ ] тушь 여마스카라
- [ ] губна́я пома́да 립스틱
- [ ] духи́ 복향수

🌱 광학제품 Óптика
- [ ] очки́ 복안경
- [ ] тёмные очки́ 복선글라스
- [ ] ли́нзы 복렌즈

🌱 귀금속 Ювели́рные изде́лия
- [ ] кольцо́ 반지
- [ ] се́рьги 복귀걸이
- [ ] цепо́чка 목걸이
- [ ] брасле́т 팔찌

연습 문제

1 다음 단어의 반의어를 쓰시오.

① мо́дный

② пла́тный

③ дорого́й

2 다음 빈칸을 알맞게 변형하여 문장을 완성하시오.

① Пиджа́к подходи́ть , а вот брю́ки мне велик .

재킷은 **딱 맞는데** 바지는 나한테 **커**.

② Блу́зка мне немно́го широка́ пле́чи , а ю́бка мал в та́лии.

블라우스는 **어깨가** 크고, 치마는 허리가 **작네요**.

③ В ни́жней часть ку́ртки име́ется два боковы́х карма́н .

점퍼 아랫**부분**에 옆 **주머니**가 두 개 달려 있다.

④ В э́том магази́не мно́го продаве́ц , одна́ко ма́ло покупа́тель .

이 가게에는 **점원**만 많고 **손님**은 별로 없다.

정답

1. ① старомо́дный ② беспла́тный ③ дешёвый
2. ① подхо́дит, велики́ ② в плеча́х, мала́ ③ ча́сти, карма́на
   ④ продавцо́в, покупа́телей

4 Еда́ / Блю́да 음식

☐ рестора́н

Я подраба́тываю официа́нтом в одно́м рестора́не недалеко́ от до́ма.

나는 집에서 멀지 않은 한 **레스토랑**에서 아르바이트를 한다.

식당, 음식점, 레스토랑

☐ столо́вая

Мне надое́ло ка́ждый день обе́дать в студе́нческой столо́вой.

매일 학생 **식당**에서 점심 먹는 것도 질렸어.

식당

☐ кофе́йня

В Коре́е о́чень лю́бят ко́фе. Кофе́йни тут на ка́ждом шагу́.

한국 사람들은 정말 커피를 좋아해. 한 집 건너 한 집마다 **카페**가 있는 걸 보면 말이야.

카페

☐ бар

По́сле рабо́ты мы с колле́гами дово́льно ча́сто захо́дим в э́тот бар.

나는 퇴근 후 동료들과 함께 이 **술집**에 꽤 자주 들르는 편이다.

алкого́ль 남 술

술집, 바

☐ ме́сто

– Извини́те, э́то ме́сто свобо́дно?
– Нет, за́нято.

– 실례지만, **자리** 비었나요?
– 아니요, 이미 자리 있어요.

장소, 자리
복 места́

☐ рекомендова́ть
порекомендова́ть

Сиби́рские пельме́ни – рекоменду́ю. Не пожале́ете.

시베리아식 고기만두를 **추천해요**. 후회하지 않을 거예요.

불 рекоменду́ю, -ду́ет, -ду́ют

кого́-что 대 / инф. 추천하다

III. Путеше́ствия / Пое́здки 여행

занима́ть заня́ть	– Вы за́няли моё ме́сто. – Извини́те, я ду́мал, что здесь свобо́дно. – 제 자리예요(제 자리에 **앉으셨네요**). – 죄송해요. 빈자리인 줄 알았어요. 완 займу́, -мёт, -мут; за́нял, -ла́, -ли	что 대 (자리를)맡다, 차지하다; (시간이) 걸리다
зака́зывать заказа́ть	Мы заказа́ли сто́лик на трои́х. 우리는 3명 테이블을 **예약했다**. 완 закажу́, зака́жет, зака́жут	что 대 주문하다, 예약하다
меню́	Пожа́луйста, вот меню́. Де́лайте ваш зака́з. 여기 **메뉴**판입니다. 보시고 주문하세요.	중 메뉴
вода́	Мне, пожа́луйста, буты́лку минера́льной воды́ и упако́вку чи́псов. 생**수** 한 병이랑 감자칩 한 봉지 주세요.	물
лёд	– Вам ви́ски со льдом и́ли без? – Без. Мы ру́сские. – 위스키는 **얼음**을 넣어 드릴까요, 빼고 드릴까요? – 빼고 주세요. 러시아 사람들은 그렇게 먹어요.	얼음 단생 льда 전 во льду
заку́ска	Солёные огурцы́ – люби́мая заку́ска к во́дке у миллио́нов ру́сских. 오이절임은 수많은(수백만) 러시아인들이 즐기는 보드카 **안주**이다.	안주, 간식거리, 전채요리
блю́до	Коре́йские блю́да, коне́чно, вку́сные, но иногда́ сли́шком о́стрые. 한국 **음식**은 맛있지만 가끔 너무 매울 때가 있다.	요리

4 Еда́ / Блю́да 음식

☐ кусо́к	У меня́ на обе́д нет вре́мени. Кусо́к колбасы́, йо́гурт, чай – вот и весь обед. 나는 점심 먹을 시간이 없어. 점심은 소시지 **한 조각** 이랑 요구르트, 차 마시고 땡이야.	한 조각, 토막 생 куска́
☐ официа́нт	Официа́нт, бу́дьте добры́, принеси́те счёт. 저기요(**웨이터**), 계산서 좀 주세요.	종업원, 웨이터, 서빙하는 사람
☐ хвата́ть хвати́ть	Стипе́ндия у меня́ небольша́я, де́нег хвата́ет то́лько на еду́. 난 장학금이 많지 않아서 밥값 정도만 **여유**가 있어.	кого́-чего́ 생 충분하다
☐ сыт	– Пообе́даете с на́ми? – Нет, спаси́бо, я сыта́. – 저희와 식사하실래요? – 감사하지만 사양할게요. 이미 **배부르게 먹었어요**. 형단 сыта́, сы́то, сы́ты	배부른
☐ сы́тный	Гре́чневая ка́ша о́чень сы́тная. Поэ́тому ру́сские её так лю́бят. 메밀죽은 매우 **든든한** 한 끼 식사로 러시아인들에게 많은 사랑을 받는 음식입니다.	(식사가) 푸짐한
☐ есть съесть	На обе́д я съел суп и котле́ты с карто́шкой. 나는 점심으로 수프와 감자를 곁들인 커틀릿을 **먹었다**. 불 ем, ест, едя́т; ел, е́ла, е́ли 유 ку́шать 먹다	что 대 먹다
☐ пить вы́пить	Я стара́юсь пить как мо́жно бо́льше минера́льной воды́. 나는 물을 가능한 한 많이 **마시려고** 노력한다. 불 пью, пьёт, пьют	что 대 마시다

III. Путеше́ствия / Пое́здки 여행

☐ про́бовать попро́бовать	Е́сли бу́дете в Герма́нии, обяза́тельно попро́буйте та́мошнее пи́во. 독일에 가게 된다면 꼭 맥주를 마셔 **보세요**. 불 про́бую, про́бует, про́буют	что 대 맛보다; 시도하다
☐ аппети́т	Прия́тного аппети́та! **맛있게** 드세요!	식욕, 입맛
☐ налива́ть нали́ть	Нале́й мне, пожа́луйста, ещё ко́фе. 커피 좀 **따라** 주세요. 완 налью́, -льёт, -лью́т; нали́л, -ла́, -ли	что 대 따르다
☐ подава́ть пода́ть	Стейк из говя́дины подаю́т с о́стрым со́усом. 쇠고기 스테이크는 매운 소스와 함께 **나온다**. 불 подаю́, подаёт, подаю́т 완 пода́м, -да́ст, -даду́т; по́дал, -ла́, -ли	что 대 (음식을) 내놓다, 차리다
☐ вари́ть свари́ть	Е́сли вари́ть яйцо́ две-три мину́ты, то э́то бу́дет яйцо́ всмя́тку. 달걀을 2~3분 **삶으면** 반숙이 된다. 불 варю́, ва́рит, ва́рят варёный 끓인, 삶은	что 대 삶다, 끓이다
☐ жа́реный	Обожа́ю арома́т жа́реного мя́са. 나는 (**구운**) 고기 냄새를 정말 좋아한다. жа́рить 굽다, 볶다, 튀기다	구운, 볶은, 튀긴
☐ голо́дный	Сы́тый голо́дного не разуме́ет. 배부른 자는 **배고픈** 자를 이해하지 못한다.	배고픈

4 Еда́ / Блю́да 음식

☐ ви́лка	Я так и не научи́лся есть па́лочками. В рестора́нах всегда́ прошу́ ви́лку. 저는 젓가락질을 할 줄 몰라서 식당에 가면 항상 **포크**를 달라고 해요. ло́жка 숟가락 / нож 칼	포크 복생 ви́лок
☐ салфе́тка	Я всегда́ ношу́ с собо́й в су́мочке вла́жные салфе́тки. 나는 항상 핸드백에 물**티슈**를 넣어 다닌다.	휴지, 티슈, 냅킨 복생 салфе́ток
☐ ча́шка	Когда́ бу́дет вре́мя, заходи́те на ча́шку ко́фе, бу́ду ра́да. 시간 나실 때 커피 한**잔**하러 오시면 참 좋겠어요. стака́н 컵	찻잔
☐ еда́	Аппети́т прихо́дит во вре́мя еды́. **식욕**은 식사 중에 생긴다(하기 싫던 일도 하다 보면 흥미가 생긴다). 유 пи́ща 음식, 양식	먹을 것, 식품
☐ проду́кты	Где вы обы́чно покупа́ете проду́кты – на ры́нке и́ли в суперма́ркете? 장을 볼 때(**식료품**을 살 때) 시장과 마트 중에 보통 어디로 가세요?	복 식료품
☐ мя́со	У меня́ муж не мо́жет жить без мя́са. 저희 남편은 **고기** 없이는 못 살아요.	고기
☐ ры́ба	Я предпочита́ю мя́су ры́бу. 나는 고기보다 **생선**을 더 좋아한다.	생선, 물고기

III. Путеше́ствия / Пое́здки 여행

□ о́вощи

Óвощи и фру́кты соде́ржат в себе́ всевозмо́жные витами́ны.

채소와 과일에는 각종 비타민이 함유되어 있다.

фру́кты 복 과일 / я́годы 복 (베리류) 과일

복 채소, 야채
복생 овоще́й

□ чуть-чуть

Мне ка́жется, на́до ещё доба́вить со́ли. Совсе́м немно́го, чуть-чуть.

소금 좀 더 넣어야 할 것 같은데요. 아주 조금만요, 살짝만요.

조금, 약간

□ вку́сный

Вку́сная еда́ ча́сто вре́дная, а поле́зная обы́чно невку́сная.

맛있는 음식은 대부분 몸에 해로운 반면, 몸에 좋은 음식은 맛이 없는 경우가 많다.

맛있는

□ о́стрый

Óстрые блю́да – осо́бенность коре́йской ку́хни.

매운 음식은 한식의 특징이다.

매운; 뾰족한, 첨예한

□ солёный

Эти чи́псы сли́шком жи́рные и солёные.

이 감자칩은 너무 기름기가 많고 **짜네**.

пре́сный 싱거운

짠, 절인

□ го́рький

Если не мо́жете жить без шокола́да, то стара́йтесь есть го́рький шокола́д.

초콜릿 없이 못 살 정도라면, 이왕 드실 거 **다크** 초콜릿을 드세요.

쓴; 쓰라린, 고통스러운, 슬픈

□ сла́дкий

Эти я́блоки о́чень сла́дкие и со́чные.

이 사과는 매우 **달고** 과즙이 많다.

단

4 Еда́ / Блю́да 음식

☐ ки́слый	Мне о́чень нра́вится ки́слый вкус лимо́на. 나는 레몬의 **신**맛을 매우 좋아한다.	신
☐ кре́пкий	Я вы́пил ча́шку кре́пкого ча́я, и голова́ переста́ла боле́ть. 나는 **진한** 차 한 잔을 마시자 두통이 멈췄다.	단단한; 진한, 깊은
☐ ба́нка	У меня́ сейча́с в холоди́льнике то́лько буты́лка молока́ и ба́нка дже́ма. 우리 집 냉장고에 지금 우유 한 병이랑 잼 한 **병**밖에 없어.	단지, 통조림, 캔 **복수** ба́нок
☐ буты́лка	– Ско́лько во́дки возьмём – две буты́лки? – Нет, лу́чше три. Вдруг не хва́тит. – 보드카 얼마나 살까? 두 **병**? – 아니, 세 병 사자. 혹시 모자랄 수도 있으니까.	병 **복수** буты́лок
☐ коро́бка	На день рожде́ния я подари́л сестре́ коро́бку дороги́х конфе́т. 여동생의 생일날 나는 고급 초콜릿 한 **상자**를 선물로 주었다. па́чка 묶음, 더미, (담배)갑	곽, 상자, 박스, 케이스 **복수** коро́бок
☐ сала́т	Сала́т оливье́ – обяза́тельное блю́до на пра́здничном столе́ россия́н. 올리비에 **샐러드**는 러시아인들의 식탁에서 빠지지 않는 명절 음식이다.	샐러드

4 Еда́ / Блю́да 음식

추가 단어

🌿 식료품 Проду́кты
- [ ] рис 쌀
- [ ] я́йца 복달걀
- [ ] сыр 치즈
- [ ] ма́сло 버터
- [ ] ветчина́ 햄
- [ ] колбаса́ 소시지
- [ ] чёрный хлеб 흑빵
- [ ] смета́на 스메타나(사워크림)
- [ ] сли́вки 크림
- [ ] творо́г 트보로그(응유)
- [ ] кефи́р 케피르

🌿 요리 Блю́да
- [ ] суп 수프, 국
- [ ] борщ 보르시(고깃국)
- [ ] котле́ты 커틀릿
- [ ] шашлы́к 꼬치 구이
- [ ] блины́ 블린
- [ ] пельме́ни 펠메니(고기 만두)
- [ ] бифште́кс 비프스테이크

🌿 디저트 Десе́рты
- [ ] пиро́жное 작은 케이크
- [ ] пиро́г 파이
- [ ] моро́женое 아이스크림
- [ ] пече́нье 쿠키, 과자
- [ ] торт 케이크

🌿 주류 Алкого́льные напи́тки
- [ ] вино́ 와인, 포도주
- [ ] шампа́нское 샴페인

🌿 고기 Мя́со
- [ ] говя́дина 소고기
- [ ] свини́на 돼지고기
- [ ] ку́рица 닭고기
- [ ] бара́нина 양고기

🌿 해산물 Морски́е проду́кты
- [ ] икра́ 캐비어
- [ ] туне́ц 참치
- [ ] лосо́сь 남연어
- [ ] креве́тки 복새우

🌿 채소 О́вощи
- [ ] карто́фель 남감자
- [ ] пе́рец 고추
- [ ] морко́вь 여당근
- [ ] огуре́ц 오이
- [ ] чесно́к 마늘
- [ ] свёкла 비트, 사탕무
- [ ] лук 양파
- [ ] капу́ста 양배추
- [ ] помидо́р 토마토

🌿 과일 Фру́кты
- [ ] гру́ша 배
- [ ] анана́с 파인애플
- [ ] ви́шня 체리
- [ ] виногра́д 포도
- [ ] ды́ня 멜론, 참외
- [ ] мандари́н 귤
- [ ] абрико́с 살구

연습 문제

1 다음 단어를 러시아어로 쓰시오.

매운 요리	①
케이크 한 조각	②
학생 식당	③
물 한 컵	④
삶은 달걀	⑤
구운 고기	⑥
신맛	⑦
설탕 두 봉지	⑧

2 다음 대화의 빈칸을 알맞게 채워 넣으시오.

– Давáйте схóдим

① в магазѝн за _____. (식료품을 사러)

② в аптéку за _____. (약을 사러)

3 다음 동사의 뜻과 변화형을 올바르게 쓰시오.

	① заказáть	② есть	③ пить	④ подáть
뜻				
я				
он				
они				

정답

1. ① óстрое блю́до ② кусóк тóрта ③ студéнческая столóвая ④ стакáн воды́
   ⑤ варёное яйцó ⑥ жáреное мя́со ⑦ кѝслый вкус ⑧ две пáчки сáхара
2. ① продýктами 가게에 가서 식료품을 삽시다. ② лекáрством 약국에 가서 약을 삽시다.
3. ① 주문하다, закажý, закáжет, закáжут ② 먹다, ем, ест, едя́т
   ③ 마시다, пью, пьёт, пьют ④ 음식을 내놓다, подáм, подáст, подадýт

III. **Путешéствия / Поéздки** 여행

5 Страна́ 국가/외국

Track 19

☐ страна́

В каки́х стра́нах ми́ра вы уже́ побыва́ли?
어느 어느 **나라**에 가 보셨어요?
🔄 госуда́рство 국가

나라, 국가
복 стра́ны

☐ наро́д

У ка́ждого наро́да – своя́ неповтори́мая культу́ра, свои́ обы́чаи и свой язы́к.
각 **민족**은 고유한 문화와 관습, 언어를 가지고 있다.
наро́дный 국민의, 민족의

민족, 국민;
인파

☐ террито́рия

Са́мая больша́я по террито́рии страна́ ми́ра – Росси́я, втора́я – Кана́да.
세계에서 **영토**가 가장 큰 나라는 러시아이며, 두 번째로 **영토**가 큰 나라는 캐나다이다.

영토, 구역, 지역

☐ чужо́й

Я живу́ в Ло́ндоне уже́ де́сять лет, но англи́йская культу́ра так и остаётся для меня́ чужо́й.
나는 영국에 10년째 살고 있지만, 아직도 영국 문화가 **낯설다**.

남의, 낯선, 타자의

☐ мир

Ника́к не ожида́л встре́тить тебя́ здесь. Мир те́сен.
너를 여기서 만날 줄 정말 몰랐어. **세상** 참 좁다.
мирово́й 세계의 / ми́рный 평화의

세계; 평화

☐ флаг

На росси́йском фла́ге мы ви́дим три цве́та: бе́лый, голубо́й и кра́сный.
러시아 **국기**는 백색, 청색, 적색으로 이루어져 있다.

기, 깃발

☐ гимн

Вы зна́ете слова́ национа́льного ги́мна?
애국가 가사를 아시나요?

국가(國歌)

☐ **междунаро́дный**	Ежего́дно в го́роде Пуса́не прохо́дит междунаро́дный кинофестива́ль. 매년 부산에서는 **국제** 영화제가 개최된다.	국제의
☐ **иностра́нный**	На каки́х иностра́нных языка́х вы говори́те? 어떤 **외국**어 하실 줄 아세요? иностра́нец(-нка) 외국인	외국의
☐ **зарубе́жный**	Среди́ на́ших дете́й зарубе́жные мультфи́льмы бо́лее популя́рны, чем оте́чественные. 우리나라 어린이들 사이에서는 국산보다 **외국** 만화 영화가 더 인기 있다. оте́чественный 조국의; 국내의	해외의
☐ **за грани́цу**	Мно́гие бога́тые се́мьи отправля́ют дете́й учи́ться за грани́цу. 부유한 가정은 자녀를 **외국으로** 유학 보내는 경우가 많다. за грани́цей, за рубежо́м 외국에서	외국으로, 해외로
☐ **национа́льность**	Мой муж по национа́льности коре́ец, а гражда́нство у него́ росси́йское, он россия́нин. 제 남편은 한국계(**민족**) 러시아인(국적)입니다. национа́льный 국가의, 민족의	여 민족, 국적
☐ **говори́ть сказа́ть**	Ната́ша говори́т на трёх языка́х: англи́йском, францу́зском и кита́йском. 나타샤는 영어, 프랑스어, 중국어 3개 국어를 **구사한다**. 완 скажу́, ска́жет, ска́жут	말하다

III. Путеше́ствия / Пое́здки 여행

□ по-ру́сски	Вы прекра́сно говори́те по-ру́сски! Где вы так хорошо́ вы́учили язы́к? **러시아어**를 정말 잘하시네요! 어디서 그렇게 잘 배우셨어요? по-коре́йски 한국어로 / по-англи́йски 영어로 по-кита́йски 중국어로 / по-япо́нски 일본어로	러시아어로
□ язы́к	Переводи́ть посло́вицы с коре́йского языка́ на ру́сский так сло́жно! 한국**어** 속담을 러시아**어**로 번역하는 것은 어렵다.	언어 복 языки́
□ родно́й	Мой родно́й язы́к англи́йский. Но я ещё хорошо́ говорю́ по-неме́цки. 제 **모국**어는 영어지만, 저는 독일어도 잘합니다. родно́й язы́к 모국어 / родно́й сын 친아들	출생지의, 친족 관계의
□ ро́дина	Когда́ вы возвраща́етесь на ро́дину? 언제 **고국**으로 돌아가세요?	조국, 고향
□ граждани́н	Ка́ждый граждани́н на́шей страны́ име́ет пра́во уча́ствовать в вы́борах. 모든 **국민**은 투표권을 가진다. гражда́нка 여 국민 гражда́нство 국적, 시민권	남 국민 복 гра́ждане 복생 гра́ждан
□ грани́ца	Для пересече́ния грани́цы необходи́м па́спорт. **국경**을 넘을 때는 여권이 필요하다.	경계, 국경

5 Страна́ 국가/외국

☐ **осо́бенно**

Из всех ру́сских компози́торов мне осо́бенно нра́вится Рахма́нинов.
나는 러시아의 작곡가 중에서 라흐마니노프를 **특히** 좋아한다.

осо́бенность 여 특징, 특수성

특히, 각별히, 대단히

☐ **респу́блика**

В Респу́блике Коре́я прожива́ет о́коло пяти́десяти миллио́нов челове́к.
대한**민국**의 인구는 약 5천만 명이다.

공화국

☐ **си́мвол**

Берёза и матрёшка – си́мволы Росси́и, изве́стные во всём ми́ре.
자작나무와 마트료시카는 전 세계에 잘 알려진 러시아의 **상징물**이다.

상징, 기호

☐ **Евро́па**

Мой оте́ц ча́сто е́здит по дела́м свое́й компа́нии в Евро́пу.
우리 아버지는 회사 일로 **유럽**을 자주 방문한다.

европе́йский 유럽의

유럽

☐ **А́зия**

Росси́я – своеобра́зный мост ме́жду Евро́пой и А́зией.
러시아는 유럽과 **아시아**를 연결하는 독특한 가교 역할을 한다.

азиа́тский 아시아의

아시아

☐ **росси́йский**

Официа́льное назва́ние Росси́и – Росси́йская Федера́ция.
러시아의 공식 명칭은 **러시아** 연방이다.

ру́сский 러시아의; 러시아인(민족)

러시아의(지역, 국적)

III. Путеше́ствия / Пое́здки 여행

추가단어

5 Страна́ 국가/외국

🌱 국가명

나라	형용사	사람	뜻
Респу́блика Коре́я (Ю́жная Коре́я)	(ю́жно)коре́йский	коре́ец, корея́нка	한국
Се́верная Коре́я	(се́веро)коре́йский	коре́ец, корея́нка	북한
Росси́я	росси́йский ру́сский	россия́нин, россия́нка(국적) ру́сский, ру́сская(민족)	러시아
Аме́рика	америка́нский	америка́нец, америка́нка	미국
Кита́й	кита́йский	кита́ец, китая́нка	중국
Япо́ния	япо́нский	япо́нец, япо́нка	일본
Фра́нция	францу́зский	францу́з, францу́женка	프랑스
Герма́ния	неме́цкий	не́мец, не́мка	독일
Англия	англи́йский	англича́нин, англича́нка	영국
Ита́лия	италья́нский	италья́нец, италья́нка	이탈리아
Испа́ния	испа́нский	испа́нец, испа́нка	스페인
Шве́ция	шве́дский	швед, шве́дка	스웨덴
Швейца́рия	швейца́рский	швейца́рец, швейца́рка	스위스
Австрия	австри́йский	австри́ец, австри́йка	오스트리아
Австра́лия	австрали́йский	австрали́ец, австрали́йка	호주
Голла́ндия	голла́ндский	голла́ндец, голла́ндка	네덜란드

연습 문제

1 родно́й와 결합하는 단어의 뜻을 쓰시오.

① родно́й го́род

② родно́й язы́к

③ родна́я страна́

④ родно́й брат

2 다음 문장의 빈칸을 채워 넣으시오.

① У ка́ждого _____ – своя́ неповтори́мая культу́ра.

   각 **민족**은 고유한 문화를 가지고 있다.

② Мы воспринима́ем _____ культу́ру сквозь при́зму свое́й _____.

   우리는 **자국** 문화의 프리즘을 통해 **다른** 문화를 이해한다.

③ Мно́гие се́мьи отправля́ют свои́х дете́й на обуче́ние _____.

   많은 가정이 자녀들을 **외국으로** 보내 공부시킨다.

④ Мой муж по _____ коре́ец, но гражда́нство у него́ росси́йское, он россия́нин.

   제 남편은 한국**계(민족)** 러시아인(국적)입니다.

정답

1. ① 고향(도시) ② 모국어 ③ 모국 ④ 친형제
2. ① наро́да ② чужу́ю, со́бственной ③ за грани́цу ④ национа́льности

6 Туризм 관광

Track 20

□ путеше́ствовать

Путеше́ствовать с люби́мым челове́ком – что мо́жет быть лу́чше?
사랑하는 사람과 **여행**하는 것보다 더 좋은 일이 있겠습니까?

путеше́ствие 여행

불 путеше́ствую, -вует, -вуют

여행하다

□ пое́здка

Год наза́д мы е́здили во Фра́нцию. Э́то была́ незабыва́емая пое́здка!
1년 전에 우리는 프랑스를 다녀왔어요. 정말 잊지 못할 **여행**이었지요.

여행, 여정, 출장

□ тури́ст

Тури́сты подошли́ к па́мятнику Пу́шкину и сде́лали се́лфи на его́ фо́не.
관광객들은 푸시킨 동상 근처로 다가가 동상을 배경으로 셀카를 찍었다.

관광객

□ тамо́жня

Мою́ посы́лку потеря́ли на тамо́жне.
세관에서 내 소포가 분실되었다.

세관

□ па́спорт

Я вчера́ где́-то потеря́л па́спорт.
어제 나는 어딘가에서 **여권**을 잃어버렸어.

여권
복 паспорта́

□ ви́за

Ско́лько сто́ит офо́рмить ви́зу в Япо́нию?
일본 **비자** 발급 비용이 어떻게 됩니까?

비자

□ бага́ж

У меня́ всегда́ ми́нимум багажа́: я привы́кла путеше́ствовать налегке́.
저는 늘 최소한의 **짐**만 챙겨요. 짐 없이 가볍게 여행하는 것에 익숙하거든요.

чемода́н 캐리어

수하물, 짐, 캐리어
생 багажа́

132

☐ посо́льство	За́втра мне ну́жно сходи́ть в посо́льство. 내일 잠깐 **대사관**에 다녀와야 해. посо́л 대사 / ко́нсульство 영사관	대사관
☐ обме́нивать обменя́ть	Нам повезло́: мы обменя́ли до́ллары на рубли́ по о́чень вы́годному ку́рсу. 우리는 운 좋게도 환율이 무척 좋을 때 달러를 루블로 **환전했다**. обме́н 환전, 교환, 교류	что 대 바꾸다, 교환하다, 환전하다
☐ достопримеча́- тельность	Каки́е росси́йские достопримеча́тельности вам изве́стны? 러시아 **명소** 중에 어디어디 알고 계세요?	여 명소, 관광지
☐ музе́й	За три дня мы посмотре́ли бо́льше десяти́ музе́ев. 사흘 내내 우리는 **박물관**을 열 개도 넘게 돌아다녔어.	박물관, 미술관
☐ ка́рта	На́до взять с собо́й ка́рту го́рода, что́бы не заблуди́ться. 길을 헤매지 않기 위해서는 시내 **지도**를 가지고 다녀야 한다.	지도; 카드
☐ экску́рсия	Из всех экску́рсий мне бо́льше всего́ понра́вилась пое́здка во Влади́мир. 나는 모든 **투어** 중에서 블라디미르 투어가 제일 마음에 들었어. экскурсово́д 가이드, 관광해설가	단체 관광, 견학, 소풍

III. **Путеше́ствия / Пое́здки** 여행 133

☐ расска́зывать расска́зать	Макси́м вчера́ весь ве́чер расска́зывал нам о свое́й пое́здке в Аме́рику. 막심은 어제저녁 내내 미국 여행 갔다 온 **얘기를 했다**. расска́з 이야기; 단편소설 **완** расскажу́, расска́жет, расска́жут	кому́ 여 + о ком-чём 전 이야기하다
☐ называ́ться 불	В сове́тское вре́мя Петербу́рг называ́лся Ленингра́дом. 소련 시절에 상트페테르부르크는 레닌그라드**라고 불렸다**. назва́ние 명칭, 제목	~라고 불리다, 명칭이 ~이다
☐ отстава́ть отста́ть	Тро́е тури́стов отста́ли от свое́й гру́ппы и заблуди́лись в лесу́. 무리에서 **뒤쳐진** 관광객 3명은 숲에서 길을 잃고 말았다.	от чего́ 생 뒤처지다, 늦다
☐ заполня́ть запо́лнить	Вы непра́вильно запо́лнили деклара́цию. 세관 신고서를 잘못 **작성하셨습니다**.	что 대 채우다, 기입하다
☐ анке́та	Извини́те, не могли́ бы вы помо́чь мне запо́лнить анке́ту? 죄송하지만, **서식** 작성하는 것 좀 도와주시겠어요? **유** бланк 서식	서식, 설문지
☐ архитекту́ра	Бога́тая архитекту́ра го́рода храни́т па́мять о его́ я́ркой исто́рии. 다채로운 **건축 양식**은 도시의 찬란한 역사의 기억을 고스란히 간직하고 있다.	건축물, 건축 양식, 건축학

6 Туризм 관광

☐ **башня**

Самая высокая башня Кремля носит название Троицкая.
크렘린에서 가장 높은 **망루**의 이름은 트로이츠카야 탑입니다.

탑, 타워
복생 башен

☐ **дворец**

Я не видела ничего прекраснее Екатерининского дворца в Пушкине!
나는 푸시킨 시에 있는 예카테리나 **궁전**보다 아름다운 궁전을 본 적이 없어.

궁전, 궁궐
단생 дворца

☐ **билет**

Билеты на самолёт стоят дешевле, если покупать их заранее.
비행기 **표**는 일찍 구매할수록 저렴하다.

표

☐ **побывать** 완

Мои родители побывали почти во всех странах Европы.
우리 부모님은 웬만한 유럽 국가는 거의 다 **가 보셨다**.

где
방문하다,
가 보다

☐ **посещать
посетить**

В прошлом году наибольшее число иностранных туристов посетило Францию.
작년 외국인 관광객들이 가장 많이 **방문한** 국가는 프랑스였다.

완 посещу, посетит, посетят

кого-что 대
방문하다

☐ **осматривать
осмотреть**

Мы осмотрели Кремль и вышли на Красную площадь.
우리는 크렘린을 **둘러본** 뒤 붉은 광장으로 나왔다.

кого-что 대
둘러보다,
살펴보다;
진찰하다

III. Путешествия / Поездки 여행

☐ осно́ван	Моско́вский университе́т был осно́ван в ты́сяча семьсо́т пятьдеся́т пя́том году́. 모스크바 대학은 1755년에 **설립되었다**. основа́тель 남 설립자, 창립자 형단 осно́вана, осно́вано, осно́ваны	설립되다
☐ основно́й	В основно́м иностра́нных тури́стов в Росси́и интересу́ет Москва́. 러시아를 찾는 외국 관광객들은 **주로** 모스크바에 관심을 갖는다. в основно́м 주로	주요한, 기본적인
☐ впечатле́ние	В Петербу́рге са́мое большо́е впечатле́ние произвёл на меня́ Исаа́киевский собо́р. 상트페테르부르크에서 내가 가장 **인상** 깊게 본 곳은 성 이삭 대성당이었다. производи́ть/произвести́ впечатле́ние на + 대 인상을 남기다	인상, 감명
☐ моме́нт	Путеше́ствия – э́то са́мые ра́достные и счастли́вые моме́нты на́шей жи́зни. 여행은 인생에서 가장 즐겁고 행복한 **순간**이다.	순간, 때, 시기
☐ вспомина́ть вспо́мнить	Я ча́сто вспомина́ю наш круи́з по Во́лге на теплохо́де. 난 볼가 강에서 유람선을 탔던 기억이 자주 **떠올라**. воспомина́ние 추억, 기억, 회상	кого́-что́ 대 / о ком-чём 전 떠올리다, 회상하다
☐ замеча́тельный	Май – замеча́тельное вре́мя для о́тдыха в Гре́ции. 5월은 그리스로 휴가 가기 가장 **좋은** 때이다.	아주 좋은, 훌륭한, 뛰어난

6 Туризм 관광

☐ **гости́ница**

В го́роде по-пре́жнему не хвата́ет недороги́х гости́ниц для тури́стов.

시내에는 관광객들이 저렴하게 묵을 만한 **호텔**이 여전히 부족하다.

оте́ль 남 호텔

호텔, 여관, 숙소

☐ **но́мер**

Мы брони́ровали у вас но́мер. На фами́лию Кузнецо́в.

저희가 **객실**을 예약했는데요. 예약자는 쿠즈네초프예요.

번호, (잡지)호; 객실
복 номера́

☐ **остана́вливаться останови́ться**

Е́сли бу́дете в Москве́, то останови́ться мо́жете у нас.

모스크바에 오시게 되면 저희 집에 **묵으셔도** 돼요.

완 остановлю́сь, -но́вится, -но́вятся

멈추다; 머무르다

☐ **мост**

Вчера́ но́чью мы смотре́ли, как разво́дят мосты́ че́рез Неву́.

어젯밤 네바 강 **다리**가 열리는 모습을 구경했어.

교량, 다리
전 на мосту́
복 мосты́

☐ **навстре́чу**

Нам навстре́чу шла гру́ппа иностра́нцев, они́ спроси́ли у нас, как пройти́ к музе́ю Пу́шкина.

우리를 **향해** 한 무리의 외국인이 다가와 푸시킨 박물관까지 가는 길을 물었다.

кому 여
~를 향해서

☐ **чаевы́е**

В Росси́и при́нято оставля́ть чаевы́е в рестора́нах и кафе́.

러시아에서는 일반적으로 식당과 카페에서 **팁**을 지불한다.

복 팁

III. Путеше́ствия / Пое́здки 여행

6 Туризм 관광

☐ путь

Счастли́вого пути́! Приезжа́йте к нам ещё!

즐거운 **여행** 보내세요! 저희한테 또 놀러 오시고요.

명 길, 여정; 방법

☐ сувени́р

Из Москвы́ мы привезли́ традицио́нные ру́сские сувени́ры.

우리는 모스크바에서 러시아의 전통적인 **기념품**을 사 왔다.

기념품

☐ отлича́ться
отличи́ться

Города́ Золото́го кольца́ Росси́и отлича́ются свои́м уника́льным о́бликом.

황금고리라 불리는 모스크바 근교의 소도시들은 매우 **특색있는** 모습을 지녔다.

완 отличу́сь, отличи́тся, отлича́тся

от чего **생** + чем **조**
…면에서 ~와 다르다, 구별되다, 특징이 있다

☐ фотогра́фия

Каки́е чуде́сные фотогра́фии! Где вы их сде́лали?

정말 너무 멋진 **사진**이네요! 어디서 찍은 거예요?

фотографи́ровать 사진 찍다
фотоаппара́т 카메라

사진

☐ вор

В Ри́ме вы легко́ мо́жете стать же́ртвой карма́нных воро́в.

로마에서는 **소매치기**를 당하기 쉽습니다.

도둑
복생 воро́в

☐ и́менно

Почему́ вам бо́льше всего́ нра́вится и́менно италья́нская ку́хня?

왜 **콕 집어** 이탈리아 음식이 제일 좋으세요?

즉, 곧, 다시 말해, 하필, 도대체

연습 문제

1 여행 준비물로 바르지 <u>않은</u> 것은?

① па́спорт　　　　　② ка́рта

③ фотоаппара́т　　　④ таре́лка

⑤ авиабиле́т

2 다음 여행 후기에 관한 예문을 읽고 빈칸을 채우시오.

① Я _____ почти́ во всех стра́нах Евро́пы.

　저는 유럽에 있는 나라에 거의 다 **가 봤습니다**.

② В Ри́ме тури́ст мо́жет легко́ стать же́ртвой карма́нных _____.

　로마에서 관광객은 **소매치기**로부터 피해를 당하기가 쉽습니다.

③ В Росси́и при́нято оставля́ть _____ в рестора́нах и кафе́.

　러시아에서는 일반적으로 식당과 카페에서 **팁**을 지불합니다.

④ Май – замеча́тельное вре́мя для _____ в Гре́ции.

　5월은 그리스로 **휴가** 가기 가장 좋은 때입니다.

정답

1. ④ 접시
2. ① побыва́л(а)　② воро́в　③ чаевы́е　④ о́тдыха

IV

Культу́ра

문화

1 Праздники 명절/기념일

☐ пра́здник	С пра́здником 8(восьмо́го) Ма́рта! 3월 8일 여성의 **날(기념일)**을 축하합니다.	명절, 기념일, 경축일
☐ день рожде́ния	В суббо́ту у меня́ день рожде́ния. 토요일은 내 **생일**이다.	생일
☐ юбиле́й	За́втра у моего́ отца́ юбиле́й, ему́ исполня́ется шестьдеся́т лет. 내일이 저희 아버지 **환갑** 생신이에요.	정주년, 꺾어지는 해(5, 10, 15주년 등 5와 0으로 끝나는 기념 연도)
☐ Но́вый год	С Но́вым го́дом, с но́вым сча́стьем! **새해** 복 많이 받으시고, 행복하세요!	새해, 설날
☐ Рождество́	В Евро́пе Рождество́ пра́зднуют всегда́ до́ма, в кругу́ семьи́. 유럽 사람들은 항상 **성탄절**을 집에서 가족과 함께 기념한다. С Рождество́м! 메리 크리스마스!	크리스마스, 성탄절
☐ ёлка	В Росси́и ста́вят и украша́ют ёлку на Но́вый год. 러시아에서는 새해에 **트리**를 장식한다.	트리 복생 ёлок
☐ Дед Моро́з	Ура́! Дед Моро́з принёс нам пода́рки! 만세! **산타클로스**가 우리에게 선물을 가져다주셨어!	산타클로스
☐ де́лать сде́лать	Прости́те, что вы де́лаете сего́дня ве́чером? 실례지만 오늘 저녁에 일정이 있으신가요(뭐 **하세요**)?	что 대 ~하다

☐ украша́ть / укра́сить	Обы́чай украша́ть нового́днюю ёлку пришёл в Росси́ю из Герма́нии. 새해 트리를 **장식**하는 관습은 표트르 1세 시기에 독일에서 러시아로 유입되었다. 완 укра́шу, укра́сит, укра́сят	что 대 장식하다, 꾸미다
☐ отмеча́ть / отме́тить	В Росси́и отмеча́ют Рождество́ седьмо́го января́. 러시아에서는 1월 7일을 성탄절로 **기념하고 있다**. 완 отме́чу, отме́тит, отме́тят	что 대 기념하다; 표시하다, 언급하다
☐ приглаша́ть / пригласи́ть	Ру́сские предпочита́ют приглаша́ть друзе́й к себе́ домо́й, а не в кафе́ и рестора́ны. 러시아인들은 친구들을 **초대**할 때 카페나 음식점보다 자기 집으로 직접 부르는 것을 선호한다. 완 приглашу́, -гласи́т, -гласи́т	кого́ 대 + куда́ 초대하다
☐ поздравля́ть / поздра́вить	Я поздравля́ю Вас с днём рожде́ния! 생일 **축하드려요**! 완 поздра́влю, поздра́вит, поздра́вят	кого́ 대 + с чем 조 축하하다
☐ календа́рь	В Коре́е Но́вый год отмеча́ется по лу́нному календарю́. 한국에서는 **음력**으로 설을 쇤다.	남 달력 단생 календаря́
☐ откры́тка	Из Пари́жа я отпра́вил ма́ме откры́тку с ви́дом Эйфелевой ба́шни. 나는 파리에서 에펠탑이 그려진 **엽서**를 엄마에게 보냈다.	엽서 복생 откры́ток

☐ жела́ть пожела́ть	Жела́ю Вам здоро́вья, сча́стья и успе́хов во всех дела́х. 건강하시고 행복하세요. 하시는 일 다 잘 되길 **바랍니다**. жела́ние 소망, 희망	кому 여 + чего́ 생 기원하다
☐ собира́ться собра́ться	В нового́днюю ночь за пра́здничным столо́м собира́ется вся семья́. 새해 전날 밤에는 가족 전체가 새해 상을 차린 식탁에 **모여** 앉는다. 완 соберу́сь, -берётся, -беру́тся	모이다; инф. ~하려고 하다, 준비하다
☐ пода́рок	Бо́же, како́й чуде́сный пода́рок! 이럴 수가, 정말 멋진 **선물**이야!	선물 단생 пода́рка
☐ дари́ть подари́ть	В Росси́и не при́нято дари́ть чётное число́ цвето́в. Это плоха́я приме́та. 러시아에서는 일반적으로 꽃을 짝수로 **선물하지** 않는다. 이는 불운을 의미하기 때문이다. 불 дарю́, да́рит, да́рят	кому 여 + что 대 선물하다, 주다
☐ церемо́ния	Церемо́ния откры́тия фо́рума начнётся в де́сять часо́в. 포럼 개막**식**은 10시에 시작된다.	식, 기념행사
☐ пара́д	В День Побе́ды в Москве́ на Кра́сной пло́щади прошёл вое́нный пара́д. 승전기념일에 붉은 광장에서 **열병식**이 열렸다.	퍼레이드, 행진, 열병식

1 Праздники 명절/기념일

☐ да́та

Шесто́е ию́ня – ва́жная да́та в исто́рии ру́сской культу́ры: день рожде́ния А.С. Пу́шкина.
6월 6일은 러시아 문화사에서 중요한 **날**이다. 바로 푸시킨의 생일이다.

날짜

☐ Ма́сленица

На Ма́сленицу лю́ди с ра́достью провожа́ют зи́му и встреча́ют весну́.
마슬레니차에 사람들은 기쁜 마음으로 겨울을 보내고 봄을 맞이한다.

Вели́кий пост 사순절 / Па́сха 부활절

마슬레니차 (러시아 봄맞이 축제)

☐ гость

Ру́сские и са́ми лю́бят ходи́ть в го́сти, и принима́ть госте́й у себя́ до́ма.
러시아인들은 **손님**으로 초대받아 가는 것도 좋아하고 **손님**을 본인 집에 초대하는 것도 좋아한다.

남 손님, 귀빈, 하객
복생 госте́й

☐ угоща́ться
угости́ться

Угоща́йтесь, пока́ пиро́г горя́чий.
파이가 따듯할 때 **많이 드세요**.
완 угощу́сь, угости́тся, угостя́тся

대접받다

☐ гостеприи́мный

Ру́сские – гостеприи́мный наро́д.
러시아인들은 **손님을 따듯하게 맞아 주는** 민족이다.

손님을 후하게 대접하는

☐ торт

На день рожде́ния я купи́л сестре́ большо́й шокола́дный торт.
나는 여동생 생일 선물로 커다란 초코 **케이크**를 하나 샀다.

케이크

IV. Культу́ра 문화

□ загáдывать загадáть	Под Нóвый год мы загáдываем желáния и надéемся, что все они́ сбýдутся. 새해에 우리는 소원을 **빌면서** 그 소원이 모두 다 이루어지길 기원한다. загáдывать желáние 소원을 빌다	что 대 제안하다, 미리 생각하다, 추측하다
□ круг	У меня́ большóй круг друзéй. 저는 친구가 많습니다(넓은 **범위**의 친구들이 있어요).	원; 범위, 영역
□ уникáльный	Олигáрх сдéлал дóчери уникáльный подáрок: óстров в Инди́йском океáне. 한 재벌(올리가르히)이 딸에게 **아주 특별한** 선물을 했다. 인도양에 있는 섬을 선물한 것이다. оригинáльный 독창적인, 색다른	독특한, 유일한, 희귀한
□ напоминáть напóмнить	Зáвтра напóмни мне, пожáлуйста, что нáдо купи́ть подáрок мáме. 내일 엄마 선물 사라고 말해 줘(**상기시켜 줘**).	кому 여 + о чём 전 상기시키다
□ устрáивать устрóить	В суббóту мы устрóили большýю домáшнюю вечери́нку. 토요일에 우리는 집에서 큰 파티를 **열었다**.	что 대 마련하다, 조직하다; 만족하게 하다

1 Праздники 명절/기념일

🍃 러시아 국경일 Государственные праздники России

날짜	명칭(러시아어)	명칭(한국어)
1 января́	Но́вый год	신년
7 января́	Рождество́ Христо́во	러시아 정교 크리스마스
23 февраля́	День защи́тника Оте́чества	조국 수호자의 날
8 ма́рта	Междунаро́дный же́нский день	국제여성의 날
1 ма́я	Пра́здник Весны́ и Труда́	노동절
9 ма́я	День Побе́ды	전승기념일
12 ию́ня	День Росси́и	러시아의 날
4 ноября́	День наро́дного еди́нства	국민화합의 날

연습 문제

1 다음과 관련 있는 러시아의 명절/기념일을 보기 에서 고르시오.

> 보기 Но́вый год   День Побе́ды   Рождество́
> Междунаро́дный же́нский день   Ма́сленица
> Па́сха   Дед Моро́з

① Мужчи́ны до́ма и на рабо́те да́рят де́вушкам и же́нщинам цветы́ и пода́рки.

② Лю́ди украша́ют ёлку. Зага́дывают жела́ния и пьют шампа́нское под бой кура́нтов.

③ На Кра́сной пло́щади прохо́дит грандио́зный вое́нный пара́д.

④ Лю́ди пеку́т блины́, сжига́ют чу́чело, провожа́ют зи́му и встреча́ют весну́.

2 다음 빈칸의 단어를 필요한 전치사를 이용해서 알맞게 변형시키시오.

① 메리 크리스마스!

　　Поздравля́ю вас _____ (Рождество́)!

② 행운과 건강, 사랑을 기원합니다.

　　Жела́ю вам _____ (сча́стье, здоро́вье, любо́вь).

③ 너를 생일에 초대할게.

　　Я приглаша́ю тебя _____ (день рожде́ния).

> 정답
>
> 1. ① **Междунаро́дный же́нский день (8 ма́рта)** 남성들은 집과 직장에서 여성들에게 꽃과 선물을 준다.
> ② **Но́вый год** 사람들은 트리를 장식한다. 소원을 빌고, 쿠란트 시계가 울리는 소리를 들으며 샴페인을 마신다.
> ③ **День Побе́ды** 붉은 광장에서는 성대한 열병식이 열린다.
> ④ **Ма́сленица** 사람들이 블린을 만들고, 허수아비를 태운다. 겨울을 보내고, 봄을 맞이한다.
>
> 2. ① с Рождество́м ② сча́стья, здоро́вья и любви́ ③ на день рожде́ния

2 История / Традиции 역사/전통

☐ **традиция**	У нас с друзьями традиция: в последний день года мы всегда ходим в баню. 우리 친구들은 한 해의 마지막 날에 목욕탕에 가는 **전통**이 있다. традиционный 전통적인	전통
☐ **обычай**	По русскому обычаю дорогих гостей встречают хлебом с солью. 러시아 **관습**에 따르면 귀한 손님을 맞이할 때 빵과 소금을 내어 온다. примета 징조, 징크스, 미신	관습
☐ **разница**	Нередко интернациональные браки распадаются из-за большой разницы в культуре и менталитете супругов. 국제결혼을 한 부부들은 문화와 사고방식의 **차이**를 감당 못해 갈라서는 경우가 종종 있다. 유 различие 차이	다름, 차이
☐ **разный**	Иван и Андрей – братья-близнецы, но характеры у них совершенно разные. 이반과 안드레이는 쌍둥이 형제지만 성격은 완전히 **다르**다.	다양한, 서로 다른
☐ **одинаковый**	Некоторые ошибочно полагают, что у китайцев и корейцев одинаковые традиции и обычаи. 중국인과 한국인의 전통과 관습이 **동일하다고** 오해하는 사람들도 있다.	동일한, 같은
☐ **религия**	Православие – традиционная религия русского народа. 정교는 러시아의 전통적인 **종교**이다. религиозный 종교의	종교

IV. Культура 문화

□ Бог	Я ве́рю в Бо́га.	신
	나는 **신**을 믿는다.	
	сла́ва бо́гу 다행히도	
	бо́же мой 이럴 수가	

□ це́рковь	Ка́ждое воскресе́нье мы с ба́бушкой хо́дим в це́рковь.	여 교회
	나는 할머니와 일요일마다 **교회**에 간다.	단생 це́ркви
	монасты́рь 남 수도원	

□ храм	Храм Христа́ Спаси́теля в Москве́ – гла́вный правосла́вный храм Росси́и.	사원, 성당
	모스크바의 구세주 그리스도 **대성당**은 러시아의 주요 정교회 **사원**이다.	
	유 собо́р 사원, 성당	

□ исто́рия	У меня́ сего́дня был экза́мен по исто́рии.	역사
	나는 오늘 **역사** 시험이 있었다.	
	истори́ческий 역사의	

□ дре́вний	Этот дре́вний го́род называ́ют музе́ем под откры́тым не́бом.	아주 오래된, 고대의
	이 **오래된** 도시는 도시 전체가 하나의 박물관으로 불린다.	
	под откры́тым не́бом 노천, 야외의	

□ царь	Пе́рвым царём на Руси́ был Ива́н Гро́зный.	남 차르 (러시아의 전제 군주)
	루시(고대 러시아) 최초의 **차르**는 이반 뇌제이다.	
	유 импера́тор 황제	

2 История / Традиции 역사/전통

король
Мно́гие по-пре́жнему счита́ют брази́льца Пеле́ короле́м футбо́ла.
많은 사람이 펠레를 여전히 축구 황제(**왕**)라 여긴다.
короле́ва 여 여왕

남 왕

собы́тие
За после́дний год в мое́й жи́зни произошло́ мно́го интере́сных и ва́жных собы́тий.
최근 1년간 내 삶에서 흥미롭고 중요한 **사건**이 많이 일어났다.

사건, 일

эпо́ха
С изобрете́нием компью́теров и Интерне́та в ми́ре наступи́ла но́вая эпо́ха – эпо́ха виртуа́льной реа́льности.
컴퓨터와 인터넷의 발명으로 전 세계에 새로운 **시대**, 즉 가상현실의 **시대**가 도래했다.
유 э́ра, век 시대

시대

чу́до
То, что на́ша кома́нда вы́играла золоты́е меда́ли – это про́сто чу́до!
우리 팀이 금메달을 딴 것은 정말 **기적**이야!
чуде́сный 기적적인, 기적의

기적
복 чудеса́

происходи́ть произойти́
Что вы бу́дете де́лать, е́сли в стране́ вдруг произойдёт револю́ция?
만약에 우리나라에서 갑자기 혁명이 **일어난다**면, 어떻게 하실 건가요?
불 происхо́дит, -хо́дят
완 произойдёт, -йду́т; -шёл, -шла́, -шли́

일어나다, 생기다, 발생하다

посло́вица
Ста́рая ру́сская посло́вица гласи́т: "Молча́ние – зо́лото".
오래된 러시아 **속담** 중에 '침묵은 금'이라는 말이 있다.
погово́рка 격언, 관용구

속담

IV. Культу́ра 문화 151

☐ ве́рить пове́рить	Я не ве́рю ни одному́ твоему́ сло́ву! 나는 네 말을 한마디도 안 **믿어**! ве́ра 믿음, 신앙	в кого́-что 대 / кому́-чему́ 에 믿다
☐ война́	Торго́вые во́йны – обы́чное явле́ние в отноше́ниях ме́жду стра́нами. 무역 **전쟁**은 국가 간 관계에서 흔히 발생한다(흔한 현상이다). воева́ть 전쟁하다	전쟁 복 во́йны
☐ офице́р	Мой дя́дя – морско́й офице́р. 우리 삼촌은 해군 **장교**이다.	장교
☐ револю́ция	Револю́ция – э́то всегда́ траге́дия для страны́ и её наро́да. **혁명**은 항상 국가와 국민에게 큰 비극이다.	혁명
☐ челове́чество	Сего́дня пе́ред челове́чеством стои́т мно́жество экологи́ческих пробле́м. 오늘날 **인류**는 수많은 환경 문제와 직면하고 있다.	인류
☐ сохраня́ть сохрани́ть	Я навсегда́ сохраню́ па́мять о года́х, проведённых в Росси́и. 러시아에서 보낸 세월에 관한 기억을 영원히 **간직할 것이다**. сохране́ние 보존, 보호 храни́ть 보관하다, 저장하다, 간직하다	что 대 지키다, 보존하다, 간직하다
☐ дух	В здоро́вом те́ле здоро́вый дух. 건강한 육체에 건전한 **정신**이 깃든다. духо́вный 정신적인	영혼, 정신

2 История / Традиции 역사/전통

☐ фронт	Мой де́душка поги́б на фро́нте в Коре́йскую войну́. 우리 할아버지는 한국전쟁 당시 **전선**에서 목숨을 잃었다.	정면, 전선
☐ возника́ть возни́кнуть	Неда́вно в стране́ возни́кла ещё одна́ полити́ческая па́ртия. 얼마 전 우리나라에 (새로운) 정당이 하나 **생겼다**. 완 возни́к, -ни́кла, ни́кли	생기다, 일어나다, 발생하다
☐ превраща́ться преврати́ться	Ю́жная Коре́я за полве́ка преврати́лась в одну́ из са́мых ра́звитых эконо́мик ми́ра. 한국은 반세기 만에 세계 경제 선진국 중 하나로 **탈바꿈했다**. 완 превращу́сь, -врати́тся, -вратя́тся	в кого́-что 대 변화하다, 바뀌다
☐ таи́нственный	Поли́ция и прокурату́ра рассле́дуют таи́нственное исчезнове́ние популя́рного актёра. 경찰과 검찰은 유명 배우가 **미스테리하게** 사라진 사건을 조사하고 있다. та́йна 비밀	신비한, 비밀의, 수수께끼 같은
☐ отста́лый	Шестьдеся́т лет наза́д Ю́жная Коре́я была́ одно́й из отста́лых и бедне́йших стран ми́ра. 60년 전 한국은 가장 가난한 세계 **후진**국 중 하나였다.	뒤떨어진, 낙후한
☐ ва́жный	Рели́гия игра́ет ва́жную роль в жи́зни о́бщества. 종교는 우리 사회에서 **중요한** 역할을 한다.	중요한

IV. Культу́ра 문화 153

2 История / Традиции 역사/전통

☐ **означать** 불

Что означает двуглавый орёл на гербе России?
러시아 문장에서 쌍두독수리가 **의미하는** 바가 무엇인가요?

유 значить 의미하다, 뜻하다

что 대
의미하다, 뜻하다

☐ **значение**

Этот бизнес-проект имеет для нас огромное значение.
이번 사업 프로젝트는 우리에게 **의미**가 굉장히 큽니다.

의미, 중요성

☐ **пример**

Мои мать и отец – вот кто для меня главный пример для подражания.
우리 부모님은 나에게 롤모델(닮고 싶은 **본보기**)과 같은 존재이다.

예시, 본보기

☐ **единый**

У всех было единое мнение.
모두가 **같은** 의견을 냈다.

하나의, 동일한

☐ **единственный**

Отец – единственный мужчина в доме.
아빠는 우리 집에서 **유일한** 남자이다.

유일한, 단독의

연습 문제

1 다음 단어의 뜻을 쓰시오.

обы́чай	①
приме́та	②
разли́чие	③
собы́тие	④
погово́рка	⑤
челове́чество	⑥
дух	⑦
ва́жный	⑧
значе́ние	⑨
приме́р	⑩

2 다음 문장의 빈칸을 채우시오.

① У всех бы́ло _____ мне́ние. 모두가 **같은** 의견을 냈다.

② Оте́ц – _____ мужчи́на в до́ме. 아빠는 우리 집에서 **유일한** 남자이다.

③ Я не _____ его́ слова́м. 나는 그의 말을 **믿지** 않는다.

④ Это про́сто _____ ! 이건 정말 **기적**이야!

정답

1. ① 관습 ② 징조, 징크스, 미신 ③ 차이 ④ 사건, 일 ⑤ 관용구, 격언 ⑥ 인류
   ⑦ 영혼, 정신 ⑧ 중요한 ⑨ 의미, 중요성 ⑩ 예시, 본보기
2. ① еди́ное ② еди́нственный ③ ве́рю ④ чу́до

3 Культу́ра / Иску́сство 문화/예술

- [ ] **культу́ра**
 Иногда́ быва́ет так сло́жно поня́ть челове́ка ино́й культу́ры.
 나와 다른 **문화**를 가진 사람을 이해하기 정말 힘들 때가 있다.
 문화

- [ ] **иску́сство**
 Люби́телям иску́сства настоя́тельно сове́туем посети́ть в Москве́ Третьяко́вскую галере́ю.
 예술 애호가라면 모스크바에 있는 트레티야코프 미술관에 가 보길 적극 추천한다.
 예술

- [ ] **литерату́ра**
 Мои́м люби́мым предме́том в шко́ле была́ литерату́ра.
 학교에서 내가 제일 좋아했던 과목은 **문학**이었다.
 문학

- [ ] **фильм**
 Э́то мой люби́мый фильм. Я его́ уже́ раз два́дцать смотре́ла.
 이거 내가 정말 좋아하는 **영화**야. 스무 번은 봤을걸.
 мультфи́льм 만화 영화
 фильм у́жасов 공포 영화, 스릴러
 боеви́к 액션 영화
 영화

- [ ] **кино́**
 Дава́й, мо́жет, ве́чером в кино́ схо́дим? Ску́чно до́ма сиде́ть.
 저녁에 **영화**나 한 편 보러 갈래? 집에 있기 심심해.
 영화; 영화관

- [ ] **худо́жественный**
 Худо́жественный вкус необходи́мо воспи́тывать с де́тства.
 미적(**예술적**) 감각은 어린 시절부터 길러 줘야 한다.
 예술의, 예술적인

| □ теа́тр | В теа́тры я хожу́ дово́льно ре́дко, ра́за два-три в год.
난 **극장**에 거의 안 가는 편이야. 1년에 두세 번 정도 갈까 말까지.
кинотеа́тр 영화관 | 극장 |

| □ гардеро́б | Мы оста́вили пальто́ в гардеро́бе и прошли́ в зал.
우리는 겉옷을 **보관소**에 맡기고 홀에 들어갔다. | 물품 보관소, (의류)보관실 |

| □ це́нный | Не оставля́йте це́нные ве́щи в оде́жде.
귀중품을 옷에 보관하지 마세요. | 비싼, 귀중한 |

| □ бале́т | Зри́тели бы́ли про́сто в восто́рге от бале́та.
관객들은 **발레**를 보고 크게 감동했다. | 발레 |

| □ спекта́кль | Мы вчера́ ходи́ли в теа́тр, смотре́ли спекта́кль "Три сестры́" по пье́се Че́хова.
우리는 어제 극장에 가서 체호프의 희곡 '세자매'를 원작으로 한 **연극**을 봤다. | 🔴 연극 |

| □ о́пера | Не хоте́ли бы вы за́втра пойти́ в о́перу? У меня́ есть два биле́та.
우리 내일 **오페라** 보러 가는 게 어때요? 표가 두 장 있는데. | 오페라 |

| □ конце́рт | В конце́рте па́мяти П.И. Чайко́вского при́няли уча́стие мно́гие изве́стные певцы́ и музыка́нты.
차이콥스키 기념 **연주회**에 유명 가수와 음악가들이 대거 참석했다. | 콘서트, 음악회 |

☐ **ряд**

Я заказа́л нам биле́ты в пе́рвом ряду́.
난 우리 자리를 첫 번째 **줄**에 있는 좌석으로 예매했다.

열, 줄; 일련의
집 в ряду́
복 ряды́

☐ **слу́шатель**

Слу́шатели горячо́ приве́тствовали выступле́ние орке́стра.
청중들은 오케스트라의 연주에 열렬한 환호를 보냈다.

зри́тель 남 관객

남 청중, 청취자, 방청인

☐ **петь**
спеть

Я пою́, то́лько когда́ я одна́ до́ма и меня́ никто́ не слы́шит.
나는 아무도 없이 혼자 집에 있을 때 **노래를 부른다**.

불 пою́, поёт, пою́т

노래하다

☐ **му́зыка**

Я не представля́ю свою́ жизнь без класси́ческой му́зыки.
나는 클래식 **음악**이 없는 내 삶을 생각해 본 적이 없다.

음악

☐ **музыка́нт**

В де́тстве я мечта́л стать музыка́нтом. К сожале́нию, мечта́ не сбыла́сь.
어린 시절 나는 **음악가**가 되고 싶었지만 안타깝게도 꿈을 이루지 못했다.

дирижёр 지휘자

음악가, 연주자

☐ **роль**

Вчера́ состоя́лась премье́ра но́вого фи́льма, гла́вную роль в кото́ром сыгра́ла моя́ люби́мая актри́са.
어제 내가 좋아하는 배우가 주인공 **역할**을 맡은 영화의 시사회가 열렸다.

игра́ть/сыгра́ть роль 역할을 하다

여 역할

3 Культу́ра / Иску́сство 문화/예술

☐ **изве́стный**

Моя́ ста́ршая сестра́ была́ о́чень изве́стной актри́сой.
우리 언니(누나)는 굉장히 **유명한** 배우였다.
знамени́тый 유명한, 저명한

유명한,
잘 알려진

☐ **тро́гательный**

Сце́на встре́чи геро́ев спустя́ два́дцать лет – са́мая тро́гательная в фи́льме.
주인공들이 20년 후 재회하는 장면은 영화에서 가장 **감동적인** 부분이다.

감동적인

☐ **класси́ческий**

Наш орке́стр исполня́ет класси́ческую му́зыку.
우리 오케스트라는 **클래식** 음악을 연주한다.

고전의,
클래식의

☐ **сце́на**

Да́же о́пытные арти́сты волну́ются пе́ред вы́ходом на сце́ну.
경험 많은 배우들조차도 **무대**에 나서기 전에는 긴장한다.

무대; 광경

☐ **тво́рчество**

Тво́рчество – оди́н из са́мых сло́жных и интере́сных феноменов челове́ческой жи́зни.
창작이란 인간의 삶에서 가장 복잡하지만 흥미로운 활동 중 하나이다.

창조, 작품,
창작활동

☐ **па́мятник**

Неда́вно в на́шем го́роде появи́лся па́мятник Никола́ю Го́голю.
최근 우리 도시에 고골 **기념 동상**이 생겼다.

기념비,
기념물, 유적

☐ **ико́на**

Ико́на "Тро́ица" – знамени́тое произведе́ние ру́сского иконопи́сца Андре́я Рублёва.
이콘 '삼위일체'는 러시아 성상 화가 안드레이 루블료프의 유명 작품이다.

이콘, 성상화

IV. Культу́ра 문화 159

☐ чита́тель	Э́та кни́га бу́дет интере́сна как де́тям, так и взро́слым чита́телям.	🧑 독자
	이 책은 아동뿐 아니라 성인 **독자**들도 흥미를 느낄 만한 책이다.	
☐ текст	Я два ра́за прочита́л те́кст, но так ничего́ и не по́нял.	글, 본문, 텍스트
	본문을 두 번이나 읽었는데 하나도 이해가 안 돼.	
☐ произведе́ние	В. Набо́ков прекра́сно переводи́л произведе́ния ру́сской кла́ссики на англи́йский язы́к.	작품
	나보코프는 러시아 고전 **작품**을 영어로 훌륭하게 번역했다.	
☐ те́ма	Моё дома́шнее зада́ние на за́втра – написа́ть сочине́ние на те́му "Интерне́т – бла́го и́ли зло?".	화제, 주제
	내일 숙제는 '인터넷은 과연 이로운가 해로운가?'를 **주제**로 작문하는 것이다.	
☐ а́втор	В кни́ге а́втор даёт це́нные сове́ты по ухо́ду за дома́шними живо́тными.	저자
	이 책에서 **저자**는 반려동물 관리법에 관한 소중한 조언을 해준다.	
☐ писа́тель	Л.Н. Толсто́й – оди́н из велича́йших писа́телей в исто́рии ру́сской и мирово́й литерату́ры.	🧑 작가
	톨스토이는 러시아뿐만 아니라 세계 문학사에서 가장 위대한 **작가** 중 한 명이다.	

3 Культу́ра / Иску́сство 문화/예술

☐ кни́га

Все ну́жные мне кни́ги я покупа́ю в магази́нах, из Интерне́та ничего́ не ска́чиваю.
나는 필요한 **책**이 생기면 인터넷에서 내려받지 않고, 꼭 서점에서 사서 읽는다.

책

☐ страни́ца

Расска́з небольшо́й, всего́ семь страни́ц, но он произвёл на меня́ огро́мное впечатле́ние.
일곱 **쪽**밖에 되지 않는 아주 적은 분량임에도 이 단편소설은 내 뇌리에 아주 깊숙이 각인되었다.

쪽, 페이지

☐ фра́за

Я не говорю́ по-неме́цки, зна́ю лишь не́сколько фраз.
나는 **표현** 몇 개를 빼면 할 줄 아는 독일어가 없다.

구절, 글귀, 표현

☐ стихи́

Каки́е стихи́ Пу́шкина – ва́ши са́мые люби́мые?
푸시킨의 **시** 중에서 어떤 시를 가장 좋아하시나요?

복 시

☐ рома́н

Неда́вно писа́тель заверши́л рабо́ту над но́вым рома́ном.
얼마 전 작가는 새 **소설** 집필을 마무리하였다.

расска́з 단편소설

장편소설

☐ поэ́зия

Поэ́зия Пу́шкина, Ле́рмонтова, Бло́ка – золото́й фонд ру́сской литерату́ры.
푸시킨, 레르몬토프, 블록의 **시**는 러시아 문학의 값진 보물이다.

поэ́т 시인 / про́за 산문

시, 운문

☐ пье́са	"Вишнёвый сад" – после́дняя пье́са Че́хова.	희곡
	'벚꽃 동산'은 체호프의 마지막 **희곡** 작품이다.	

☐ оригина́л	Я изуча́ю ру́сский язы́к, что́бы чита́ть ру́сских писа́телей в оригина́ле.	원본, 원문
	나는 러시아 작가들의 작품을 **원문**으로 읽기 위해 러시아어를 배운다.	

☐ выража́ть вы́разить	Худо́жник выража́ет свои́ мы́сли и чу́вства посре́дством цвето́в и кра́сок.	что 대 표현하다, 나타내다
	화가들은 자신의 생각과 감정을 색과 물감을 통해 **표현한다**.	
	выраже́ние 표현	
	완 вы́ражу, вы́разит, вы́разят	

☐ вы́ставка	Вы́ставка ру́сского иску́сства по́льзуется огро́мной популя́рностью у посети́телей.	전시회, 박람회
	러시아 예술 **전시회**가 관객들 사이에서 큰 호응을 얻었다.	

☐ галере́я	Третьяко́вская галере́я – са́мый изве́стный худо́жественный музе́й Москвы́.	갤러리, 미술관
	트레티야코프 **미술관**은 모스크바에서 가장 유명한 미술관이다.	

☐ портре́т	На э́той у́лице с утра́ до но́чи худо́жники пи́шут портре́ты всех жела́ющих.	초상화, 인물 묘사
	이 거리에서는 아침부터 밤까지 화가들이 원하는 사람들에게 **초상화**를 그려 준다.	

3 Культу́ра / Иску́сство 문화/예술

☐ **геро́й**
В э́том фи́льме нет, на мой взгляд, ни одного́ положи́тельного **геро́я**.
내가 보기에 이 영화에는 긍정적인 인물(**주인공**)이 한 명도 없는 것 같아.
герои́ня 영웅, 여주인공
영웅, 주인공

☐ **опи́сывать опи́сать**
Опиши́те ваш же́нский идеа́л.
당신이 원하는 여성상을 **설명해 보세요**.
완 опишу́, опи́шет, опи́шут
кого́-что 대 묘사하다, 서술하다

☐ **режиссёр**
Успе́х спекта́кля в пе́рвую о́чередь зави́сит от **режиссёра**.
연극의 성공은 누구보다도 **감독**에게 달려 있다.
감독

☐ **арти́ст**
Мы сде́лали се́лфи со знамени́тым **арти́стом**.
우리는 유명 **배우**와 셀카를 찍었다.
арти́стка 여 배우
남 배우, 예술가

☐ **худо́жник**
Вы уже́ бы́ли на вы́ставке карти́н ру́сских **худо́жников**?
러시아 **화가** 작품전에 벌써 다녀오셨어요?
화가

☐ **хор**
В де́тстве я три го́да пе́ла в шко́льном **хо́ре**.
나는 어린 시절 3년간 학교 **합창단**에서 활동했다.
합창단, 합창곡

☐ **консервато́рия**
Моя́ дочь у́чится в **консервато́рии** в Ве́не.
제 딸은 빈의 한 **음악원**에서 공부 중입니다.
филармо́ния 필하모닉, 교향악단
음악원

IV. **Культу́ра** 문화

연습 문제

1 смотре́ть의 목적어로 적절하지 않은 것을 고르시오.

① фильм ② о́перу ③ спекта́кль ④ бале́т ⑤ телеви́зор

2 다음 글을 읽고 물음에 답하시오.

2-1 다음 글을 읽고 내용과 일치하는 답을 고르시오.

А.С. Пу́шкин – велича́йший ру́сский ① поэ́т. Его́ перу́ принадлежа́т выдаю́щиеся ② произведе́ния. Кро́ме того́, А.С Пу́шкин счита́ется созда́телем совреме́нного ру́сского ③ литерату́рного языка́. Миллио́ны россия́н и́скренне лю́бят его́ ④ стихи́ и по́мнят наизу́сть пу́шкинские стро́ки.

① А́втор те́кста счита́ет, что все ру́сские должны́ учи́ть наизу́сть стихи́ Пу́шкина.

② Во всём ми́ре счита́ется, что Пу́шкин – замеча́тельный поэ́т и писа́тель.

③ Вели́кий ру́сский поэ́т Пу́шкин написа́л мно́го стихотворе́ний о любви́.

④ Пу́шкин со́здал совреме́нный ру́сский литерату́рный язы́к.

2-2 제시된 글에서 밑줄 친 단어의 뜻을 쓰시오.

① _____ ② _____
③ _____ ④ _____

정답

1. ② 오페라
2. 2-1 ④ 푸시킨은 현대 러시아 문어(文語)를 확립했다.(① 글쓴이는 러시아인이라면 반드시 푸시킨의 시를 외워야 한다고 생각한다. ② 푸시킨은 전 세계적으로 인정받는 위대한 시인이자 작가이다. ③ 위대한 러시아의 시인 푸시킨은 사랑에 대한 시를 많이 썼다.)

   해석 푸시킨은 러시아의 가장 위대한 시인이다. 푸시킨은 수많은 걸작을 남겼다. 또한, 러시아의 문어(文語)를 확립하였다. 수많은 러시아인이 푸시킨의 시구를 외우고 있을 정도로 러시아인들은 푸시킨의 시를 진심으로 사랑한다.

   2-2 ① 시인 ② 작품 ③ 문학의 ④ 시

4 Увлече́ния / Свобо́дное вре́мя 취미/놀이

Track 24

☐ хо́бби	Каки́е у вас хо́бби, увлече́ния? 취미가 어떻게 되세요?	중 취미
☐ увлече́ние	Автомоби́ли, футбо́л, рыба́лка – типи́чные мужски́е увлече́ния. 남자들의 전형적인 **취미** 생활로는 자동차, 축구, 낚시 등이 있다.	몰두, 취미
☐ увлека́ться увле́чься	Макси́м увлека́ется фотогра́фией и да́йвингом. 막심은 사진과 스쿠버 다이빙 **취미이다**. 완 увлеку́сь, -влечётся, -влеку́тся	кем-чем 조 열중하다, 몰두하다, 취미로 하다
☐ интересова́ться заинтересова́ться	Совреме́нная молодёжь ма́ло интересу́ется исто́рией. 요즘 젊은 세대는 별로 역사에 **관심**이 없다. интере́с 흥미 / интере́сный 흥미로운 불 интересу́юсь, -су́ется, -су́ются	кем-чем 조 관심을 두다, 흥미를 느끼다
☐ развлека́ться развле́чься	Моя́ сестра́ жела́ет то́лько весели́ться и развлека́ться. 내 여동생은 만날 **노는** 것만 좋아해. 완 развлеку́сь, -влечётся, -влеку́тся	놀다, 즐기다, 기분 전환하다
☐ свобо́дный	Что вы обы́чно де́лаете в свобо́дное вре́мя? **여가** 시간에는 보통 뭐 하세요?	자유로운, 한가한
☐ проводи́ть провести́	Как вы провели́ выходны́е дни? 주말 잘 **보내셨어요**? 불 провожу́, -во́дит, -во́дят 완 проведу́, -ведёт, -веду́т; -вёл, -ла́, -ли́	что 대 (시간을)보내다; 실행하다, 실시하다

IV. **Культу́ра** 문화

☐ хвата́ть хвати́ть	К сожале́нию, сейча́с мне не хвата́ет вре́мени на заня́тия спо́ртом. 안타깝게도 저는 요새 운동할 시간이 **거의 없어요**. 완 хва́тит	кому́ 여 + кого́-чего́ 생 충분하다
☐ люби́ть 불	Зимо́й я люблю́ ката́ться на лы́жах и на конька́х. 나는 겨울에 스키와 스케이트 타는 것을 **좋아한다**. 불 люблю́, лю́бит, лю́бят	что 대 / инф. 정말 좋아하다, 사랑하다
☐ нра́виться понра́виться	В свобо́дное вре́мя мне бо́льше всего́ нра́вится сиде́ть в кафе́ с друзья́ми. 시간이 나면 나는 친구들과 카페 가는 게 제일 **좋더라고**. 불 нра́влюсь, нра́вится, нра́вятся	кому́ 여 + что 주 / инф. 마음에 들다, 좋다
☐ о́тдых	Для меня́ лу́чший о́тдых – до́ма, пе́ред телеви́зором, с чи́псами и пи́вом. 나에게 최고의 **휴가**는 집에서 TV 앞에 앉아 맥주와 감자칩을 먹으며 쉬는 것이다.	휴식, 휴가
☐ игра́ть сыгра́ть	В э́ти выходны́е мы с друзья́ми собира́емся игра́ть в баскетбо́л. 나는 이번 주말에 친구들과 농구를 **할** 예정이다. игра́ 놀이, 게임	во что 대 게임, 운동을 하다 на чём 전 (악기를) 연주 하다
☐ рисова́ть нарисова́ть	Па́па, нарису́й, пожа́луйста, ти́гра. Мне в шко́ле зада́ли. 아빠, 호랑이 그림 좀 **그려 주세요**. 학교 숙제예요. рисова́ние 그림 그리기 / рису́нок 그림 불 рису́ю, рису́ет, рису́ют	кого́-что 대 그림을 그리다

4 Увлечéния / Свобóдное врéмя 취미/놀이

☐ предпочитáть предпочéсть	Я предпочитáю ходи́ть в теáтры и музéи, а не в ночны́е клу́бы. 나는 나이트클럽에 놀러 가는 것보다 극장이나 박물관에 가는 게 **더 좋다**. 완 предпочту́, предпочтёт, предпочту́т	кого-что 대 + кому-чему 여 ~를 …보다 좋아하다, 선호하다
☐ вéсело	Мы с друзья́ми вчерá óчень вéсело провели́ врéмя в бóулинге. 나는 어제 친구들과 볼링을 치면서 **즐겁게** 시간을 보냈다.	즐겁게, 유쾌하게
☐ инструмéнт	Вы игрáете на каки́х-нибу́дь музыкáльных инструмéнтах? 연주할 줄 아는 **악기** 있나요?	악기, 기구, 공구
☐ гитáра	Игрáть на гитáре меня́ научи́л отéц. **기타** 치는 걸 아버지가 가르쳐 주셨어. пиани́но 피아노 / скри́пка 바이올린	기타
☐ загорáть загорéть	Лéтом я éзжу на óтдых к мóрю и загорáю там на пля́же. 여름이 되면 나는 바다로 휴가를 가서 해변에서 **선탠을 한다**. 완 загорю́, загори́т, загоря́т	일광욕을 하다, 태닝(선탠)하다
☐ катáться 불	Лю́бишь катáться, люби́ и сáночки вози́ть. 썰매 **타는** 것이 좋다면, 썰매를 끄는 것도 좋아해라 (하고 싶은 것을 하는 데에는 수고가 따른다). на конькáх 스케이트를 на рóликах 롤러스케이트를	на чём 전 (썰매, 스케이트, 스키 등을) 타다

IV. Культу́ра 문화

| □ лы́жи | Зимо́й ка́ждые выходны́е мы ката́емся на лы́жах в лесу́.
우리는 겨울이 되면 주말마다 숲에서 **스키**를 탄다. | 복 스키 |

| □ ша́хматы | По вечера́м мы с отцо́м ча́сто игра́ем в ша́хматы.
나는 아버지와 자주 저녁마다 **체스**를 둔다. | 복 장기, 체스 |

| □ шить
сшить | В де́тстве ма́ма ши́ла нам ку́кол.
어린 시절 엄마는 우리에게 **바느질을 해서** 직접 인형을 만들어 주곤 했다.
불 шью, шьёт, шьют | что 대
꿰매다,
바느질하다 |

| □ уме́ть 불 | Вы уме́ете по́льзоваться компью́тером?
컴퓨터 다루실 **줄 아세요**?
불 уме́ю, уме́ет, уме́ют | инф.
~할 줄 알다 |

| □ стресс | Когда́ у меня́ стресс, я ем шокола́д и пью́ ко́фе.
나는 **스트레스**를 받으면 보통은 초콜릿과 커피를 먹는다.
снима́ть/снять стресс 스트레스를 풀다 | 스트레스 |

| □ танцева́ть
потанцева́ть | Е́сли у меня́ плохо́е настрое́ние, я включа́ю му́зыку и начина́ю танцева́ть.
나는 기분이 안 좋을 때면 음악을 틀어 놓고 **춤을 춘다**.
та́нец 춤
불 танцу́ю, танцу́ет, танцу́ют | 춤추다 |

4 Увлечéния / Свобóдное врéмя 취미/놀이

☐ купáться искупáться	Как приятно в знóйный лéтний день искупáться в прохлáдной рéчке! 무더운 여름날 시원한 냇가에서 **물놀이하면** 얼마나 기분 좋은지 몰라!	씻다, 헤엄치다
☐ собирáть собрáть	Зáвтра у меня день рождéния. Хочу собрáть у себя дóма всех друзéй. 내일 내 생일이야. 그래서 우리 집에 친구들을 다 불러 **모으려고**. 완 соберý, -берёт, -берýт; -брал, -лá, -ли	кого-что 대 모으다, 수집하다
☐ передáча	Моя любúмая телевизиóнная передáча – "В мúре живóтных". 나는 TV **프로그램** 중에 '동물의 세계'를 제일 좋아해.	방송 프로그램
☐ сериáл	Моя сосéдка-пенсионéрка не пропускáет ни одногó сериáла. 우리 옆집에 사시는 할머니(연금생활자)는 **드라마**를 한 편도 안 놓치고 다 봐.	연속극, 드라마, 시리즈물
☐ прогрáмма	Я смотрю по телевúзору политúческие прогрáммы и тóк-шóу. 나는 TV를 틀면 주로 정치 **프로그램**이랑 토크쇼를 본다.	프로그램, 계획표, 연주 목록
☐ тóчно	Вы тóчно знáете, что совещáния зáвтра не бýдет? Увéрены? 내일 회의가 없는 거 **확실해요**? 맞는 거죠?	정확히, 정밀하게

IV. **Культýра** 문화

연습 문제

1 кем-чем 조를 목적어로 취하는 동사는?

① увлека́ться/увле́чься 열중하다, 몰두하다

② хвата́ть/хвати́ть 충분하다

③ предпочита́ть/предпоче́сть 선호하다

④ ката́ться 타다

⑤ собира́ть/собра́ть 수집하다

2 다음 괄호 안의 단어를 활용하여 문장의 빈칸을 올바르게 쓰시오.

① Я люблю́ ката́ться _____ (лы́жи).

나는 **스키** 타는 것을 매우 좋아한다.

② Мне не хвата́ет _____ (вре́мя) на заня́тия спо́ртом.

저는 운동할 **시간이** 없어요.

③ Я интересу́юсь _____ _____ (коре́йская исто́рия).

나는 **한국 역사에** 관심이 많다.

④ Я хочу́ научи́ться игра́ть _____ (скри́пка).

나는 **바이올린 연주를** 배우고 싶다.

⑤ Мой оте́ц лю́бит игра́ть _____ (ша́хматы).

우리 아버지는 **체스 두는 것을** 좋아하신다.

정답

1. ①
   (② кого́-чего́
   ③ кого́-что+кому́-чему́
   ④ на чём
   ⑤ кого́-что)

2. ① на лы́жах   ② вре́мени
   ③ коре́йской исто́рией
   ④ на скри́пке   ⑤ в ша́хматы

5 Спорт 스포츠

□ спорт	Регуля́рные заня́тия спо́ртом укрепля́ют здоро́вье. 운동을 규칙적으로 하면 건강해진다. спортсме́н 운동선수	스포츠, 운동
□ занима́ться заня́ться	Каки́м ви́дом спо́рта вы занима́етесь? 어떤 운동하세요? 완 займу́сь, займётся, займу́тся	чем 조 ~을 하다; 자습하다
□ боле́ть 불	Вы за каку́ю кома́нду боле́ете? 어떤 팀을 응원하세요? 불 боле́ю, боле́ет, боле́ют	за что 대 응원하다, 편들다
□ боле́льщик	Как и мои́ дед и оте́ц, я стра́стный боле́льщик "Спартака́". 우리 할아버지, 아버지와 마찬가지로 나는 '스파르타크'의 열렬한 팬이다.	(스포츠)팬, 애호가, 마니아
□ популя́рный	Наибо́лее популя́рные ви́ды спо́рта в Росси́и – футбо́л, хокке́й, биатло́н. 러시아에서 가장 인기 있는 스포츠 종목은 축구와 하키, 바이애슬론이다.	인기 있는, 대중적인
□ кома́нда	На́ша кома́нда впервы́е вы́шла в фина́л Ку́бка страны́ по футбо́лу. 우리 팀은 국내 축구 컵 대회 결승에 진출했다.	(스포츠) 팀, 동료
□ выи́грывать вы́играть	Вчера́ на́ша кома́нда вы́играла дома́шний матч со счётом 3:1. 어제 우리 팀이 3:1로 홈경기에서 승리를 거두었다.	что 대 + у кого́ 생 이기다, 얻다

IV. Культу́ра 문화

☐ **прои́грывать проигра́ть**	Вчера́ на́ша кома́нда проигра́ла брази́льцам в полуфина́ле. 어제 우리 팀은 준결승전에서 브라질에 **패하고 말았다**. вничью́ 무승부로	кому́-чему́ 예 지다, 패하다
☐ **побе́да**	В фина́ле на́ша кома́нда одержа́ла побе́ду. 우리 팀이 결승전에서 **승리**를 거뒀다. побежда́ть/победи́ть 이기다 반 пораже́ние 패배	승리
☐ **гимна́стика**	Худо́жественная гимна́стика – оди́н из са́мых зре́лищных и краси́вых ви́дов спо́рта. 리듬 **체조**는 가장 화려하고 아름다운 스포츠 종목 중 하나이다.	체조
☐ **соревнова́ние**	В соревнова́ниях по пла́ванию при́няло уча́стие бо́лее пяти́десяти спортсме́нов. 수영 **대회**에는 50명 이상이 참가했다. 유 матч, состяза́ние 경기, 대회	경기, 시합
☐ **дви́гаться** 불	Вам ну́жно бо́льше гуля́ть, дви́гаться, а не сиде́ть су́тками пе́ред компью́тером. 더 많이 산책하시고 **움직이세요**. 종일 컴퓨터 앞에 앉아 계시지 말고요. движе́ние 움직임, 이동, 운동 불 дви́жусь, дви́жется, дви́жутся	움직이다, 이동하다
☐ **Олимпиа́да**	Олимпиа́ды прово́дятся раз в четы́ре го́да. 올림픽은 4년마다 열린다. 유 Олимпи́йские и́гры 올림픽	올림픽, 올림피아드

5 Спорт 스포츠

☐ **чемпио́н**

Он стал чемпио́ном ми́ра благодаря́ своему́ тала́нту и упо́рным трениро́вкам.
그는 타고난 재능과 꾸준한 훈련을 통해 세계 **챔피언**이 되었다.

чемпио́нка 여 챔피언

남 챔피언

☐ **чемпиона́т ми́ра**

Чемпиона́т ми́ра по футбо́лу две ты́сячи второ́го го́да проходи́л в Ю́жной Коре́е и Япо́нии.
2002 **월드컵**은 한국과 일본에서 개최되었다.

по чему 여
월드컵,
세계 선수권 대회

☐ **мяч**

В пяти́ после́дних ма́тчах кома́нда не заби́ла ни одного́ мяча́ – позо́р!
최근 다섯 경기 동안 팀이 한 **골도 넣지** 못하다니. 이런 수치스러운 일이!

забива́ть/заби́ть мяч 골을 넣다

공

☐ **реко́рд**

Чемпио́нка ми́ра в бе́ге на сто ме́тров установи́ла но́вый мирово́й реко́рд.
100m 달리기 세계 챔피언이 세계 **신기록**을 경신했다.

기록, 신기록, 최고 기록

☐ **трениро́вка**

По́сле трениро́вки у меня́ боля́т все мы́шцы.
훈련이 끝나니 온몸의 근육이 다 아프네.

тренирова́ться 훈련하다

훈련, 연습

☐ **спортза́л**

Неда́вно ря́дом с на́шим до́мом откры́ли но́вый большо́й спортза́л.
얼마 전 우리 집 근처에 커다란 **체육관**이 새로 문을 열었다.

유 фи́тнес-клуб 헬스장

체육관, 헬스장

IV. Культу́ра 문화 173

5 Спорт 스포츠

- [ ] **бассе́йн**

  Я хожу́ в **бассе́йн** два ра́за в неде́лю.
  나는 일주일에 두 번 **수영장**에 간다.

  수영장

- [ ] **тала́нт**

  У ю́ноши ра́но откры́лся **тала́нт** футболи́ста.
  소년은 어려서부터 축구에 **재능**을 보였다.

  재능

- [ ] **действи́тельно**

  В кома́нде нет хоро́шего вратаря́ – э́то, **действи́тельно**, больша́я пробле́ма.
  팀에 괜찮은 골키퍼가 없어. **정말** 큰 문제야.

  정말, 사실

추가 단어

🌱 스포츠 종목 Ви́ды спо́рта

- [ ] бадминто́н 배드민턴
- [ ] баскетбо́л 농구
- [ ] бейсбо́л 야구
- [ ] бокс 복싱
- [ ] борьба́ 레슬링
- [ ] волейбо́л 배구
- [ ] гандбо́л 핸드볼
- [ ] гимна́стика 체조
- [ ] гольф 골프
- [ ] дзюдо́ 유도
- [ ] насто́льный те́ннис 탁구
- [ ] са́мбо 삼보
- [ ] те́ннис 테니스
- [ ] фигу́рное ката́ние 피겨스케이팅
- [ ] футбо́л 축구
- [ ] хокке́й 하키
- [ ] ша́хматы 체스
- [ ] биатло́н 바이애슬론
- [ ] лёгкая атле́тика 육상
- [ ] пла́вание 수영

연습 문제

1 다음 보기 에서 동사–목적어 짝을 바르게 찾아 쓰시오.

> 보기   кому-чему 여   за кого-что 대   чем 조   над кем-чем 조

① боле́ть + _____ 응원하다

② прои́грывать/проигра́ть + _____ 지다

③ занима́ться/заня́ться + _____ ~을 하다

④ оде́рживать/одержа́ть побе́ду + _____ 승리하다

2 다음의 그림과 관련 있는 단어를 보기 에서 알맞게 고르시오.

> 보기   волейбо́л   насто́льный те́ннис
>   фигу́рное ката́ние   гимна́стика

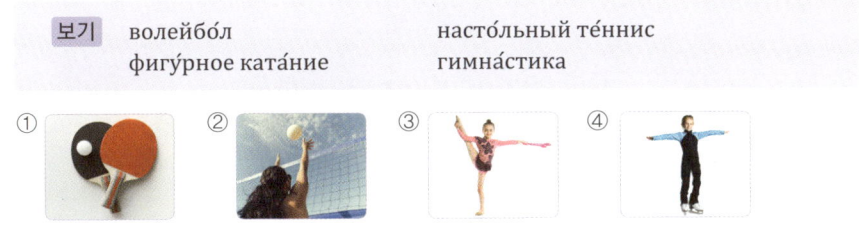

3 주어진 단어들을 이용해 러시아어 문장을 완성하시오.

① 올림픽은 4년마다 열린다.

Олимпи́йские и́гры, четы́ре, проводи́ться, в, раз, год

_____

② 러시아 선수는 세계 신기록을 세웠다.

установи́ть, но́вый, реко́рд, росси́йский, мирово́й, спортсме́н

_____

정답

1. ① за кого-что 대   ② кому 여   ③ чем 조   ④ над кем-чем 조
2. ① насто́льный те́ннис   ② волейбо́л   ③ гимна́стика   ④ фигу́рное ката́ние
3. ① Олимпи́йские и́гры прово́дятся раз в четы́ре го́да.
   ② Росси́йский спортсме́н установи́л но́вый мирово́й реко́рд.

6 Сою́зы / Причи́на и сле́дствие
접속사/원인/결과

Track 26

□ и

Москва́ и Санкт-Петербу́рг – крупне́йшие города́ Росси́и.

모스크바와 상트페테르부르크는 러시아에서 가장 큰 도시이다.

~와, ~랑;
그리고

□ но

Я о́чень люблю́ ко́шек, но у меня́ аллерги́я на их шерсть.

저는 고양이를 엄청 좋아하지만 털 알레르기가 있어요.

유 одна́ко 그러나, 하지만

그러나, 하지만

□ а

Мой оте́ц – архите́ктор, а мать – домохозя́йка.

아버지는 건축가인데 어머니는 전업주부이다.

그런데(비교, 대조)

□ и́ли

Вы рабо́таете и́ли у́читесь?

직장인이신가요, 아니면 학생인가요?

또는, ~거나

□ потому́ что

Я не могу́ попа́сть на свою́ страни́чку в "Фейсбу́ке", потому́ что забы́л паро́ль.

비밀번호를 잊어버려서 페이스북 계정에 접속할 수가 없어요.

유 так как 때문에, 왜냐하면

때문에,
왜냐하면

□ поэ́тому

Мой па́рень влюби́лся в мою́ подру́гу. Именно поэ́тому я реши́ла с ним расста́ться.

제 남자 친구가 제 친구를 사랑한대요. 바로 그런 이유로 저는 남자 친구와 헤어지기로 했어요.

그래서,
그런 이유로

□ несмотря́ на

Несмотря́ на ужа́сную пого́ду, мы всё же пое́хали на да́чу.

악천후에도 불구하고 우리는 다차로 떠났다.

что 대
~에도 불구하고

☐ хотя́	Хотя́ и говоря́т, что незва́ный гость ху́же тата́рина, но я уве́рена, что хозя́ин до́ма бу́дет нам о́чень рад. 초대받지 않은 손님은 타타르보다도 못하다고들 하**지만**, 집주인이 우리를 반겨 주리라 확신한다. 러시아는 타타르(몽골)의 지배를 받았음.	~에도 불구하고, ~지만
☐ благодаря́	Благодаря́ ва́шей по́мощи мы реши́ли все пробле́мы, большо́е спаси́бо. 도와주신 **덕분에** 저희가 문제를 다 해결했어요. 정말 감사드려요.	кому-чему 여 덕분에
☐ из-за	Из-за вас, из-за ва́шей оши́бки на́ша фи́рма потеря́ла со́рок ты́сяч до́лларов. Вы уво́лены! 당신 **때문에**, 당신 실수**로 인해** 회사가 4만 달러를 손해 봤어요. 당신은 해고예요!	кого-чего 생 ~때문에
☐ для	Для тебя́ мне ничего́ не жа́лко. 너를 **위해서라면** 그 무엇도 아깝지 않아.	кого-чего 생 ~을 위해서
☐ вме́сто	Вме́сто того́ что́бы лечь спать, мы с друзья́ми болта́ли до глубо́кой но́чи. 잠을 자는 **대신** 나는 친구들과 밤 늦게까지 수다를 떨었다.	кого-чего 생 ~대신에
☐ причи́на	Автомоби́льные про́бки – основна́я причи́на стре́ссов у води́телей. 교통 체증은 운전자 스트레스의 주**원인**이다. результа́т 결과	이유, 원인

IV. Культу́ра 문화

☐ е́сли	Е́сли моя́ кома́нда победи́т твою́, я угощу́ тебя́ у́жином.	만약(조건문)
	만약 우리 팀이 너희 팀을 이기면 내가 저녁 살게.	

☐ е́сли бы	Како́й сего́дня была́ бы Росси́я, е́сли бы не́ было Октя́брьской револю́ции?	만약(가정법)
	만약 10월 혁명이 없**었다면**, 러시아는 어떻게 되었을까?	

☐ то́же	– Здесь до́рого, и гото́вят невку́сно. – Да! Я то́же так ду́маю!	또한
	– 여긴 비싸고, 맛도 없는 것 같아. – 맞아! 나**도** 그렇게 생각해!	

☐ та́кже	Я хорошо́ пла́ваю. Та́кже непло́хо бе́гаю.	또한
	나는 수영을 잘한다. 그리고 달리기**도** 잘한다.	

☐ ли	Никто́ до сих по́р так и не зна́ет отве́та на вопро́с, существу́ют ли инопланетя́не.	~인지 아닌지
	지금까지 어느 누구도 '외계인이 존재하는**가**'라는 질문에 대한 답을 모른다.	

☐ вряд ли	В ближа́йшей перспекти́ве отноше́ния ме́жду Росси́ей и США вряд ли улу́чшатся.	설마, 그럴 리가 없다
	미 · 러 관계가 가까운 시일 내에 개선될 **리 없다**.	

6 Союзы / Причина и следствие 접속사/원인/결과

☐ **не только..., но и**	Борис **не только** учится на юридическом факультете, **но и** подрабатывает в одной адвокатской фирме. 보리스는 법학부에서 공부할 **뿐 아니라** 로펌에서 아르바이트**도** 한다.	...뿐 아니라 ~도
☐ **кроме того**	Я люблю свою работу. Она доставляет мне подлинную радость. **Кроме того**, у меня очень высокая зарплата. 저는 제 일이 좋아요. 일을 하면서 진정한 만족감을 느껴요. **게다가** 월급도 많이 받고요.	게다가, 또한
☐ **кстати**	Слушай, мы вчера так классно потусовались! **Кстати**, ты знаешь, что Лена беременна? 어제 나 친구들 만나서 좀 놀았어. **그런데** 너, 레나가 아이 가진 거 알아?	그런데, 그건 그렇고 (덧붙여 말할 때)
☐ **может быть**	Извини, Света, **может быть**, тебе нужна помощь? Скажи, не стесняйся. 스베타, **혹시** 너 도움이 필요한 일 있어? 어려워하지 말고 말해.	아마도
☐ **ведь**	– Спасибо тебе огромное! – Не стоит. **Ведь** мы друзья! – 정말 고마워! – 별말을 다 하네. 우린 친구**잖아**!	~때문이다, 알다시피, 정말
☐ **на самом деле**	Все говорят, что Татьяну бросил муж. **На самом деле** это она его бросила. 다들 타티야나의 남편 쪽에서 먼저 이혼하자고 한 걸로 아는데, **사실은** 그 반대야.	실은, 사실

IV. Культура 문화

연습 문제

1 다음 밑줄 친 부분에 들어갈 알맞은 접속사를 보기 에서 찾아 쓰시오.

보기	и	и́ли	а	но и	одна́ко
	е́сли	е́сли бы	так как	зато́	поэ́тому

① Вы живёте в Сеу́ле _____ где-нибу́дь в при́городе?

② _____ с тобо́й что-нибу́дь случи́тся, я умру́!

③ Я успе́шно прошёл собесе́дование, _____ на рабо́ту меня́ не при́няли.

④ Бори́с не то́лько у́чится на юриди́ческом факульте́те, _____ подраба́тывает в одно́й юриди́ческой фи́рме.

2 다음 빈칸의 단어를 알맞게 변형시키시오.

① Из-за стре́ссы у мно́гих из нас ухудша́ется сон.

② Благодаря́ по́мощь друзе́й мне удало́сь реши́ть э́ту пробле́му.

③ А у меня́ для вы сюрпри́з! Биле́ты в ваш люби́мый теа́тр!

④ Я так хочу́, что́бы ле́то не конча́ться !

 정답

1. ① и́ли ② е́сли ③ одна́ко ④ но и
2. ① стре́ссов ② по́мощи ③ вас ④ конча́лось

V

Общество

사회

1 Отноше́ния 인간 관계

Track 27

☐ **отноше́ние**

Отноше́ния дете́й и роди́телей никогда́ не быва́ют просты́ми.
부모와 자식 간의 **관계**는 결코 쉬운 것이 아니다.

단 태도, 입장
복 관계

☐ **относи́ться / отнести́сь**

Я с уваже́нием отношу́сь к ста́ршим.
나는 존경심을 가지고 웃어른을 **대한다**.
불 отношу́сь, -но́сится, -но́сятся
완 -несу́сь, -сётся; -нёсся, -ла́сь, -ли́сь

к кому́-чему́ 어
대하다,
~한 태도를
보이다

☐ **сосе́д**

На́ши сосе́ди по до́му – прия́тные и интеллиге́нтные лю́ди.
우리 **이웃**들은 유쾌하고 교양 있는 사람들이다.
сосе́дка 여 이웃

남 이웃
복 сосе́ди
복생 сосе́дей

☐ **знако́мый**

Ва́ше лицо́ ка́жется мне знако́мым. Мы ра́ньше не встреча́лись?
얼굴이 **낯익네요**. 우리 전에 혹시 어디서 만난 적 없나요?

아는, 낯익은;
지인

☐ **знать** 불

Ма́ма лу́чше всех зна́ет мой хара́ктер, мои́ си́льные и сла́бые сто́роны.
엄마는 누구보다도 내 성격과 장단점을 잘 **안다**.

кого́-что 대
알다

☐ **друг**

Ты мой лу́чший друг.
넌 나의 베스트 프렌드야.
подру́га 여 친구

남 친구
복 друзья́
복생 друзе́й

☐ **дру́жба**

Я наде́юсь, что на́ша дру́жба бу́дет продолжа́ться до ста́рости.
우리의 **우정**이 늙어서까지 계속되길 바라.

우정

☐ дружи́ть 불	Мы с Ле́ной дру́жим со шко́лы, уже́ семь лет. 저는 레나와 학창 시절부터 7년째 **친구로 지내고 있어요**. 불 дружу́, дру́жит, дру́жат	с кем 조 친구로 지내다
☐ враг	Ка́ждый челове́к име́ет друзе́й и враго́в. 사람들은 모두 친구도 있지만, **적**도 있다.	적 복 враги́
☐ разгова́ривать 불	Вчера́ мы с Мари́ной до́лго разгова́ривали по телефо́ну. 어제 나는 마리나와 오랫동안 전화로 **이야기를 나눴다**. разгово́р 대화	с кем 조 + о чём 전 대화하다
☐ гру́ппа	Wonder Girls ста́ли пе́рвой коре́йской поп-гру́ппой, кото́рая вошла́ в "Горя́чую со́тню Билбо́рда". 원더걸스는 한국 대중음악 **그룹** 최초로 빌보드차트 HOT 100 에 들었다.	그룹, 무리, 집단
☐ подде́ржка	Спортсме́нам о́чень помогла́ подде́ржка боле́льщиков. 팬들의 **격려**가 선수들에게 매우 도움이 되었다.	지원, 격려
☐ проща́ть прости́ть	Ну́жно уме́ть проща́ть друг дру́га. 서로를 **용서**할 줄 알아야 한다. 완 прощу́, прости́т, простя́т прости́те 실례지만	кого́-что́ 대 용서하다

V. **Общество** 사회

☐ сове́товать посове́товать	Я бы посове́товала тебе́ заня́ться йо́гой. 너에게 요가하는 것을 **추천해**. сове́т 조언 불 сове́тую, сове́тует, сове́туют	кому 에 + что 대 / инф. 조언하다, 권하다
☐ самостоя́тельно	За три го́да он самостоя́тельно вы́учил кита́йский язы́к. 3년 만에 그는 독학으로(**스스로**) 중국어를 깨우쳤다.	스스로, 독립적으로
☐ ра́вный	Все лю́ди равны́ пе́ред зако́ном. 모든 인간은 법 앞에서 **평등하다**.	동등한, 같은
☐ хвали́ть похвали́ть	Дете́й ну́жно хвали́ть поча́ще. 아이들에게 **칭찬을** 더 자주 **해야** 한다. похвала́, комплиме́нт 칭찬	кого́-что 대 칭찬하다
☐ целова́ть поцелова́ть	Мать не́жно поцелова́ла ребёнка в щёчку. 엄마는 아이의 볼에 살갑게 **뽀뽀했다**. поцелу́й 입맞춤, 키스 불 целу́ю, целу́ет, целу́ют	кого́-что 대 키스하다, 입맞추다
☐ ситуа́ция	Мои́ друзья́ никогда́ не оставля́ли меня́ в тру́дной ситуа́ции. 내 친구들은 어려운 **상황**에서도 나를 버린 적이 없다.	상황
☐ слу́чай	Возьми́ с собо́й зо́нтик на вся́кий слу́чай. 만일의 **경우**를 위해 우산을 챙기도록 해. на вся́кий слу́чай 만일에 대비해, 혹시 모르니 во вся́ком слу́чае 어쨌든, 어떤 경우든	경우, 사건

1 Отноше́ния 인간관계

☐ **случа́ться** **случи́ться**	Что с тобо́й случи́лось? На тебе́ лица́ нет! 너 무슨 **일 있어**? 안색이 안 좋은데.	일어나다, 생기다
☐ **ока́зываться**¹ **оказа́ться**	Мой друг оказа́лся в тру́дном положе́нии. 내 친구가 힘든 상황에 **처했다**. 완 окажу́сь, -ка́жется, -ка́жутся	где (장소에) 있다, (상황에 처하다)
☐ **ока́зываться**² **оказа́ться**	Ситуа́ция оказа́лась бо́лее серьёзной, чем мы понача́лу ду́мали. 상황이 처음에 생각했던 것보다 더욱 심각한 것으로 **밝혀졌다**.	кем-чем 조 밝혀지다, 판명되다, ~이다
☐ **убежда́ть** **убеди́ть**	Ири́на упря́мая, её тру́дно убеди́ть в чём-ли́бо. 이리나는 고집이 세서 뭐든지 **설득하기가** 힘들다.	кого́ 대 + в чём 전 / инф. 설득하다
☐ **ссо́риться** **поссо́риться**	Мы поссо́рились из-за де́нег. 우리는 돈 문제로 **다투었다**. ссо́ра 다툼, 말다툼	с кем 조 다투다, 말다툼하다
☐ **руга́ть** 불	На мой взгля́д, не сто́ит руга́ть ребёнка за плохи́е оце́нки. 성적이 나쁘다는 이유로 아이에게 **잔소리해서는** 안 된다고 생각한다.	кого́-что 대 꾸짖다, 잔소리하다, 호통치다
☐ **мири́ться** **помири́ться**	Спустя́ неде́лю по́сле ссо́ры мы, сла́ва бо́гу, помири́лись. 다행스럽게도 우리는 싸운 지 일주일 만에 **화해했다**.	с кем 조 화해하다

V. Общество 사회

☐ благодари́ть поблагодари́ть	Благодарю́ вас за приглаше́ние. 초청해 주셔서 **감사합니다**. благода́рность 여 감사	кого́ 대 + за что 대 감사하다
☐ извиня́ться извини́ться	Пётр извини́лся пе́ред на́ми за своё опозда́ние. 표트르는 우리에게 늦어서 **미안하다고 사과했다**.	перед кем 조 + за что 대 사과하다
☐ ме́жду	В семье́ тро́е дете́й, и они́ ча́сто ссо́рятся ме́жду собо́й. 저희 집은 아이가 셋인데, **서로** 자주 싸워요. ме́жду собо́й 자기들끼리, 서로	кем-чем 조 ~사이에, ~간에
☐ кро́ме	Неуже́ли все, кро́ме меня́, уже́ посмотре́ли э́тот фильм? 정말 나 **빼고** 이미 이 영화를 다 본 거야?	кого́-чего́ 생 ~을 제외하고, ~이외에
☐ вме́сте	И рабо́тать, и отдыха́ть веселе́е вме́сте! **함께** 일하고 신나게 놀고!	함께
☐ помога́ть помо́чь	Андре́й о́чень до́брый, всегда́ всем помога́ет. 안드레이는 늘 남을 **돕는** 착한 사람이에요. 완 помогу́, -мо́жет, мо́гут; -мо́г, -гла́, -гли́	кому́ 여 도움을 주다, 돕다
☐ по́мощь	Спаси́бо за по́мощь и подде́ржку! 응원해 주고 **도와줘서** 고마워!	여 도움

1 Отноше́ния 인간관계

☐ меша́ть помеша́ть	Не меша́й мне рабо́тать. 일하는 데 **방해**하지 마.	кому-чему 여 방해하다, 막다
☐ вдвоём	Но́чью мы вдвоём пошли́ за пи́вом. 밤에 우리는 **단둘이서** 맥주를 마시러 나갔다. втроём 셋이서	둘이서
☐ душа́	Ру́сская душа́ – э́то ще́дрость, не зна́ющая грани́ц. 한없이 베푸는 후한 인심과 넓은 아량이 바로 러시아의 **정**이다.	마음, 정신, 감정
☐ вме́шиваться вмеша́ться	Пожа́луйста, не вме́шивайся в мою́ ли́чную жизнь! 제 사생활에 **참견하지** 마세요.	во что 대 간섭하다, 참견하다, 끼어들다
☐ улучша́ть улу́чшить	Я зна́ю, как улу́чшить наш прое́кт! 난 우리 프로젝트를 **개선할** 방법을 알고 있어.	кого-что 대 개선하다, 좋게 만들다
☐ ухудша́ться уху́дшиться	По́сле разво́да его́ фина́нсовая ситуа́ция значи́тельно уху́дшилась. 이혼 후 그의 자금 사정이 눈에 띄게 **안 좋아졌다**.	악화되다, 나빠지다
☐ хоте́ть захоте́ть	Я хоте́л бы поступи́ть в прести́жный университе́т. 좋은 대학에 들어갔**으면 좋겠다**. 불 хочу́, хо́чет, хотя́т	что 대 / чего 생 /инф. 하고 싶다, 원하다

V. **О́бщество** 사회

1 Отношéния 인간관계

☐ хотéться захотéться	После еды́ постоя́нно хо́чется спать. 밥을 먹고 나면 늘 자고 **싶어져요**.	кому 여 ~하고 싶은 마음이 들다
☐ уважáть 불	Почему́ сего́дня молодёжь переста́ла уважáть пожилы́х люде́й? 왜 요즘 젊은이들은 노인을 **존경하지** 않나요? уважáемый 존경받는; 존경하는 ~께(편지글)	кого-что 대 존경하다, 존중하다
☐ бы́вший	Я ничего́ не хочу́ знать о своём бы́вшем му́же. **전** 남편 소식은 전혀 알고 싶지 않아.	이전의, 전직의
☐ дели́ться подели́ться	Ва́жно подели́ться ра́достью с друзья́ми. 친구들과 기쁨을 **공유하는** 것은 중요하다.	чем 조 공유하다 на что 대 나뉘다
☐ проси́ть попроси́ть	Он попроси́л меня́ позвони́ть ему́ сего́дня ве́чером. 그는 나에게 오늘 저녁에 전화해 달라고 **부탁했다**. про́сьба 부탁 불 прошу́, про́сит, про́сят	кого 대 요청하다, 부탁하다
☐ прáвда	Настоя́щие друзья́ всегда́ говоря́т прáвду. 진정한 친구는 항상 **진실**을 이야기해 준다. 반 непрáвда, ложь 여 거짓	진실; 정말로

188

연습 문제

1 다음 중 짝지어진 단어의 관계가 다른 것은?

① сосе́д – сосе́дка
② знако́мый – знако́мая
③ друг – подру́га
④ враг – врага́

2 보기 의 단어를 알맞게 변형하여 다음 빈칸에 바르게 쓰시오.

| 보기 | случи́ться | поблагодари́ть | оказа́ться |
| | поссо́риться | вмеша́ться | |

① Что с тобо́й _____? На тебе́ лица́ нет. 너 무슨 **일 있어**? 안색이 안 좋은데.

② Мой друг _____ в тру́дном положе́нии. 내 친구가 힘든 상황에 **처했다**.

③ Мы _____ из-за де́нег. 우리는 돈 문제로 **다투었다**.

3 다음에 들어갈 대답으로 바른 것은?

– Ва́ши отноше́ния с му́жем улу́чшились?
– Нет, наоборо́т, _____.

① ухýдшились
② извини́лись
③ целова́лись
④ помири́лись

정답

1. ④ (врага́는 враг의 단수 생격)
2. ① случи́лось ② оказа́лся ③ поссо́рились
3. ① (남편과 관계는 개선되었습니까? / 아니오, 오히려 악화되었습니다.)

2 Встре́ча 만남/약속 `Track 28`

☐ встре́ча	До встре́чи! (다시 만날 때까지) 안녕, 잘 가! свида́ние 만남, 데이트	만남
☐ встреча́ть встре́тить	Я встре́чу тебя́ в аэропорту́. 내가 공항으로 너 마중 나갈게. 완 встре́чу, -тит, -тят	кого́-что 대 만나다; 마중 나가다
☐ встреча́ться встре́титься	Дава́йте встре́тимся у "Макдо́нальдса" в во́семь ве́чера. 맥도날드 근처에서 8시에 만나자. 유 ви́деться/уви́деться 만나다 완 встре́чусь, -тится, -тятся	с кем-чем 조 만나다
☐ провожа́ть проводи́ть	Мой па́рень всегда́ провожа́ет меня́ до до́ма. 제 남자 친구는 항상 저를 집에 데려다줘요. 완 провожу́, -во́дит, во́дят	кого́-что 대 데려다주다, 배웅하다
☐ узнава́ть узна́ть	Прости́те, я не сра́зу узна́л вас. 바로 못 알아봐서 죄송합니다. 불 узнаю́, узнаёт, узнаю́т 완 узна́ю, узна́ет, узна́ют	кого́-что 대 알다, 알아보다
☐ ждать подожда́ть	Подожди́те, пожа́луйста, я ско́ро верну́сь. 잠시만 기다려 주세요. 금방 돌아올게요. 불 жду, ждёт, ждут	кого́-что 대 / чего́ 생 기다리다
☐ неожи́данно	Вчера́ я неожи́данно встре́тил ста́рого знако́мого. 난 어제 우연히 옛 지인을 만났다. 유 случа́йно 우연히	예상치 못하게, 우연히, 뜻밖에

☐ запи́сывать записа́ть	Запиши́те, пожа́луйста, но́мер моего́ телефо́на. 제 전화번호를 **메모하세요**. 완 запишу́, -пи́шет, пи́шут	кого́-что 대 메모하다; 녹음하다, 녹화하다
☐ догова́риваться договори́ться	Хорошо́, договори́лись. До за́втра. 좋아. **그렇게 하기로 하자**. 내일 봐.	о чём 전/инф. 약속하다, 합의하다
☐ дава́й(те)	Дава́й не бу́дем ссо́риться по пустяка́м. 앞으로 별것 아닌 일로 말다툼은 **하지 말자**.	+ 완 1인칭 복수 동사 + 불 инф. ~하자(청유형)
☐ знако́миться познако́миться	Мы с мои́м бу́дущим му́жем познако́мились в Интерне́те. 나는 지금의 남편과 인터넷을 통해 **처음 만났다**. 불 знако́млюсь, -мится, -мятся	с кем-чем 조 알게 되다, 인사하다, 통성명하다
☐ и́мя	В э́той строке́ напиши́те своё и́мя и фами́лию. 이 줄에다 본인의 성과 **이름**을 써 넣으세요. фами́лия 성 / о́тчество 부칭	이름 생 여 전 и́мени 조 и́менем
☐ прия́тно	Мне то́же прия́тно познако́миться с ва́ми. 저도 만나 뵙게 되어 **반갑습니다**.	좋다, 기쁘다, 반갑다
☐ здоро́ваться поздоро́ваться	В Япо́нии не при́нято здоро́ваться за́ руку. 일본에서는 보통 (**인사하면서**) 악수를 잘 하지 않는다. жать/пожа́ть ру́ку 악수하다 обнима́ться/обня́ться 포옹하다	с кем-чем 조 인사를 나누다

V. **Общество** 사회

□ проща́ться прости́ться	Мы прости́лись с ней до бу́дущего ле́та. 다음 여름을 기약하며 그녀와 **작별 인사를 했다**.	с кем-чем 조 헤어지다, 작별 인사를 하다
□ перепи́сываться[불]	Я перепи́сываюсь с иностра́нцами в соцсетя́х. 난 외국인들과 SNS로 **연락을 주고받는다**.	с кем-чем 조 (연락을) 주고받
□ успева́ть успе́ть	Сего́дня у́тром я не успе́л на авто́бус и опозда́л на ва́жное интервью́. 오늘 아침 버스 **시간을 못 맞추는** 바람에 중요한 면접에 늦고 말았다. 완 успе́ю, успе́ет, успе́ют	инф. 제때 ~하다, ~할 시간이 있다
□ спеши́ть поспеши́ть	Не спеши́те. У нас ещё есть вре́мя. **서두르지** 말아요. 아직 시간이 있으니까요. 유 торопи́ться/поторопи́ться 서두르다	инф. / куда 서두르다
□ обща́ться пообща́ться	Я обща́юсь с друзья́ми в основно́м по выходны́м дням. 나는 주로 주말에 친구들과 **어울린다**. обще́ние 교제, 교류	с кем-чем 조 사람들과 어울리다, 교제하다
□ обеща́ть пообеща́ть	Я никогда́ не обеща́л на тебе́ жени́ться! 난 너랑 결혼하겠다고 **약속한** 적 없어! обеща́ние 약속	кому 여 + инф. 약속하다
□ приве́т	Переда́йте, пожа́луйста, приве́т ва́шей жене́. 아내분에게도 **안부** 전해 주세요. переда́ть приве́т 안부를 전하다	안녕(만날 때), 인사, 안부

2 Встре́ча 만남/약속

☐ переноси́ть / перенести́

Дава́йте всё-таки перенесём да́ту встре́чи.
어쨌든 만나기로 한 날짜를 **옮깁시다**.

что 대
옮기다, 미루다

불 переношу́, -но́сит, -но́сят
완 перенесу́, -сёт, -су́т; -нёс, -сла́, -сли́

☐ план

Е́сли у тебя́ нет пла́нов на ве́чер, тогда́, мо́жет быть, встре́тимся?
너 내일 저녁에 별다른 **계획** 없으면 나랑 만나는 거 어때?

계획

плани́ровать/сплани́ровать 계획하다

☐ пусть

Пусть всегда́ бу́дет мир во всём ми́ре!
전 세계에 항상 평화가 깃**들길**!

~하게 하다,
허락하다,
~해도 좋다

V. Обще́ство 사회 193

연습 문제

1 다음 표의 빈칸을 채우시오.

обниматься	①
② с_____	만남, 데이트, 약속
неожиданно	③
договориться	④

2 다음 중 강세 표시가 바르지 <u>않은</u> 것은?

① прово́дят 데려다주다 ② обеща́л 약속하다

③ перенесу́т 옮기다 ④ успею́ ~할 시간이 있다

3 다음 빈칸을 알맞은 말을 쓰시오.

① **서둘러요**. 늦는 건 좋지 않아요. _____. Опа́здывать некраси́во (= пло́хо).

② 동료들에게도 **안부 전해 주세요**. _____ _____ ва́шим колле́гам.

③ 바로 못 **알아봐서** 죄송합니다. Прости́те, я не сра́зу _____ вас.

정답

1. ① 서로 껴안다 ② свида́ние ③ 예상치 못하게, 뜻밖에 ④ 약속하다
2. ④ успею́ → успе́ю
3. ① Поспеши́те ② Переда́йте приве́т ③ узна́л(а)

3 Вре́мя 시간

вре́мя
Торопи́тесь! Вре́мя не ждёт.
서두르세요. **시간**이 없어요(시간은 기다려 주지 않는다).

시간
생 여 전 вре́мени
조 вре́менем

когда́
Когда́ я не́рвничаю и́ли пережива́ю, мне всегда́ хо́чется есть.
신경질이 날 **때나** 걱정을 할 **때면** 뭐가 먹고 싶어져요.

언제; ~할 때

тогда́
Ста́рость наступа́ет тогда́, когда́ уже́ ничего́ не хо́чешь.
늙음은 원하는 것이 아무것도 없을 **때** 찾아온다.

그때, 그러면, 당시에

ча́сто
Мы, коне́чно, лю́бим друг дру́га, но и руга́емся дово́льно ча́сто.
우리는 서로 사랑하지만, 꽤 **자주** 싸운다.

자주

всё вре́мя
Муж всё вре́мя за́нят, у него́ на меня́ нет вре́мени.
남편은 **늘** 뭐가 그리 바쁜지 저를 위한 시간은 없네요.

항상, 늘

до́лго
Он до́лго ду́мал, но пото́м всё-таки при́нял оконча́тельное реше́ние.
그는 **오래** 생각했지만 결국 최종 결정을 내렸다.

오랫동안

час
Я буква́льно па́ру часо́в наза́д верну́лся из Москвы́.
말 그대로 몇 **시간** 전 나는 모스크바에서 돌아왔다.

мину́та 분 / секу́нда 초

시간; 복 часы́ 시계
단생 часа́
복생 часо́в

ро́вно
Часы́ пока́зывают ро́вно во́семь утра́.
시계가 정확히 오전 8시 **정각**을 가리키고 있다.

정확히, 똑같이, 균일하게

V. **Общество** 사회

☐ полтора́	После сме́рти моего́ му́жа прошло́ уже́ полтора́ го́да. 남편이 죽은 지 벌써 **일 년 반**이 지났다. полови́на 절반, 1/2 по́лчаса 30분 / полго́да 반년, 6개월	1.5, 1과 1/2
☐ че́тверть	Обы́чно я встаю́ без че́тверти семь. 나는 보통 7시 **15분** 전(6시 45분)에 일어난다.	여 1/4, 쿼터, 15분
☐ день	Вчера́ я це́лый день просиде́л до́ма, гото́вился к экза́мену. 어제 나는 온종**일** 집에서 시험 준비만 했다. су́тки 복 24시간, 하루	남 일, 하루; 낮 단생 дня 복생 дней
☐ неде́ля	На про́шлой неде́ле я купи́ла себе́ но́вое пла́тье. 나는 지난**주**에 새 원피스를 샀다.	주, 일주일 복생 неде́ль
☐ ме́сяц	Я перешёл в э́ту фи́рму ме́сяц наза́д. 나는 **한 달** 전 이 회사로 이직했다.	개월, 달
☐ год	В э́том году́ мы с му́жем отмеча́ем втору́ю годовщи́ну сва́дьбы. 올**해**에 저희 부부는 두 번째 결혼기념일을 맞이합니다. век 1세기, 백 년	해, 년 단생 го́да 복생 лет, годо́в
☐ раз	Я хожу́ в фи́тнес-клуб два ра́за в неде́лю. 나는 헬스장에 일주일에 두 **번** 간다.	~번, 횟수 단생 ра́за 복생 раз

3 Время 시간

☐ **число**

Какое сегодня число?
오늘이 며칠이에요(어떤 **날짜**예요)?

수, 숫자, 날짜
복 числа
복생 чисел

☐ **весь**

В ночь с тридцать первого декабря на первое января метро будет работать всю ночь.
지하철은 새해 첫날 야간 운행을 할 예정이다.
(12월 31일에서 1월 1일로 넘어가는 밤 **내내**)
целый 완전한, 전체의

전체의, 모든
вся, всё, все

☐ **каждый**

Каждую пятницу вечером мы встречаемся с друзьями.
매주 금요일 저녁이면 나는 친구들을 만난다.

모든, 각각의

☐ **ежегодно**

Ежегодно нашу страну посещают миллионы туристов из разных стран.
매년 수백만 명의 관광객이 우리나라를 찾는다.
ежедневно 매일

매년

☐ **прошлый**

В прошлом году у нас родилась дочь.
작년에 딸이 태어났어요.
прошлое 과거

지난, 과거의

☐ **настоящий**

В настоящее время наша фирма работает над новым проектом.
현재 우리 회사는 신규 프로젝트를 진행하고 있다.
настоящее 현재

현재의; 진정한

☐ **будущий**

Я уверен, нас ждёт прекрасное будущее.
우리에게는 밝은 **미래**가 있다고 나는 확신한다.
будущее 미래

미래의

V. **Общество** 사회   197

следующий	Сколько праздничных дней будет в следующем году?	다음의
	내년에 공휴일이 며칠이나 있나요?	
первый	Пе́рвого апре́ля мы весели́мся, шути́м и разы́грываем друг дру́га.	첫 번째의
	4월 1일 우리는 유쾌하게 장난을 치고 서로를 속인다.	
после́дний	У вас случа́йно нет после́днего но́мера журна́ла "Экспе́рт"?	마지막의; 최신의, 최근의
	혹시 잡지 'Expert' 최신호 없나요?	
	в после́днее вре́мя 최근	
нача́ло	До́брое нача́ло – полови́на де́ла.	시작, 초반
	시작이 반이다.	
середи́на	Лы́жный сезо́н начина́ется обы́чно в середи́не октября́.	중간, 도중
	스키 시즌은 보통 10월 중순에 시작된다.	
коне́ц	СССР оконча́тельно распа́лся в конце́ ты́сяча девятьсо́т девяно́сто пе́рвого го́да.	끝, 종결 단생 конца́
	소련은 1991년 말 완전히 해체되었다.	
сейча́с	Я обяза́тельно э́то сде́лаю, но не сейча́с.	지금
	그건 제가 꼭 할게요. 그런데 지금 말고요.	

3 Вре́мя 시간

☐ **сего́дня**

Сего́дня у моего́ отца́ день рожде́ния.
오늘이 저희 아버지 생신이에요.
сего́дняшний 오늘의

오늘

☐ **за́втра**

До за́втра!
내일 봐!
за́втрашний 내일의 / послеза́втра 모레

내일

☐ **позавчера́**

Позавчера́ меня́ вдруг уво́лили с рабо́ты.
저는 **그저께** 갑자기 해고를 당했어요.
вчера́ 어제 / вчера́шний 어제의

그저께

☐ **ещё**

Хотя́ на земле́ ещё лежи́т снег, но в во́здухе уже́ па́хнет весно́й.
땅에는 **아직** 눈이 남아 있지만, 공기 중에는 봄 내음이 스며 있다.

아직

☐ **уже́**

Дождь уже́ зако́нчился.
비가 **이미** 그쳤다.

이미

☐ **тепе́рь**

Ра́ньше Ка́тя е́ла мя́со, а тепе́рь она́ вегетариа́нка.
카탸는 예전에는 고기를 먹었는데, **지금은** 채식주의자이다.
ра́ньше 예전에

지금은, 이제는

☐ **по́зже**

Извини́те, я сейча́с занята́, позвони́те по́зже.
죄송하지만, 제가 지금 바빠서요. **좀 이따** 전화 주세요.

더 나중에, 더 늦게
(по́здно의 비교급)

V. О́бщество 사회 199

□ зара́нее

К ста́рости, как и к зиме́, ну́жно гото́виться зара́нее.
노후 준비는 월동 준비와 마찬가지로 **미리미리** 해야 한다.

미리

□ снача́ла

Снача́ла я на тебя́ оби́делась, а пото́м поняла́, что ты был прав.
처음에는 너한테 속상한 감정이 있었는데, 그다음에 네가 옳다는 것을 알게 되었어.

пото́м 다음에, 나중에

처음에는, 원래는

□ давно́

Вы уже́ давно́ живёте в Сеу́ле?
서울에서 사신 지 **오래**되셨어요?

반 неда́вно 얼마 전에

오래전에

□ любо́й

Такси́ мо́жно вы́звать в любо́е вре́мя су́ток.
택시를 언제**든지** 부를 수 있다.

유 когда́ уго́дно 아무때나

아무, 임의의

□ одна́жды

Одна́жды я заблуди́лся в лесу́.
하루는 숲에서 길을 잃었다.

어느 날, 언젠가, 한 번

□ ни ра́зу не

С двухты́сячного го́да э́то зда́ние ни ра́зу не ремонти́ровалось.
2000년부터 이 건물은 수리를 **한 번도 하지 않았다**.

유 никогда́ не 결코, 전혀 ~않다

한 번도 ~ 않다

□ не́когда

Мне не́когда сейча́с. Рабо́ты по го́рло.
지금은 내가 **시간이 없어**. 일이 산더미야.

кому 여 + инф.
시간이 없다

3 Время 시간

☐ только что	Мне только что сообщили, что жена родила мальчика. Как же я счастлив! **방금** 아내가 아들을 낳았다는 소식을 들었어요. 얼마나 기쁜지 몰라요!	방금, 조금 전에
☐ как только	Как только Соня вышла из здания, ей в лицо ударил холодный ветер. 소녀가 건물에서 나가**자마자** 차가운 바람이 그녀의 얼굴을 때렸다.	하자마자, 곧바로
☐ сразу	Сразу после свадьбы молодожёны отправились в свадебное путешествие. 결혼식이 끝나고 **바로** 신혼부부는 신혼여행을 떠났다.	즉시, 곧장, 한번에
☐ срочно	Мне срочно нужны деньги. **지금 당장** 돈이 필요해요.	급히, 당장
☐ скоро	Я так рад, что скоро выхожу на пенсию! 저는 **곧** 퇴직하게(연금을 받게) 되어 정말 기뻐요.	곧
☐ вдруг	У меня вдруг испортилось настроение. 나 **갑자기** 기분이 안 좋아졌어.	갑자기
☐ регулярно	Здесь регулярно проходят различные выставки. 여기서는 다양한 전시회가 **정기적**으로 열린다.	정기적으로, 규칙적으로

V. Общество 사회

одновре́менно

Гали́на встреча́ется одновре́менно с двумя́ парня́ми.
갈리나는 양다리를 걸치고 있다(**동시에** 두 명을 만난다).

동시에

сно́ва

Вчера́ на́ша кома́нда сно́ва проигра́ла.
어제 우리 팀이 **또** 졌다.

유 опя́ть 다시, 재차

다시, 또

постоя́нно

Осенью в Петербу́рге постоя́нно иду́т дожди́.
가을에 페테르부르크에서는 **계속** 비가 내린다.

유 непреры́вно 끊임없이

끊임없이, 늘, 언제나

наза́д

Мы перее́хали в э́тот дом два дня наза́д.
우리는 이 집으로 이틀 **전**에 이사 왔어요.

~전에

че́рез

Че́рез ме́сяц по́сле рожде́ния до́чери я сно́ва вы́шла на рабо́ту.
딸아이를 출산하고 한 달이 **지나** 나는 다시 일을 시작했다.

что 대
~후에

во вре́мя

Во вре́мя разгово́ра я всегда́ обраща́ю внима́ние на выраже́ние лиц собесе́дников.
대화를 할 **때** 나는 상대방의 표정에 신경을 쓴다.

во́время 정시에, 제때에

чего 생
~할 때,
~하는 동안

при

При Петре́ Пе́рвом вся ру́сская жизнь кардина́льно измени́лась.
표트르 1세 **시기에** 러시아적 삶의 양식이 송두리째 변화했다.

ком-чём 전
~할 때,
~통치기에,
~한 경우에

3 Время 시간

☐ **после**

После окончания университета я хочу поступить в аспирантуру.
학부 졸업 **후** 나는 대학원에 입학하고 싶다.

кого-чего 생
~후에

☐ **прежде чем**

Прежде чем покупать машину, важно посоветоваться с друзьями.
자동차를 사기 **전에** 친구들에게 조언을 구하는 것이 중요하다.

유 перед тем как ~전에

~하기 전에

☐ **до**

До Нового года осталось три дня.
새해 **전까지** 사흘이 남았어.

чего 생
~전에

☐ **за**

Выучить русский язык за два месяца невозможно.
두 달 **만에** 러시아어를 다 배우는 것은 불가능하다.

что 대
~만에, ~동안

☐ **на**

В сентябре я на год поеду в Россию на стажировку.
저는 9월에 1년 간(**예정으로**) 어학연수를 하러 러시아에 가요.

что 대
~예정으로,
~기한으로

☐ **по**

По понедельникам совсем не хочется работать.
월요일**마다** 출근하기가 너무 싫어요.

чему 여
~마다

V. Общество 사회 203

추가 단어

3 Вре́мя 시간

🌱 빈도부사
- [ ] всегда́ 항상
- [ ] ча́сто 자주
- [ ] обы́чно 보통
- [ ] иногда́ 가끔
- [ ] ре́дко 드물게
- [ ] никогда́ (не) 결코, 전혀

🌱 요일
- [ ] понеде́льник 월요일
- [ ] вто́рник 화요일
- [ ] среда́ 수요일
- [ ] четве́рг 목요일
- [ ] пя́тница 금요일
- [ ] суббо́та 토요일
- [ ] воскресе́нье 일요일

🌱 월
- [ ] янва́рь 🗓1월
- [ ] февра́ль 🗓2월
- [ ] март 3월
- [ ] апре́ль 🗓4월
- [ ] май 5월
- [ ] ию́нь 🗓6월
- [ ] ию́ль 🗓7월
- [ ] а́вгуст 8월
- [ ] сентя́брь 🗓9월
- [ ] октя́брь 🗓10월
- [ ] ноя́брь 🗓11월
- [ ] дека́брь 🗓12월

🌱 숫자(기수, 서수)

	기수	서수
1	оди́н, одна́, одно́, одни́	пе́рвый
2	два, две	второ́й
3	три	тре́тий
4	четы́ре	четвёртый
5	пять	пя́тый
6	шесть	шесто́й
7	семь	седьмо́й
8	во́семь	восьмо́й
9	де́вять	девя́тый
10	де́сять	деся́тый
11	оди́ннадцать	оди́ннадцатый
12	двена́дцать	двена́дцатый
13	трина́дцать	трина́дцатый
14	четы́рнадцать	четы́рнадцатый
15	пятна́дцать	пятна́дцатый
16	шестна́дцать	шестна́дцатый
17	семна́дцать	семна́дцатый
18	восемна́дцать	восемна́дцатый
19	девятна́дцать	девятна́дцатый
20	два́дцать	двадца́тый
30	три́дцать	тридца́тый
40	со́рок	сороково́й
50	пятьдеся́т	пятидеся́тый
60	шестьдеся́т	шестидеся́тый
70	се́мьдесят	семидеся́тый
80	во́семьдесят	восьмидеся́тый
90	девяно́сто	девяно́стый
100	сто	со́тый

연습 문제

1 다음의 시간을 러시아어로 알맞게 쓰시오.

① Я поéду в Москвý (сентя́брь).

② Я встреча́юсь с друзья́ми (пя́тница).

③ Экза́мен начина́ется (10 часо́в).

④ У меня́ бу́дет ва́жная встре́ча (сле́дующая неде́ля).

2 다음 빈칸에 들어갈 단어를 보기 에서 고르시오.

| 보기 | уже́ | ско́ро | сра́зу | ещё | опя́ть |
| | сро́чно | одновре́менно | | | |

① _____ кани́кулы. Дава́й поéдем на мо́ре!

② Мне _____ нужна́ твоя́ по́мощь.

③ Позвони́те, пожа́луйста, по́зже. Я _____ не зако́нчила рабо́ту.

3 밑줄 친 부분을 같은 뜻의 다른 표현으로 바꿔 쓰시오.

① Ка́ждую суббо́ту я хожу́ в бассе́йн.

② В университе́те ка́ждый год прохо́дит ко́нкурс на лу́чшее зна́ние ру́сского языка́.

③ Сего́дня я це́лый день бу́ду сиде́ть до́ма.

4 다음을 러시아어로 쓰시오.

① 8시 45분 ② 몇 달 뒤 ③ 일주일에 세 번 ④ 12월 중순

정답

1. ① в сентябре́ ② в пя́тницу
   ③ в де́сять часо́в
   ④ на сле́дующей неде́ле
2. ① Ско́ро ② сро́чно ③ ещё
3. ① По суббо́там ② ежего́дно
   ③ весь день
4. ① без че́тверти де́вять
   ② че́рез не́сколько ме́сяцев
   ③ три ра́за в неде́лю
   ④ в середи́не декабря́

4 Необходи́мость/Возмо́жность
필요/능력/소유

Track 30

☐ ну́жен	Мне нужна́ не кри́тика, а серде́чное понима́ние. 나에게 **필요한** 것은 비난이 아니라 진심 어린 이해야. 형단 нужна́, ну́жно, нужны́ 여 + ну́жно + инф. ~해야 한다	кому́ 여 + кто-что 주 필요하다
☐ на́до	Ти́ше, не на́до повыша́ть го́лос. 조용히 해. 목소리 높이지 말고(높일 **필요** 없어). 여 + необходи́мо + инф. ~해야 한다	кому́ 여 + инф. ~해야 한다, 필요가 있다
☐ до́лжен	Студе́нты должны́ посеща́ть все заня́тия. 학생들은 모든 수업에 출석**해야 한다**. обя́зан(-а, -о, -ы) ~할 의무가 있다 형단 должна́, должно́, должны́	инф. ~해야 한다
☐ приходи́ться прийти́сь	Метро́ уже́ бы́ло закры́то, пришло́сь е́хать домо́й на такси́. 지하철이 이미 끊겨서 택시를 타고 **가야만 했다**. 완 придётся; пришло́сь	кому́ 여 + инф. ~해야만 한다, ~할 수밖에 없다
☐ обяза́тельно	В суббо́ту обяза́тельно приходи́те к нам в го́сти! 토요일에 **꼭** 우리 집에 놀러 오세요.	반드시, 꼭
☐ мо́жно	Здесь мо́жно фотографи́ровать? 여기서 사진 찍어**도 되나요**?	кому́ 여 + инф. ~해도 된다, 가능하다
☐ нельзя́	При ру́сских нельзя́ пло́хо говори́ть о Росси́и. 러시아인 앞에서 러시아 욕을 해서는 **안 된다**.	кому́ 여 + инф. + 불 ~해서는 안 된다(금지) + 완 ~할 수 없다 (불가능)

| пора́ | Уже́ по́здно, нам пора́ идти́ домо́й. 벌써 늦었어. 우리 집에 가야 **할 시간이야**. | кому 여 + инф. ~할 때이다; 시기, 때 |

| невозмо́жно | Жизнь совреме́нного челове́ка невозмо́жно предста́вить без Интерне́та. 인터넷이 없는 현대인의 삶은 상상**할 수 없다**. 반 возмо́жно 가능하다 возмо́жность 여 가능성, 기회 | инф. 불가능하다, ~할 수 없다 |

| разреша́ть разреши́ть | Роди́тели не разреши́ли сы́ну завести́ соба́ку. 부모님은 아들이 강아지를 기르는 것을 **허락하지** 않았다. запреща́ть/запрети́ть 금지하다 | кому 여 + что 대 / инф. 허락하다, 허가하다 |

| заставля́ть заста́вить | Нача́льник заста́вил меня́ написа́ть заявле́ние об ухо́де. 상사는 나에게 사직서를 쓰도록 **강요했다**. 완 заста́влю, -ста́вит -ста́вят | кого 대 + инф. 강요하다 |

| тре́бовать потре́бовать | Эта рабо́та тре́бует большо́го о́пыта и зна́ний. 이 일은 많은 경험과 지식을 **요한다**. 불 тре́бую, тре́бует, тре́буют | чего 생 / инф. 요구하다, 필요로 하다 |

| мочь смочь | Ду́маю, что я смогу́ помо́чь вам. 제가 도와 드릴 **수 있을** 것 같아요. 불 могу́, мо́жет, мо́гут; мог, -гла́, -гли́ | кому 여 ~할 수 있다 |

V. **Общество** 사회 207

4 Необходи́мость/Возмо́жность 필요/능력/소유

☐ уме́ть 불

Я не уме́ю води́ть маши́ну.
나는 운전을 **할 줄 모른다**.

불 уме́ю, уме́ет, уме́ют

инф.
능력이 있다,
~할 수 있다

☐ удава́ться
   уда́ться

Нам, наконе́ц, удало́сь найти́ реше́ние.
우리는 마침내 해결책을 찾아내는 데 **성공했다**.

불 удаётся

완 уда́стся; удало́сь

кому-чему 여
+ инф.
해내다,
성공하다

☐ име́ть 불

Бори́с Ива́нович жена́т, име́ет сы́на и дочь.
보리스 이바노비치 씨는 기혼이며, 슬하에 1남 1녀를 **두고 있습니다**.

불 име́ю, име́ет, име́ют

кого-что 대
가지다

☐ облада́ть 불

Серге́й Петро́вич облада́ет огро́мными зна́ниями и больши́м о́пытом рабо́ты.
세르게이 페트로비치는 많은 지식과 업무 경험이 **있다**.

чем 조
가지다,
보유하다

☐ принадлежа́ть 불

Антаркти́да не принадлежи́т ни одному́ госуда́рству.
남극은 어떤 국가의 **소유도** 아니다.

불 принадлежу́, -лежи́т, -лежа́т

кому-чему 여
소유이다
к чему 여
속하다

☐ себя́

Пре́жде всего́, челове́к до́лжен сам себя́ уважа́ть.
무엇보다도 사람은 **자신**을 존중해야 한다.

сам(-а́, -о́, и) 자신이, 직접
сам собо́й 저절로 / сам по себе́ 혼자서

자기 자신

연습 문제

1 다음의 표현을 괄호 속의 단어를 사용하여 같은 의미가 되도록 고치시오.

① Вы должны́ сдать все дома́шние зада́ния в пя́тницу. (на́до)

_____.

② В библиоте́ке чита́тели не должны́ гро́мко разгова́ривать. (нельзя́)

_____.

③ У него́ большо́й дом в це́нтре го́рода. (принадлежа́ть)

_____.

④ У Серге́я Никола́евича глубо́кие зна́ния и огро́мный о́пыт рабо́ты. (облада́ть)

_____.

⑤ Моя́ подру́га смогла́ поступи́ть в прести́жный университе́т. (уда́ться)

_____.

2 다음 표의 빈칸을 채우시오.

возмо́жность	①
запреща́ть	②
③ т_____	요구하다
④ р_____	허락하다

정답

1. ① Вам на́до сдать все дома́шние зада́ния в пя́тницу.
   ② В библиоте́ке чита́телям нельзя́ гро́мко разгова́ривать.
   ③ Ему́ принадлежи́т большо́й дом в це́нтре го́рода.
   ④ Серге́й Никола́евич облада́ет глубо́кими зна́ниями и огро́мным о́пытом рабо́ты.
   ⑤ Мое́й подру́ге удало́сь поступи́ть в прести́жный университе́т.
2. ① 가능성 ② 금지하다 ③ тре́бовать/потре́бовать ④ разреша́ть/разреши́ть

5 Шко́ла 학교(초 · 중 · 고)

Track 31

☐ шко́ла	Де́ти хо́дят в шко́лу с понеде́льника по пя́тницу. 아이들은 월요일부터 금요일까지 **학교**에 다닌다.	학교
☐ шко́льник	Мно́гие росси́йские шко́льники изуча́ют два иностра́нных языка́. 러시아 **학생**들은 대부분 두 가지 외국어를 배운다. шко́льница 여 학생(초 · 중 · 고)	🔵 학생 (초 · 중 · 고)
☐ учи́тель	У мои́х дете́й бы́ли хоро́шие учителя́ в нача́льной шко́ле. 우리 아이들은 초등학교 시절 좋은 **선생님**들을 만났다. учи́тельница 여 선생님, 교사	🔵 선생님, 교사 🔵 учителя́
☐ класс	Я учу́сь в девя́том кла́ссе. 저는 9**학년**입니다.	학년; 교실; 계급
☐ уче́бник	Мне ну́жно купи́ть уче́бник по исто́рии Росси́и. 나는 역사 **교과서**를 사야 한다.	교과서
☐ однокла́ссник	Оди́н мой бы́вший однокла́ссник – уже́ президе́нт ба́нка. 예전에 **같은 반이었던 친구** 한 명은 벌써 은행장이에요. однокла́ссница 여 동급생(초 · 중 · 고)	🔵 동급생, 같은 반 친구 (초 · 중 · 고)
☐ дома́шнее зада́ние	Ненави́жу де́лать дома́шние зада́ния! **숙제**하는 것은 정말 싫어. упражне́ние 연습 문제 / дикта́нт 받아쓰기	숙제

210

☐ уро́к	Уро́к дли́тся со́рок пять мину́т, переме́на пятна́дцать мину́т. **수업**은 45분간 계속되고 쉬는 시간은 15분이다.	수업; 교훈
☐ опа́здывать опозда́ть	Пожа́луйста, не опа́здывайте на заня́тия. 제발 수업에 **늦지** 마세요.	на что 대 늦다, 지각하다
☐ переры́в	Переры́в ме́жду заня́тиями - пятна́дцать мину́т. 수업 사이에 **쉬는 시간**은 15분입니다.	쉬는 시간
☐ кани́кулы	Я хочу́ пое́хать на кани́кулы в Ло́ндон. **방학**을 런던에서 보내고 싶어.	복 방학
☐ вопро́с	Не́которые де́ти стесня́ются задава́ть вопро́сы на уро́ке. 어떤 아이들은 수업 시간에 **질문하는 것**을 부끄러워 한다. задава́ть/зада́ть вопро́с 질문하다	질문, 의문, 문제
☐ уда́ча	Уда́чи на экза́мене! 시험 잘 봐(**행운**을 빌어)! Ни пу́ха, ни пера́! 시험 잘 봐! (대답은 К чёрту!)	행운, 성공
☐ у́ровень	У́ровень зна́ния родно́го языка́ говори́т о культу́ре ли́чности. 자국어에 대한 지식 **수준**이 개인의 교양 수준을 나타낸다.	남 수준 단생 у́ровня

☐ ба́зовый	У меня́ уже́ есть сертифика́т о зна́нии кита́йского языка́ на ба́зовом у́ровне. 나는 중국어 **기본** 단계 자격증이 이미 있다.	기초의, 기본의
☐ оши́бка	Оши́бки допуска́ют все. **실수**는 누구나 하기 마련이다. ошиба́ться/ошиби́ться 실수하다	실수 복생 оши́бок
☐ пра́вильный	Вы́берите пра́вильный отве́т. **올바른** 답을 고르세요.	올바른
☐ пра́вило	Ещё раз напо́мните де́тям пра́вила поведе́ния в шко́ле. 아이들에게 한 번 더 교**칙**에 관해 일러 주세요.	규칙, 법규
☐ запомина́ть запо́мнить	Запо́мните но́вые слова́ и словосочета́ния. 새로 나온 단어와 구를 외우세요(**기억하세요**).	кого́-что 대 기억하다, 명심하다
☐ забыва́ть забы́ть	Сего́дня я забы́ла до́ма свой моби́льник. 오늘 **깜빡하고** 휴대전화를 집에 **두고** 나왔어요. 완 забу́ду, -бу́дет, -бу́дут	кого́-что 대 / инф. 잊다, 잊어버리고 놓고 오다
☐ писа́ть написа́ть	Дома́шнее зада́ние – написа́ть сочине́ние на те́му "Весна́". 숙제는 '봄'을 주제로 글을 **써** 오는 것입니다. 불 пишу́, пи́шет, пи́шут	쓰다, 적다

5 Шко́ла 학교(초·중·고)

☐ **учени́к**

Са́мый спосо́бный учени́к в кла́ссе – Ко́ля Петро́в.
반에서 가장 재능 있는 **학생**은 콜랴 페트로프이다.
учени́ца 여 학생, 제자

남 학생, 제자

☐ **сло́во**

Суди́ть о челове́ке ну́жно по его́ дела́м, а не по слова́м.
사람은 **말**이 아니라 행동으로 판단해야 한다.

단어; 말
복 слова́

☐ **бу́ква**

Пе́рвое сло́во в предложе́нии должно́ начина́ться с большо́й бу́квы.
문장의 첫 단어는 대**문자**로 써야 합니다.
ци́фра 숫자

글자

☐ **вслух**

Что́бы быстре́е вы́учить стихи́, на́до чита́ть их вслух.
시를 빨리 외우고 싶으면 **소리 내서** 읽어야 한다.

소리 내서, 들리도록

☐ **оце́нка**

Я счита́ю, что высо́кие оце́нки и успе́хи в учёбе – э́то не гла́вное в жи́зни.
내 생각에 높은 학업 **성적**과 성취가 인생에서 가장 중요한 것은 아니다.

평가, 성적

☐ **предме́т**

Како́й шко́льный предме́т тебе́ бо́льше всего́ нра́вится?
제일 좋아하는 **과목**이 뭐야?

사물; 과목

☐ **шко́льная фо́рма**

Когда́ я учи́лась в мла́дших кла́ссах, то носи́ла шко́льную фо́рму.
저학년 때 나는 **교복**을 입었었다.

교복

V. Обще́ство 사회

5 Шко́ла 학교(초·중·고)

☐ образе́ц	Вы́полните упражне́ние по образцу́. 예시에 따라 연습 문제를 푸세요.	예시, 샘플 단생 образца́
☐ объясня́ть объясни́ть	Объясни́те, пожа́луйста, ещё раз э́то пра́вило. 이 규칙을 한 번만 더 설명해 주세요. объясне́ние 설명	кому́ 여 + что 대 설명하다
☐ гра́мотно	Гра́мотно писа́ть на родно́м языке́ – це́нное ка́чество. 모국어로 문법에 정확하게 글을 쓰는 능력은 중요한 자질이다. безгра́мотный 문맹의, 지식이 없는	바르게, 문법에 맞게, 교양 있게
☐ стара́ться постара́ться	Любу́ю рабо́ту я стара́юсь выполня́ть максима́льно хорошо́. 나는 무슨 일이든 최대한 잘하려고 노력한다.	инф. 노력하다
☐ спосо́бность	У меня́ нет спосо́бностей к языка́м. 나는 언어에 재능이 없다. спосо́бный 능력이 있는, 재능이 있는	к чему́ 여 여 능력, 재능

추가 단어

- ☐ канцеля́рские това́ры (= канцтова́ры) 학용품
- ☐ ру́чка 펜
- ☐ ла́стик/рези́нка 지우개
- ☐ каранда́ш 연필
- ☐ цветно́й каранда́ш 색연필
- ☐ тетра́дь 여 공책
- ☐ блокно́т 수첩, 메모장
- ☐ слова́рь 남 사전
- ☐ бума́га 종이
- ☐ лине́йка 자
- ☐ но́жницы 복 가위
- ☐ доска́ 칠판
- ☐ мел 분필

6 Вуз 학교(대학)

университе́т
Мой сын поступи́л в оди́н из америка́нских университе́тов.
내 아들은 미국 **대학** 중 한 곳에 입학했다.
аспиранту́ра 대학원
대학교

курс
Когда́ я был на пе́рвом ку́рсе, то чу́вствовал себя́ кра́йне неуве́ренно.
대학교 1**학년** 시절 나는 자신감이 전혀 없었다.
(대학)학년; 과정

факульте́т
Я учу́сь на истори́ческом факульте́те.
저는 사학**과** 학생입니다.
ка́федра 학과
학부, 과

ле́кция
Ле́кции по исто́рии литерату́ры чита́ет профе́ссор Пак.
문학사 **강의**는 박 교수님이 하신다.
강의, 대학 수업

заня́тие
Я стара́юсь не пропуска́ть заня́тия в университе́те.
나는 학교 **수업**을 빼먹지 않으려고 노력한다.
수업

па́ра
Пе́рвая па́ра начина́ется в во́семь утра́, я ча́сто на неё опа́здываю.
첫 **수업**은 아침 8시에 시작하는데, 나는 이 수업에 자주 늦는다.
한 쌍, 두 개; 90분 수업

семе́стр
Уче́бный год состои́т из двух семе́стров.
각 학년은 두 **학기**로 이루어져 있다.
학기

V. Общество 사회

☐ поступа́ть поступи́ть	Большинство́ выпускнико́в на́шей шко́лы успе́шно поступа́ет в ву́зы. 우리 학교 졸업생들은 대다수가 대학에 잘 **입학한다**. поступле́ние 입학, 입사 완 поступлю́, -сту́пит, -сту́пят	куда́ 입학하다, 입사하다; 행동하다
☐ ока́нчивать око́нчить	Я око́нчил университе́т год наза́д. 나는 1년 전에 대학을 **졸업했다**. оконча́ние 종료, 졸업 выпускни́к(-ни́ца) 졸업생	что 대 마치다, 졸업하다
☐ специа́льность	Моя́ специа́льность – политоло́гия. 제 **전공**은 정치학입니다.	여 전공
☐ расписа́ние	Где мо́жно узна́ть расписа́ние заня́тий? 어디서 수업 **시간표**를 확인할 수 있나요?	시간표
☐ учи́ть вы́учить	Я вы́учила э́ти диало́ги наизу́сть где́-то за полчаса́. 나는 이 대화문을 거의 30분 만에 다 **외웠다**. 불 учу́, у́чит, у́чат 완 вы́учу, вы́учит, вы́учат	что 대 공부하다, 외우다
☐ учи́ться научи́ться	Я научи́лась гото́вить у ма́мы. 나는 엄마에게서 요리를 **배웠다**.	чему́ 여 / инф. 배우다, 익히다
☐ учи́ться 불	Вы ещё у́читесь и́ли уже́ рабо́таете? 아직 학생(**재학 중**)이세요, 이미 직장인이세요?	где 재학 중이다, 공부하다

6 Вуз 학교(대학)

изучать / изучить
Я изучаю русский язык уже три года.
저는 벌써 3년째 러시아어를 **공부하고 있어요**.
что 대
공부하다, 연구하다

читать / прочитать
Кто много читает, тот много знает.
책을 많이 **읽는** 사람은 지식이 풍부하다.
чтение 독서, 낭독
что 대
읽다, 낭독하다

библиотека
Сегодня студенты редко берут книги в библиотеке.
요즘 학생들은 **도서관**에서 책을 잘 빌리지 않는다.
читальный зал 열람실
도서관

знание
В нашем университете все студенты получают глубокие знания.
우리 대학에서 모든 학생은 심도 있는 **지식**을 습득한다.
지식

произношение
У Татьяны прекрасное немецкое произношение.
타티야나는 독일어 **발음**이 참 좋다.
발음

аудитория
Занятия окончились, в аудиториях никого нет.
수업이 모두 끝났고, **강의실**에는 아무도 없다.
лаборатория 실험실
강의실

профессор
Он стал профессором уже в тридцать лет.
그는 이미 서른 살에 **교수**가 되었다.
преподаватель(-ница) 강사, 선생님
교수
복
профессора

V. Общество 사회 217

☐ студе́нт	Сего́дня мно́гие студе́нты не то́лько у́чатся, но ещё и подраба́тывают. 요즘은 **대학생** 대다수가 공부만 하는 것이 아니라 아르바이트도 병행한다. студе́нтка 여 대학생	남 대학생
☐ ре́ктор	На́шего ре́ктора все уважа́ют и лю́бят. **총장**님은 모두에게 존경과 사랑을 받는 분이다.	총장
☐ образова́ние	Я хоте́ла бы получи́ть вы́сшее образова́ние в Росси́и. 나는 대학 **교육**은 러시아에서 받고 싶다.	교육
☐ учёба	Учёба в ву́зе не всем по карма́ну. 대학의 **공부** 비용을 모두가 감당할 수 있는 것은 아니다.	학업, 공부
☐ переводи́ть перевести́	На заня́тиях мы перево́дим те́ксты с ру́сского языка́ на коре́йский. 수업 시간에 우리는 텍스트를 러시아어에서 한국어로 **번역한다**. перево́д 번역, 통역 불 перевожу́, -во́дит, -во́дят 완 переведу́, -дёт, -ду́т; перевёл, -ла́, -ли́	кого́-что 대 옮기다, 번역하다, 통역하다
☐ экза́мен	В э́ту се́ссию у меня́ пять экза́менов. 이번 시험 기간에 나는 **시험**을 5개 봐. зачёт 중간 시험(통과/미통과로 평가) се́ссия 시험 기간	시험

6 Вуз 학교(대학)

| □ **у́стный** | Для меня́ у́стные экза́мены сложне́е пи́сьменных.
나한테는 **구술** 시험이 필기 시험보다 어려워.
пи́сьменный 필기의 | 구두의, 구술의 |

| □ **гото́виться**
подгото́виться | Мне ужа́сно не хо́чется гото́виться к экза́менам.
시험 **준비**하기 정말 싫다.
подгото́вка 준비
불 гото́влюсь, -вится, -вятся | к чему 여
준비하다,
대비하다 |

| □ **сдава́ть**
сдать | Все иностра́нные студе́нты обя́заны сдава́ть экза́мен по ру́сскому языку́.
외국 학생들은 모두 필수적으로 러시아어 시험을 **치러야 한다**.
불 сдаю́, сдаёт, сдаю́т
완 сдам, сдаст, сдаду́т; сдал, -ла, -ли | что 대
불 시험을 치다
완 시험에 합격하다 |

| □ **употребля́ть**
употреби́ть | Ну́жно знать те́рмины и то́чно их употребля́ть.
용어를 알고, 이를 정확히 **사용해야** 한다.
완 употреблю́, -треби́т, -требя́т | что 대
쓰다, 사용하다;
섭취하다 |

| □ **стипе́ндия** | Все успева́ющие студе́нты получа́ют стипе́ндию.
학업 성적이 우수한 학생들은 모두 **장학금**을 받는다. | 장학금 |

| □ **дипло́м** | Я четы́ре го́да шла к э́тому и, наконе́ц, сего́дня получи́ла дипло́м.
나는 4년간 노력하여 오늘 마침내 **학위**를 따냈다. | 졸업장, 학위;
논문 |

추가단어

6 Вуз 학교(대학)

🌱 전공 관련

	분야	전공자	형용사
생물학	биоло́гия	био́лог	биологи́ческий
지리학	геогра́фия	гео́граф	географи́ческий
지질학	геоло́гия	гео́лог	геологи́ческий
역사학	исто́рия	исто́рик	истори́ческий
수학	матема́тика	матема́тик	математи́ческий
의학	медици́на	ме́дик	медици́нский
교육학	педаго́гика	педаго́г	педагоги́ческий
정치학	политоло́гия	полито́лог	политологи́ческий
심리학	психоло́гия	психо́лог	психологи́ческий
물리학	фи́зика	фи́зик	физи́ческий
어문학	филоло́гия	фило́лог	филологи́ческий
철학	филосо́фия	филосо́ф	филосо́фский
화학	хи́мия	хи́мик	хими́ческий
경제학	эконо́мика	экономи́ст	экономи́ческий

연습 문제

1 다음 단어의 뜻을 쓰시오.

одноклáссник	①
домáшнее задáние	②
канúкулы	③
удáча	④
ýровень	⑤
прáвило	⑥
цúфра	⑦
оцéнка	⑧
образéц	⑨
объяснéние	⑩

2 다음 중 '실수하다'의 뜻이 <u>아닌</u> 것은?

① дéлать ошúбки ② совершáть ошúбки

③ допускáть ошúбки ④ ошибáться

⑤ исправля́ть ошúбки

3 시험을 보는 친구에게 해줄 수 있는 말을 쓰시오. (2가지)

① _____ на экзáмене!

② _____ _____ , _____ _____ ! (대답은 К чёрту!)

정답

1. ① 동급생 ② 숙제 ③ 방학
   ④ 행운, 성공 ⑤ 수준 ⑥ 규칙
   ⑦ 숫자 ⑧ 평가, 성적 ⑨ 예시, 샘플
   ⑩ 설명

2. ⑤ исправля́ть ошúбки 실수를 고치다, 틀린 부분을 수정하다

3. ① Удáчи ② Ни пýха, ни перá

V. **Общество** 사회

7 Рабо́та/Профе́ссия 직장/직업

☐ профе́ссия
Вы́бор профе́ссии явля́ется одни́м из важне́йших шаго́в в жи́зни челове́ка.
직업을 정하는 것은 인생에서 가장 중요한 선택 중 하나입니다.

직업

☐ рабо́та
Доро́га на рабо́ту занима́ет бо́льше ча́са.
회사 출근 시간이 1시간 넘게 걸린다.
рабо́тать 일하다

일, 직장

☐ компа́ния
Я бы хоте́л устро́иться на рабо́ту в каку́ю-нибу́дь IT-компа́нию.
나는 IT **회사**면 어디든 취직하고 싶다.
유 фи́рма, предприя́тие 회사, 기업

회사

☐ труд
Без труда́ не вы́ловишь и ры́бку из пруда́.
노력 없이는 못에서 고기를 잡을 수 없다.
с трудо́м 힘겹게 / без труда́ 쉽게

노동, 일, 노력
단생 труда́

☐ де́ло
Извини́те, но э́то не ва́ше де́ло.
죄송하지만, 당신이 관여할 **일**이 아닙니다.

일, 용건
복 дела́

☐ делово́й
Гали́на – мать двои́х дете́й и успе́шная делова́я же́нщина.
갈리나는 두 아이의 엄마이자 성공한 **커리어**우먼이다.

일의, 비즈니스의

☐ рабо́чий
К сожале́нию, в на́шем го́роде ма́ло привлека́тельных рабо́чих мест.
아쉽게도 우리 도시에는 매력적인 **일자리**가 적다.
рабо́чее ме́сто 일자리
рабо́чий день 근무일, 근무시간; 평일

일의, 업무의; 노동자

служи́ть 불

Мой оте́ц вое́нный, полко́вник, слу́жит в а́рмии.
저희 아버지는 대령으로 군에 **재직** 중입니다.
слу́жба 근무, 복무
불 служу́, слу́жит, слу́жат

근무하다, 복무하다; 이바지하다

нача́льник

У меня́ на рабо́те конфли́кт с нача́льником.
나는 직장에서 **상사**와 갈등이 있다.
руководи́тель, глава́ 우두머리, 장(長), 관리자

상사, 관리자

представля́ть представить

Мы предста́вили наш но́вый прое́кт на междунаро́дной вы́ставке.
우리는 새로운 프로젝트를 국제박람회에서 **소개했다**.
представи́тель 남 대표자, 관계자
완 предста́влю, -ста́вит, -ста́вят

кого́-что 대
소개하다, 제시하다, 대표하다, 생각하다

о́пыт

У меня́ бога́тый о́пыт в организа́ции перспекти́вных старта́пов.
저는 유망한 스타트업을 차려 본 **경험**이 많습니다.
о́пытный 경험이 풍부한

경험; 복 실험

мечта́ть 불

Мечта́ю провести́ о́тпуск на Гава́йских острова́х.
나는 휴가를 하와이에서 보내길 **꿈꾼다**.
мечта́ 꿈

о чём 전 / инф.
바라다, 염원하다

успе́х

С днём рожде́ния! Сча́стья, здоро́вья, успе́хов в рабо́те!
생일 축하해! 행운과 건강, 직장에서의 **성공**을 빌어!
успе́шный 성공한, 성공적인

성공

☐ освобожда́ться освободи́ться	Дава́й ты сама́ позвони́шь, когда́ освободи́шься, хорошо́? 하던 것 끝나면 나한테 전화해. 알겠지? освобожде́ние 해방, 면제, 석방 완 освобожу́сь, -боди́тся, -бодя́тся	от чего 생 해방되다, 벗어나다, 면제되다
☐ начина́ть нача́ть	Мы начина́ем рабо́тать в во́семь утра́. 우리는 오전 8시에 업무를 **시작한다**. 완 начну́, -нёт, -ну́т; на́чал, -ла́, -ли	что 대 / инф. 시작하다
☐ зака́нчивать зако́нчить	По пя́тницам все сотру́дники зака́нчивают рабо́ту на час ра́ньше. 매주 금요일에는 전 직원이 1시간 일찍 일을 **마친다**. 유 заверша́ть/заверши́ть 완성하다	что 대 / инф. 마치다, 끝내다
☐ продолжа́ть продо́лжить	Я бы хоте́ла продо́лжить учёбу где-нибу́дь за грани́цей. 나는 해외에서 학업을 **계속 이어나가고** 싶다.	что 대 / инф. 계속하다, 지속하다
☐ выходно́й	По выходны́м мне соверше́нно не хо́чется выходи́ть из до́ма. 나는 **휴일**이면 아예 집 밖으로 나가기가 싫다. бу́дний 평일	휴일
☐ о́тпуск	У меня́ о́тпуск в сентябре́. Хочу́ пое́хать в Ита́лию. 나는 **휴가**가 9월에 있다. 이탈리아 여행을 가고 싶다.	휴가 복 отпуска́
☐ карье́ра	Успе́шная карье́ра – э́то важне́йший спо́соб самореализа́ции. 성공적 **커리어**는 가장 중요한 자아 실현 방법이다.	커리어, 사회적 성공

7 Рабо́та/Профе́ссия 직장/직업

☐ заявле́ние	Я написа́ла на рабо́те заявле́ние на о́тпуск по ухо́ду за ребёнком. 나는 회사에 육아 휴직 **신청서**를 제출했다.	신청서, 청구서
☐ выполня́ть вы́полнить	Я че́стно и доброcо́вестно выполня́ю свои́ обя́занности. 나는 정직하고 성실하게 나에게 주어진 일을 **한다**.	이행하다, 완수하다, 이루다
☐ коллекти́в	Я еди́нственный мужчи́на в же́нском коллекти́ве. 저는 여자들만 있는 **집단**의 청일점이에요.	그룹, 단체, 집단
☐ командиро́вка	За́втра я уезжа́ю в командиро́вку в Петербу́рг на де́сять дней. 내일 페테르부르크로 열흘 간의 **출장**을 떠날 예정이다.	출장
☐ меня́ть поменя́ть	На́ша фи́рма меня́ет назва́ние и логоти́п. 우리 회사는 회사명과 로고를 **바꾼다**.	что 대 바꾸다, 변경하다
☐ бесе́да	Для меня́ лу́чший о́тдых – дру́жеская бесе́да за ча́шкой ча́я. 나에게 최고의 휴식은 차 한 잔을 마시며 친근한 **대화**를 나누는 것이다. собесе́дник 대화 상대, 상대방	대화, 토의, 회의
☐ собесе́дование	Мне ка́жется, что собесе́дование прошло́ неуда́чно. **면접**을 잘 본 것 같지가 않아요.	대화, 면접

V. **Общество** 사회 225

☐ спо́рить поспо́рить	Дава́й закро́ем э́ту те́му, я не хочу́ с тобо́й спо́рить. 이 주제는 그만 이야기하자. 너와 **논쟁하고** 싶지 않아. спор 논쟁	с кем 조 논쟁하다, 말다툼하다
☐ пробле́ма	Жи́зни без пробле́м и конфли́ктов не быва́ет. **문제**와 갈등이 부재한 삶은 없다. конфли́кт 갈등, 충돌, 마찰	문제
☐ би́знес	Одна́ моя́ подру́га неда́вно откры́ла со́бственный би́знес. 제 친구 하나가 최근 **사업**을 시작했어요.	비즈니스, 사업, 업무
☐ гото́в	Ну что́, все гото́вы? Тогда́ начина́ем рабо́ту. 자, 모두 **준비됐나요**? 그럼 일을 시작합시다. 형단 гото́ва, гото́во, гото́вы	к чему́ 여 / инф. 준비되다, ~하고자 하다
☐ добива́ться доби́ться	Мой муж действи́тельно доби́лся большо́го успе́ха. 우리 남편은 실로 엄청난 성공을 **거둔** 사람이다. 완 добью́сь, добьётся, добью́тся	чего́ 생 달성하다, 얻다
☐ достига́ть дости́чь	Дости́гнем це́ли и́ли нет, зави́сит то́лько от нас. 목적을 **달성하느냐** 마느냐는 우리에게 달렸습니다. достиже́ние 달성, 성과 완 дости́гну, -нет, - нут; дости́г, -ла, -ли	кого́-чего́ 생 달성하다, 이루다
☐ докуме́нт	У меня́ на рабо́чем столе́ всегда́ беспоря́док, ку́ча докуме́нтов. 내 업무용 책상은 **서류** 더미로 엉망진창이다.	서류, 문서, 문건

7 Рабо́та/Профе́ссия 직장/직업

☐ докла́д	Мне на́до подгото́вить докла́д к заседа́нию Сове́та директоро́в. 나는 이사회 회의 **보고서**를 준비해야 한다. отчёт 보고서, 결산 보고	보고서, 강연
☐ запи́ска	Я оста́вил запи́ску со свои́м телефо́ном. 나는 전화번호와 함께 **메모**를 남겼다.	쪽지, 메모 복생 запи́сок
☐ заменя́ть заменить	Алекса́ндр Бори́сович – о́пытнейший сотру́дник, кото́рого невозмо́жно нике́м замени́ть. 알렉산드르 보리소비치는 매우 경륜 있는 직원으로, 그를 **대체할** 만한 사람이 없습니다.	кого́-что 대 + кем-чем 조 대신하다, 교체하다
☐ за́нят	Извини́те, но сего́дня я стра́шно за́нят. 죄송하지만 제가 오늘 눈코 뜰 새 없이 **바빠서요**. 형단 занята́, за́нято, за́няты	바쁘다
☐ зарпла́та	Сейча́с я вполне́ дово́лен свое́й зарпла́той. 나는 지금 내 **급여**에 충분히 만족한다.	급여, 임금
☐ обя́занность	Ваш долг – доброcо́вестно исполня́ть свои́ обя́занности. 당신의 본분은 주어진 **임무**를 성실히 수행하는 것입니다.	여 임무, 의무
☐ усло́вие	Усло́вия труда́ на на́шем заво́де стано́вятся лу́чше. 우리 공장의 근로 **여건**이 나아지고 있다.	조건, 여건

V. Общество 사회 227

7 Рабо́та/Профе́ссия 직장/직업

☐ подпи́сывать подписа́ть

Когда́ мы смо́жем подписа́ть контра́кт?
언제 계약서에 **서명할** 수 있을까요?

по́дпись 여 서명

완 подпишу́, -пи́шет, -пи́шут

что 대
서명하다,
체결하다

☐ реша́ть реши́ть

Эту пробле́му нельзя́ реши́ть в одино́чку.
이 문제는 혼자서 **해결할** 수가 없다.

реше́ние 결정; 해결

что 대 / инф.
결정하다;
해결하다

☐ уста́лый

В после́днее вре́мя у тебя́ тако́й уста́лый вид.
요새 너 되게 **피곤해** 보여.

피곤한, 지친

추 가 단 어

🌱 **직업 Профе́ссии**

- ☐ адвока́т 변호사
- ☐ актёр, актри́са 배우
- ☐ архите́ктор 건축가
- ☐ банки́р 은행원
- ☐ бизнесме́н 사업가
- ☐ бухга́лтер 경리, 회계사
- ☐ ветерина́р 수의사
- ☐ воспита́тель, воспита́тельница 유치원 선생님
- ☐ врач 의사
- ☐ диплома́т 외교관
- ☐ музыка́нт 음악가
- ☐ журнали́ст 기자
- ☐ инжене́р 엔지니어
- ☐ касси́р 계산원
- ☐ медсестра́ 간호사
- ☐ модельє́р 디자이너
- ☐ перево́дчик 통번역사
- ☐ писа́тель, писа́тельница 작가
- ☐ по́вар 요리사
- ☐ пожа́рный 소방관
- ☐ полице́йский 경찰
- ☐ почтальо́н 집배원, 배달원
- ☐ программи́ст 프로그래머
- ☐ продаве́ц 판매원
- ☐ секрета́рь 남비서
- ☐ судья́ 남판사
- ☐ учи́тель, учи́тельница 선생님
- ☐ фе́рмер 농부
- ☐ фото́граф 사진사
- ☐ хиру́рг 외과 의사
- ☐ худо́жник 화가

연습 문제

1 다음 짝지어진 단어의 연관성이 나머지와 다른 하나는?

① выходно́й день – бу́дний день　　② рабо́та – о́тпуск

③ зако́нчить – нача́ть　　④ реши́ть – зарпла́та

2 다음 빈칸을 채워 넣으시오.

① Не хочу́ с тобо́й _____ . 너와 **논쟁하고** 싶지 않아.

② Я не рабо́таю по _____ . 저는 **주말**마다 쉽니다.

③ Мы _____ большо́го успе́ха. 우리는 큰 성공을 **거뒀습니다**.

3 다음 러시아어 단어의 뜻을 쓰시오.

архите́ктор	①
бизнесме́н	②
касси́р	③
медсестра́	④
модельер́	⑤
писа́тель	⑥
по́вар	⑦
продаве́ц	⑧
секрета́рь	⑨
фе́рмер	⑩

정답

1. ④ (реши́ть 해결하다 – зарпла́та 급여)
2. ① спо́рить　② выходны́м　③ доби́лись
3. ① 건축가　② 사업가　③ 계산원　④ 간호사　⑤ 디자이너　⑥ 작가　⑦ 요리사　⑧ 판매원
　⑨ 비서　⑩ 농부

8 Связь 통신

Track 34

☐ **по́чта**

Я сего́дня ходи́ла на по́чту отпра́вить посы́лку.
나는 오늘 소포를 부치러 **우체국**에 갔다.

우체국

☐ **письмо́**

Сейча́с на заня́тих по ру́сскому языку́ мы у́чимся писа́ть делов́ые пи́сьма.
지금 러시아어 시간에 우리는 비즈니스 **서한** 작성법을 배운다.

конве́рт 봉투 / ма́рка 우표

편지, 서한, 메일
복 пи́сьма
복생 пи́сем

☐ **электро́нный**

Пришли́те, пожа́луйста, ко́пии всех докуме́нтов на мою́ электро́нную по́чту.
모든 서류 사본을 제 **이**메일로 보내 주세요.

электро́нная по́чта 이메일
электро́нный а́дрес 메일 주소

전자의

☐ **отвеча́ть отве́тить**

Извини́те, я не смогла́ во́время отве́тить на ва́ше письмо́.
제때 **답장을 하지** 못해 죄송합니다.

отве́т 답, 답장
완 отве́чу, отве́тит, отве́тят

на что 대
답하다

☐ **получа́ть получи́ть**

Ваш отве́т получи́л, большо́е спаси́бо.
보내 주신 답장은 잘 **받았습니다**. 감사합니다.

완 получу́, полу́чит, полу́чат

что 대
받다, 수신, 수령하다

☐ **отправля́ть отпра́вить**

Все докуме́нты я отпра́вил Вам по электро́нной по́чте.
서류는 모두 이메일로 **보내 드렸습니다**.

완 отпра́влю, отпра́вит, отпра́вят
유 посыла́ть / посла́ть 보내다, 발송하다

кого́-что́ 대
보내다, 발송하다

230

☐ проверя́ть проверить	Два́жды прове́рьте а́дрес электро́нной по́чты. 이메일 주소를 두 번씩 **확인하세요**.	кого́-что 대 확인하다, 검토하다
☐ сообща́ть сообщи́ть	Сего́дня мне позвони́ли и сообщи́ли, что меня́ при́няли на рабо́ту в университе́т. 내가 대학교에 취직이 됐다는 소식을 오늘 전화로 **통보**받았다. сообще́ние 메시지, 소식	кому́ 여 + о чём 전 알리다, 전하다, 통보하다
☐ факс	Отпра́вьте, пожа́луйста, по фа́ксу в Ло́ндон прое́кт но́вого догово́ра. 새로운 계약서 초안을 **팩스**로 런던에 발송해 주세요.	팩스
☐ посы́лка	Курье́р оста́вил посы́лку пря́мо под две́рью. 배달원이 문 앞에 **소포**를 놓아 두었다.	소포 복생 посы́лок
☐ по́льзоваться воспо́льзоваться	Я рабо́таю в о́фисе, и мне ча́сто прихо́дится по́льзоваться ксе́роксом. 나는 사무실에서 일하는데, 복사기를 자주 **사용할** 일이 생긴다. 불 по́льзуюсь, -зуется, -зуются	чем 조 이용하다, 사용하다
☐ компью́тер	Я сижу́ за компью́тером в прямо́м смы́сле с утра́ до но́чи. 나는 말 그대로 아침부터 밤까지 **컴퓨터** 앞에 앉아 있다. монито́р 모니터 / клавиату́ра 키보드	컴퓨터

V. **Общество** 사회

□ **печа́тать** **напеча́тать**	У меня́ не печа́тает при́нтер, что де́лать? 제 프린터가 **출력**이 안 되는데 어떡하죠?	что 대 출력하다, 인쇄하다, 타이핑하다
□ **кно́пка**	Нажми́те ле́вую кно́пку мы́ши. 마우스 왼쪽 **버튼**을 클릭하세요.	버튼, 스위치
□ **нажима́ть** **нажа́ть**	Для продолже́ния нажми́те кла́вишу "Enter". 계속하기 위해서는 '엔터'를 **누르세요**. 완 нажму́, нажмёт, нажму́т	(на) что 대 누르다
□ **Интерне́т**	Интерне́т о́чень помога́ет мне в мое́й рабо́те. **인터넷**은 업무에 많은 도움이 된다. че́рез интерне́т, по интерне́ту 인터넷을 통해 / сеть 인터넷, 네트워크; 그물, 망	인터넷
□ **паро́ль**	Пожа́луйста, введи́те ло́гин и паро́ль. 아이디와 **패스워드**를 입력하세요. ло́гин 아이디	유 패스워드, 비밀번호
□ **сайт**	Почему́-то не могу́ зайти́ на сайт. 무슨 일인지 **사이트**에 들어갈 수가 없어. страни́ца 웹페이지 / поискови́к 검색엔진	인터넷 사이트
□ **экра́н**	Неожи́данно экра́н компью́тера пога́с. 컴퓨터 **화면**이 갑자기 꺼졌다.	화면

8 Связь 통신

☐ **связь**	Телефо́нная связь вдруг оборвала́сь. 갑자기 전화 **연결**이 끊어졌다.	예 통신; 관계; 연결
☐ **социа́льная сеть(со́цсе́ть)**	Я не понима́ю, почему́ лю́ди тра́тят так мно́го вре́мени на со́цсе́ти. 나는 사람들이 왜 SNS에 그렇게 시간을 쏟아붓는지 이해가 안 돼.	SNS(사회 관계망서비스)
☐ **звони́ть позвони́ть**	Извини́, мне ну́жно идти́. Я тебе́ позвоню́. Пока́! 미안, 나 가봐야 해. **전화할게**, 안녕! алло́ 여보세요	кому 예 전화하다
☐ **тру́бка**	Я вчера́ весь ве́чер звони́л вам, но никто́ не брал тру́бку. 어제저녁 내내 전화를 했는데 아무도 **전화**를 안 받았어요.	수화기, 전화기; 관 복생 тру́бок
☐ **ска́чивать скача́ть**	Здесь мо́жно беспла́тно скача́ть му́зыку и фи́льмы. 여기서는 무료로 음악과 영화를 **다운받을** 수 있다.	что 대 내려받다, 다운로드하다
☐ **подключа́ться подключи́ться**	Планше́т принима́ет сеть Wi-Fi, но почему́-то не подключа́ется. 태블릿에 와이파이가 있다고 나오는데, 무슨 이유인지 **연결**은 안 됩니다. 반 отключа́ться/отключи́ться 연결이 끊기다	к чему 예 연결되다
☐ **ски́дывать ски́нуть**	Ски́ньте мне ваш но́мер. 저한테 전화번호 **보내 주세요**.	что 대 + куда 던지다; 옮기다, 전송하다

V. Общество 사회 233

8 Связь 통신

□ флéшка	Скопи́руйте всё с флéшки и скинь́те мне на электрóнную пóчту. USB에서 전부 복사해서 저한테 이메일로 보내주세요.	USB

□ ви́рус	Моя́ антиви́русная прогрáмма нашлá три ви́руса. 백신이 **바이러스** 3개를 발견했다.	바이러스

□ трýдно	В крýпных городáх сейчáс трýдно найти́ кварти́ру, в котóрой не бы́ло бы сети́ Wi-Fi. 현재 대도시에서는 와이파이가 안 되는 집을 찾기가 **어렵다**.	어렵게, 힘들게

□ легкó	Нýжную информáцию мóжно легкó найти́ в Интернéте. 인터넷상에서는 필요한 정보를 **쉽게** 찾을 수 있다. лёгкий 쉬운; 가벼운	쉽게; 가볍게

□ прóсто	Переводи́ть дéньги чéрез интернéт óчень прóсто. 인터넷을 통해 돈을 송금하는 것은 매우 **간단하다**. простóй 단순한, 간단한	간단하게; 단지

□ удóбно	Дéлать покýпки в интернéт-магази́нах óчень удóбно и вы́годно. 인터넷 쇼핑몰에서 물건을 사는 것이 **편리하면서도** 이득이다.	편하게, 편리하게

연습 문제

1 다음 문장을 해석하시오.

① Нажми́те кла́вишу Enter.

② Я сижу́ за компью́тером ка́ждый день.

③ В приложе́нии посыла́ю Вам своё резюме́.

2 다음을 러시아어로 번역하시오.

① 정보를 찾기 어렵다.

② 그는 전화를 받지 않는다.

③ 소포를 받다.

④ 편지에 답장하다.

3 다음 문장에 들어갈 전치사가 다른 하나는?

① зайти́ _____ сайт 사이트에 접속하다

② тра́тить вре́мя _____ со́цсе́ти SNS에 시간을 소비하다

③ звони́ть _____ моби́льный телефо́н 휴대폰에 전화하다

④ докуме́нт пришёл _____ фа́ксу 팩스로 서류가 도착했다

정답

1. ① 엔터를 누르세요.
   ② 나는 매일 컴퓨터 앞에 앉아 있다.
   ③ 이력서를 첨부하여 보내 드립니다.
   ② Он не берёт тру́бку.
   ③ получи́ть посы́лку.
   ④ отве́тить на письмо́.
2. ① тру́дно найти́ информа́цию.
3. ④ (④по, ① · ② · ③ на)

9 Поли́тика/Эконо́мика 정치/경제　Track 35

☐ **свобо́да**　자유

Для меня́ свобо́да – э́то когда́ я де́лаю всё что хочу́!
나에게 있어 **자유**는 내가 하고 싶은 것을 모두 하는 것을 의미한다.

☐ **но́вость**　뉴스

Телеви́зор я не смотрю́, все но́вости узнаю́ из Интерне́та.
나는 TV는 보지 않지만, 인터넷을 통해 **뉴스**를 다 안다.

복생 новосте́й

☐ **газе́та**　신문

Молодёжь чита́ет всё ме́ньше газе́т и журна́лов.
젊은 사람들은 **신문**과 잡지를 점점 덜 읽는다.

журна́л 잡지, 저널

☐ **статья́**　기사, 논문

Неда́вно в журна́ле "Экспе́рт" я прочита́л одну́ интере́сную статью́.
나는 얼마 전 잡지 'Expert'에서 흥미로운 **기사** 하나를 읽었다.

☐ **эконо́мика**　경제

С шестидеся́тых годо́в про́шлого ве́ка коре́йская эконо́мика бу́рно развива́ется.
1960년대부터 한국 **경제**는 급격히 발전하고 있다.

экономи́ческий 경제의

☐ **о́бщество**　사회

Челове́к – существо́ социа́льное, он живёт в о́бществе.
인간은 사회적 존재로 **사회** 내에서 살아간다.

обще́ственный 사회의

☐ поли́тика

Вне́шняя поли́тика страны́ и при но́вом президе́нте оста́лась пре́жней.
우리나라의 대외 **정책**은 대통령이 바뀌었어도 그대로 유지되었다.

정치, 정책

поли́ти́ческий 정책의, 정치의

☐ зако́н

Все чле́ны о́бщества должны́ уважа́ть и соблюда́ть зако́ны.
모든 사회의 구성원은 **법**을 존중하고 준수해야 한다.

법

☐ справедли́вый

Мы стреми́мся созда́ть справедли́вое о́бщество.
저희는 **공정한** 사회를 만들고자 노력하고 있습니다.

정의로운, 공정한

☐ социа́льный

Мы упо́рно рабо́таем над реше́нием социа́льных пробле́м.
우리는 **사회** 문제를 해결하려 부단히 애쓰고 있습니다.

사회의

☐ а́рмия

Почти́ все мужчи́ны в Коре́е служи́ли и́ли слу́жат в а́рмии.
한국 남성들은 대부분 **군** 복무를 마쳤거나 현재 복무 중이다.

군대

☐ атмосфе́ра

Перегово́ры проходи́ли в напряжённой атмосфе́ре.
협상은 긴장된 **분위기** 속에서 진행됐다.

공기; 분위기

☐ бога́тый

В ми́ре бога́тых люде́й не так уж мно́го, а бе́дных – миллиа́рды.
세상에 **부자**는 많지 않지만, 가난한 사람은 수십억 명에 이른다.

부유한, 돈이 많은

бога́тство 부, 풍요

V. **Общество** 사회 237

☐ бе́дный	Миллио́ны бе́дных в стране́ – серьёзная социа́льная пробле́ма.	가난한, 빈곤한
	수백만의 **빈곤자**는 우리나라의 심각한 사회문제이다.	
	бе́дность 여 가난, 빈곤	

☐ большинство́	Большинство́ мои́х друзе́й лю́бит ко́фе бо́льше, чем чай.	대부분, 대다수
	내 친구의 **대다수**는 차보다 커피를 좋아한다.	
	반 меньшинство́ 소수	

☐ борьба́	В борьбе́ за пост президе́нта уча́ствует три кандида́та.	с кем-чем 조 / за что 대 투쟁, 노력, 경쟁
	대권 **경쟁**에 3명의 후보가 참여한다.	
	боро́ться/поборо́ться 싸우다, 투쟁하다	

| ☐ власть | В демократи́ческих стра́нах сме́на вла́сти происхо́дит то́лько в результа́те вы́боров. | 여 권력, 정권 |
| | 민주주의 국가에서는 선거를 통해서만 **정권** 교체가 이루어진다. | |

☐ вое́нный	Вое́нный орке́стр игра́ет вальс.	군의, 군인의, 전쟁의; 군인
	군악대가 왈츠를 연주하고 있다.	
	солда́т 사병 / генера́л 장군 / адмира́л 제독	
	유 военнослу́жащий 군인	

☐ уча́ствовать 불	Мы при́няли реше́ние уча́ствовать в ва́шем прое́кте.	в чём 전 참가하다, 참여하다
	우리는 프로젝트에 **참여하기**로 결정했습니다.	
	уча́стие 참여, 참가 / уча́стник 참가자	
	불 уча́ствую, -вует, -вуют	

9 Поли́тика/Эконо́мика 정치/경제

развива́ться развиться	В сего́дняшнем ми́ре техноло́гии развива́ются бы́стро. 요새 세상에는 기술이 정말 빠르게 **발전한다**. разви́тие 발전 완 разовью́сь, -вьётся, -вью́тся	발전하다
госуда́рство	Госуда́рство обя́зано забо́титься о здоро́вье свои́х гра́ждан. **국가**는 자국민의 건강을 책임져야 할 의무가 있다. госуда́рственный 국립의, 국가의 ча́стный 사립의, 민간의	국가
прави́тельство	Ю́жная Коре́я – страна́-ли́дер в разви́тии прое́кта электро́нного прави́тельства. 한국은 전자 **정부** 발전에서 선도적인 국가이다.	정부
де́йствие	У меня́ срок де́йствия па́спорта зака́нчивается в конце́ февраля́. 제 여권의 **유효** 기간이 2월 말에 만료됩니다.	행동, 행위, 조치, 작용, 효력
де́ятельность	В после́днее вре́мя же́нщины всё акти́внее уча́ствуют в обще́ственной де́ятельности. 요즘은 여성들이 사회 **활동**에 더욱 활발히 참여하고 있다. де́ятель 남 활동가	여 활동
демонстра́ция	Вчера́ в на́шем го́роде прошла́ ма́ссовая демонстра́ция проте́ста. 어제 시내에서 대규모 반대 **시위**가 있었다. 유 а́кция проте́ста 시위	시위, 데모

V. **Общество** 사회

□ собрáние	Родительское собрáние состоится в пя́тницу.	모임, 회의
	학부모 **모임**이 금요일에 있다.	
	съезд 대회, 회합	

| □ парлáмент | Парлáмент представля́ет интерéсы всех грáждан страны́. | 의회 |
| | **의회**는 민의(모든 국민의 이익)를 대변한다. | |

| □ делегáция | Сегóдня в Москвý прибывáет парлáментская делегáция из Корéи. | 대표단, 사절단 |
| | 오늘 한국 국회 **대표단**이 모스크바를 방문한다. | |

| □ депутáт | Зáвтра в Сеýл прибывáет делегáция депутáтов Госдýмы. | (의회) 의원 |
| | 러시아 하원 **의원** 대표단이 내일 서울을 방문한다. | |

| □ пáртия | Члéном какóй пáртии явля́ется президéнт страны́? | 정당 |
| | 대통령은 어떤 **정당**에 소속되어 있나요? | |

| □ демокрáтия | Демокрáтия – э́то власть большинствá. | 민주주의 |
| | **민주주의**는 다수의 지배(권력)를 뜻한다. | |

| □ дискýссия | На конферéнции шла оживлённая дискýссия по проблéмам экологии. | 토론 |
| | 콘퍼런스에서 환경 문제에 관한 열띤 **토론**이 벌어졌다. | |

| □ задáча | Нáша задáча – улучшéние кáчества жи́зни. | 문제, 임무, 과제, 해야 할 일 |
| | 우리의 **과제**는 삶의 질을 향상이다. | |

9 Политика/Экономика 정치/경제

зави́сеть 불

Эконо́мика Росси́и си́льно зави́сит от э́кспорта не́фти.
러시아 경제는 석유 수출에 대한 **의존도**가 높다.
зави́симость от + 생 의존성; 중독
불 зави́шу, зави́сит, зави́сят

от чего 생
의존하다,
좌우되다

незави́симый

Ю́жная Коре́я ста́ла незави́симой страно́й в ты́сяча девятьсо́т со́рок пя́том году́.
한국은 1945년 **독립** 국가가 되었다.
незави́симо от + 생 ~와 관계없이

독립의, 자립의,
독립적인

торго́вля

Объём торго́вли ме́жду двумя́ страна́ми заме́тно вы́рос.
양국 간 **교역**량이 눈에 띄게 증가했다.
торго́вый 교역의, 상업의

거래, 무역,
교역

и́мпорт

И́мпорт моло́чных проду́ктов увели́чился на пятьдеся́т проце́нтов.
유제품 **수입**이 50% 증가했다.
반 э́кспорт 수출

수입

расхо́д

У меня́ дохо́ды сре́дние, а расхо́ды высо́кие.
저는 소득은 평균 수준인데 **지출**은 높습니다.
반 дохо́д 소득, 수입

지출, 소비량

юриди́ческий

Увы́, но юриди́ческие услу́ги досту́пны не всем.
법률 서비스를 누구나 이용할 수 있는 것은 아니다.
юри́ст 법률가, 변호사

법률상의

V. Общество 사회

☐ явля́ться 불	Крупне́йшим росси́йским ба́нком явля́ется "Сберба́нк".	кем-чем 조 ~이다
	러시아 최대의 은행은 '스베르방크'이다.	

☐ член	Норве́гия не явля́ется чле́ном Евросою́за.	회원, 일원
	노르웨이는 유럽연합 **회원**국이 아니다.	

☐ хозя́йство	Я с семи́ лет помога́ла ма́ме вести́ дома́шнее хозя́йство.	경제, 경영, 살림
	나는 7살 때부터 엄마의 집안 **살림**을 도왔다.	
	се́льское хозя́йство 농업	

☐ фе́рма	Мой оте́ц управля́ет фе́рмой недалеко́ от Сеу́ла.	농장
	우리 아버지는 서울에서 멀지 않은 곳에서 **농장**을 운영합니다.	
	фе́рмер 농부, 농민	

☐ повыша́ть повы́сить	Нача́льник пообеща́л повы́сить мне зарпла́ту.	что 대 올리다, 높이다
	상사는 나에게 임금 **인상**을 약속했다.	
	완 повы́шу, -вы́сит, -вы́сят	

☐ снижа́ть сни́зить	В про́шлом году́ Росси́я вдво́е сни́зила и́мпорт карто́феля.	что 대 낮추다, 내리다
	작년에 러시아는 감자 수입량을 두 배가량 **줄였다**.	
	완 сни́жу, сни́зит, сни́зят	

☐ убива́ть уби́ть	Я не вино́вен! Я никого́ не убива́л!	кого-что 대 죽이다, 없애다, 망치다
	저는 죄가 없어요! 아무도 **죽이지** 않았어요!	
	уби́йство 살인	
	완 убью́, убьёт, убью́т	

9 Поли́тика/Эконо́мика 정치/경제

угрожа́ть [불]
Регио́ну угрожа́ет экологи́ческая катастро́фа.
이 지역은 환경 재앙의 **위협을 받고 있다**.

кому-чему [여]
위협하다,
겁을 주다

преступле́ние
"Преступле́ние и наказа́ние" – моя́ люби́мая кни́га.
'**죄와 벌**'은 내가 정말 좋아하는 책이다.
престу́пник 범죄자

범죄

тюрьма́
Мой муж сиди́т в тюрьме́.
제 남편이 **감옥**에 있어요.

감옥
[복] тю́рьмы

подде́рживать
поддержа́ть
Мы подде́рживаем пози́цию прави́тельства в да́нном вопро́се.
우리는 이 문제에 대한 정부의 입장을 **지지합니다**.
[완] поддержу́, -де́ржит, -де́ржат

кого́-что [대]
지지하다,
지원하다;
유지하다

догово́р
Две стра́ны заключи́ли догово́р о сотру́дничестве.
두 나라는 협력 **협정**을 체결했다.

о чём [전]
계약, 조약,
협정

организо́вывать
организова́ть
Университе́т организова́л ко́нкурс среди́ студе́нтов на лу́чшее зна́ние ру́сского языка́.
학교에서는 대학생을 대상으로 하는 러시아어 경연 대회를 개최했다(**조직했다**).
[완] организу́ю, -зу́ет, зу́ют

что [대]
조직하다,
구성하다

организа́ция
Организа́ция "Врачи́ ми́ра без грани́ц" получи́ла Но́белевскую пре́мию ми́ра.
'국경 없는 의사회'라는 **단체**는 노벨평화상을 수상했다.

기관, 조직

V. Общество 사회

9 Поли́тика/Эконо́мика 정치/경제

официа́льный	Впервы́е в исто́рии президе́нт страны́ посети́л Ку́бу с официа́льным визи́том. 우리나라 대통령이 쿠바를 사상 처음으로 **공식** 방문했다.	공식적인
перегово́ры	На́ши перегово́ры с росси́йскими деловы́ми партнёрами прошли́ успе́шно. 러시아 사업 파트너들과의 **협상**은 성공적으로 진행됐다.	몡 협상, 회담, 교섭
обсужда́ть обсуди́ть	На перегово́рах сто́роны обсуди́ли я́дерную пробле́му Се́верной Коре́и. 회담에서 당사국들은 북핵 문제를 **논의했다**. обсужде́ние 논의 완 обсужу́, обсу́дит, обсу́дят	что 대 논의하다
объединя́ть объедини́ть	Для достиже́ния успе́ха ва́жно объедини́ть на́ши уси́лия. 성공을 위해서는 우리의 힘을 **합치는** 것이 중요합니다. объедине́ние 통합, 통일; 연합, 단체	кого́-что 대 합치다, 통합하다, 통일하다

연습 문제

1 다음 중 반의어 짝으로 알맞지 <u>않은</u> 것은?

① парла́мент – депута́т ② бога́тый – бе́дный

③ большинство́ – меньшинство́ ④ дохо́д – расхо́д

2 다음을 러시아어로 쓰시오.

① 공정한 사회 _____

② 사회 문제 _____

③ 법을 준수하다 _____

④ 마라톤에 참가하다 _____

⑤ 민주주의 국가 _____

⑥ 열띤 토론 _____

⑦ 범죄를 저지르다 _____

⑧ 협정을 체결하다 _____

⑨ 문제를 논의하다 _____

⑩ 독립 국가 _____

정답

1. ① (① парла́мент 의회 – депута́т 의원   ② бога́тый 부유한 – бе́дный 가난한
   ③ большинство́ 다수 – меньшинство́ 소수   ④ дохо́д 수입 – расхо́д 지출)
2. ① справедли́вое о́бщество   ② социа́льные пробле́мы   ③ соблюда́ть зако́н
   ④ уча́ствовать в марафо́не   ⑤ демократи́ческая страна́
   ⑥ оживлённая, горя́чая диску́ссия   ⑦ соверша́ть/соверши́ть преступле́ние
   ⑧ заключи́ть, подписа́ть догово́р   ⑨ обсуди́ть вопро́с (пробле́му)
   ⑩ незави́симая страна́

10 Нау́ка и техноло́гии 과학/기술 `Track 36`

☐ **техноло́гия**	Нау́ка и техноло́гии кардина́льно меня́ют жизнь совреме́нного ми́ра. 과학 **기술**은 현시대의 삶을 뿌리째 바꾸고 있다. **технологи́ческий** 기술의 📄 **те́хника** 기술, 기계, 장비	기술
☐ **нау́чный**	На нау́чной конфере́нции вы́ступили мно́гие изве́стные учёные. **학술** 회의에서 수많은 유명 학자들이 발표를 했다. **нау́ка** 과학, 학문	과학의, 학술의
☐ **совреме́нный**	Совреме́нные техноло́гии помога́ют лю́дям сохраня́ть здоро́вье. **현대** 기술은 사람들이 건강을 지키도록 도와준다.	현대의, 현대적인, 동시대의
☐ **учёный**	Карье́ра учёного меня́ соверше́нно не привлека́ет. **학자**라는 직업이 나에게 전혀 매력적이지 않아.	학자
☐ **изменя́ть измени́ть**	Де́сять вели́ких изобрете́ний, кото́рые измени́ли мир. 세상을 **변화시킨** 위대한 10대 발명품. **измене́ние** 변화	кого́-что 대 변화시키다, 바꾸다
☐ **создава́ть созда́ть**	Коре́йским учёным удало́сь созда́ть но́вое лека́рство от ра́ка. 한국 과학자들은 새로운 암 치료제를 **만드는 데** 성공했다. **созда́ние** 제작, 창작, 조직 🔵 создаю́, -даёт, -даю́т 🟢 созда́м, -да́ст, -даду́т; со́здал, -ла́, -ли	что 대 만들다

изобрета́ть / изобрести́

Ру́сский учёный Алекса́ндр Попо́в **изобрёл** ра́дио.
러시아 과학자 알렉산드르 포포프는 라디오를 **발명했다**.

изобрете́ние 발명
изобрета́тель 남 발명가

완 изобрету́, -тёт, -ту́т; изобрёл, -ла́, -ли́

что 대
발명하다

откры́тие

Откры́тие Аме́рики, мо́жно сказа́ть, произошло́ по оши́бке.
아메리카 대륙은 실수로 **발견**되었다고 할 수 있다.

여는 것, 개방;
발견, 발명

иссле́дование

Иссле́дования францу́зских учёных показа́ли, что алкого́ль в небольши́х до́зах поле́зен для здоро́вья.
프랑스 과학자들의 **연구**에 따르면, 소량의 음주는 건강에 이롭다.

иссле́дователь 남 연구자
иссле́довать 연구하다, 조사하다

연구, 조사

ана́лиз

Все **ана́лизы** в поря́дке, вы здоро́вы.
모든 **검사**가 정상으로 나왔어요. 건강하시네요.

анализи́ровать 분석하다

분석, 검사

наблюде́ние

Про́шлый год стал са́мым жа́рким за всю исто́рию **наблюде́ний**.
작년은 **관측** 사상 가장 무더운 해였다.

наблюда́ть за + 조 관찰하다, 감독하다

за кем-чем 조
관찰, 감독

экспериме́нт

Учёные дово́льны результа́тами **экспериме́нта**.
과학자들은 **실험** 결과에 만족했다.

유 испыта́ние, о́пыт 시험, 실험

실험

□ энциклопе́дия	В э́той энциклопе́дии есть всё, что необходи́мо знать о ру́сской литерату́ре.	백과사전
	이 **백과사전**에는 러시아 문학에 대해 알아야 할 모든 내용이 담겨 있다.	

□ проце́сс	В проце́ссе обсужде́ния уча́стникам удало́сь прийти́ к согла́сию.	과정
	논의 **과정**에서 참가자들은 합의에 도달하는 데 성공했다.	
	эта́п 단계	

□ прогре́сс	Иногда́ техни́ческий прогре́сс ведёт к ро́сту безрабо́тицы.	진보, 전진
	때로는 기술의 **진보**로 실업률이 증가한다.	

□ электроста́нция	Не́которые стра́ны закрыва́ют а́томные электроста́нции.	발전소
	일부 국가는 원자력 **발전소**를 폐쇄하고 있다.	

□ эне́ргия	Испо́льзование эне́ргии воды́ и ве́тра сохраня́ет окружа́ющую среду́.	에너지, 기운
	수력과 풍력 **에너지**를 사용하면 환경을 보호할 수 있다.	

□ я́дерный	Каки́е стра́ны ми́ра облада́ют я́дерным ору́жием?	핵의, 원자력의
	어떤 국가가 **핵**무기를 보유하고 있나요?	
	유 а́томный 원자의, 원자력의	

10 Наука и технологии 과학/기술

☐ **оружие**
Во время Первой мировой войны широко применялось химическое оружие.
제1차 세계대전 당시 화학 **무기**가 광범위하게 사용되었다.

무기

☐ **премия**
В этом году кто получил Нобелевскую премию по физике?
올해 노벨 물리학**상**은 누가 수상했나요?
🔄 награда 상, 포상, 훈장

상, 상금, 상여금

☐ **теория**
Часто в нашей жизни теория – это одно, а практика – совершенно другое.
살면서 **이론**과 실제가 완전히 다른 경우가 많다.

이론

☐ **практика**
К сожалению, на практике эти правила не работают.
안타깝게도 이 규칙들은 **실제**로 적용이 되지 않는다.
практически 실제로, 거의

실제, 실습

☐ **факт**
Все научные теории строятся на основе объективных фактов.
모든 과학 이론은 객관적 **사실**을 바탕으로 만들어진다.

사실

☐ **сравнивать сравнить**
Многие учёные сравнивают мозг человека с компьютером.
많은 과학자들이 인간의 뇌와 컴퓨터를 **비교한다**.

кого-что 대 + с кем-чем 조
비교하다

V. **Общество** 사회 249

☐ дока́зывать доказа́ть	Иссле́дования доказа́ли зави́симость музыка́льных спосо́бностей от ге́нов. 연구를 통해 음악 재능과 유전자의 상관성이 **증명되었다**. доказа́тельство 증거 완 докажу́, дока́жет, дока́жут	что 대 증명하다
☐ сло́жный	В конце́ концо́в нам удало́сь реши́ть э́ту сло́жную пробле́му. 마침내 우리는 **복잡한** 문제를 해결해 냈다.	복잡한, 어려운
☐ при́нцип	Объекти́вность и то́чность явля́ются основны́ми при́нципами нау́чного ана́лиза. 객관성과 정확성은 과학적 분석의 주요 **원칙**이다. в при́нципе 원칙적으로, 기본적으로	원리, 원칙
☐ спо́соб	Учёные пока́ не мо́гут найти́ спо́соб радика́льно останови́ть старе́ние. 과학자들은 아직까지 노화를 근본적으로 멈추는 **방법**을 알아내지 못하고 있다.	방법, 방식
☐ производи́ть произвести́	На э́том заво́де произво́дят холоди́льники и стира́льные маши́ны. 이 공장에서는 냉장고와 세탁기를 **생산하고 있다**. произво́дство 생산; 생산 시설 производи́тель 남 생산자 불 произвожу́, -во́дит, во́дят 완 -веду́, -ведёт, -веду́т; -вёл, -ла́, -ли́	что 대 생산하다
☐ промы́шленность	Разви́тие промы́шленности вызыва́ет загрязне́ние окружа́ющей среды́. **산업**의 발전은 환경 오염을 초래한다.	여 산업

10 Наука и технологии 과학/기술

руководить 불
Научной работой аспирантов кафедры руководит профессор Крылов.
학과 내 대학원생들의 연구를 크릴로프 교수가 **지도**하고 있다.
불 руковожу, -водит, -водят

кем-чем 초
이끌다, 관리하다

процент
Тело человека приблизительно на семьдесят процентов состоит из воды.
인간의 몸은 약 70 **퍼센트**가 물로 이루어져 있다.

퍼센트; 이자

таблица
Периодическую таблицу химических элементов создал великий русский учёный Д.И. Менделеев.
화학원소 주기율**표**는 러시아의 학자 멘델레예프가 만들었다.

표

специалист
Профессор Ли – крупный специалист в области органической химии.
이 교수님은 유기화학 분야의 이름난 **전문가**이다.

전문가

спутник
СССР запустил первый в мире искусственный спутник Земли.
소련은 세계 최초의 인공**위성**을 쏘아 올렸다.

동반자, 동행자; 위성

область
Сегодня роботы используются в различных областях.
오늘날 로봇은 여러 **분야**에서 이용된다.
유 сфера 분야

여 주(州); 분야
복생 областей

V. Общество 사회 251

연습 문제

1 가장 어울리는 동사–명사의 짝을 연결하시오.

① изменя́ть/измени́ть　　　　а. нау́чной кома́ндой

② анализи́ровать/проанализи́ровать　　　　б. жизнь люде́й

③ производи́ть/произвести́　　　　в. результа́ты экспериме́нтов

④ руководи́ть　　　　г. автомоби́ли

⑤ получа́ть/получи́ть　　　　д. пре́мию

2 다음의 빈칸을 채우시오.

① **현대 기술**은 사람들이 건강을 지키도록 도와준다.

　_____ помога́ют лю́дям сохраня́ть здоро́вье.

② **산업의 발전**은 환경 오염을 초래한다.

　_____ вызыва́ет загрязне́ние окружа́ющей среды́.

③ 아메리카 대륙은 실수로 **발견**되었다고 할 수 있다.

　_____ Аме́рики произошло́, мо́жно сказа́ть, по оши́бке.

3 다음 문장의 어색한 부분을 고치시오.

① Из-за техни́ческого проце́сса лю́ди теря́ют рабо́ту.

② Учёные нашли́ но́вое иссле́дование лече́ния ра́ка.

정답

1. ① - б　② - в　③ - г　④ - а　⑤ - д
2. ① Совреме́нные техноло́гии　② Разви́тие промы́шленности　③ Откры́тие
3. ① проце́сса → прогре́сса (기술의 진보로 인해 사람들이 일자리를 잃는다.)
　② но́вое иссле́дование → но́вый спо́соб (과학자들은 새로운 암 치료 방법을 발견했다.)

VI

Приро́да / Окружа́ющая среда́

자연/환경

1 Приро́да / Ко́смос 자연/우주

Track 37

☐ **приро́да** — 자연

Ка́ждый из нас до́лжен люби́ть и бе́режно сохраня́ть приро́ду.

우리는 모두 **자연**을 사랑하고, 소중히 지켜야 한다.

☐ **ко́смос** — 우주

У Росси́и по-пре́жнему масшта́бные пла́ны по освое́нию ко́смоса.

러시아는 예전과 마찬가지로 대규모 **우주** 개발 계획을 가지고 있다.

☐ **плане́та** — 행성, 지구

Одно́ из са́мых холо́дных мест на на́шей плане́те – посёлок Оймяко́н в Яку́тии.

지구상에서 가장 추운 곳 중 하나는 아쿠티야의 오이먀콘 마을이다.

☐ **земля́** — 지구, 세계; 땅, 흙, 육지

Са́мое су́хое ме́сто на Земле́ – пусты́ня Атака́ма в Чи́ли.

지구상에서 가장 건조한 곳은 칠레의 아타카마 사막이다.

☐ **луна́** — 달

Ти́хая звёздная ночь. Я́ркий свет луны́ залива́ет лес, поля́, ре́ку.

조용한 별빛이 비치는 밤이다. 선명한 **달**빛이 숲, 들판, 강 위로 쏟아진다.

☐ **со́лнце** — 해, 햇볕

Внеза́пно со́лнце зашло́ за облака́.

해가 갑자기 구름 뒤로 숨었다.

☐ **звезда́** — 별; 스타

복 звёзды
복생 звёзд

Са́мая я́ркая звезда́ на ночно́м не́бе – э́то Си́риус.

밤하늘에서 가장 밝은 **별**은 시리우스이다.

□ не́бо	Как я́рко све́тит со́лнце! Како́е не́бо – высо́кое и чи́стое! 해가 얼마나 눈부시게 빛나는지! **하늘**은 얼마나 높고 청명한지!	하늘 복 небеса́ 복생 небе́с
□ во́здух	Лес – это исто́чник кислоро́да, чи́стого во́здуха. 숲은 산소와 맑은 **공기**의 원천이다.	공기
□ дыша́ть 불	Во́здух, кото́рым мы ды́шим, стано́вится всё грязне́е. 우리가 **마시는** 공기는 점점 오염되고 있다. 불 дышу́, ды́шит, ды́шат	чем 조 숨 쉬다, 호흡하다
□ гора́	По выходны́м дням мы всей семьёй лю́бим ходи́ть в го́ры. 주말마다 우리는 가족끼리 **산**에 가는 것을 좋아한다. вулка́н 화산	산 대 го́ру 복 го́ры
□ о́зеро	Байка́л – са́мое большо́е пре́сное о́зеро в ми́ре. 바이칼은 세계 최대의 담수**호**이다.	호수 복 озёра 복생 озёр
□ река́	Неда́вно че́рез э́ту ре́ку постро́или ещё оди́н мост. 얼마 전 이 **강**을 가로지르는 다리를 하나 더 건설했다. руче́й 천, 시내, 개울 / пруд 연못, 못	강 대 ре́ку 복 ре́ки
□ течь 불	Река́ Енисе́й течёт с ю́га на се́вер, а Во́лга – с се́вера на юг. 예니세이 강은 남에서 북으로, 볼가 강은 북에서 남으로 **흐른다**. 불 теку́, течёт, теку́т	흐르다

VI. **Приро́да / Окружа́ющая среда́** 자연/환경

☐ лес	Лес – это лёгкие нашей планеты.	숲
	숲은 지구의 허파라 불린다.	복 леса
		전 в лесу

☐ поле	В Корее много гор, а в России – бескрайние леса и поля.	들, 들판
		복 поля
	한국에는 산이 많지만, 러시아에는 끝없는 숲과 **들판**이 펼쳐져 있다.	복생 полей

☐ остров	Чеджудо – самый большой остров в Корее и популярный курорт.	섬, 도
		복 острова
	제주도는 한국의 가장 큰 **섬**이자 인기 있는 휴양지이다.	

☐ море	В прошлом году мы отдыхали на Чёрном море.	바다
		복 моря
	지난해 우리는 흑**해**에서 휴가를 보냈다.	복생 морей
	пляж 해변 / океан 대양, 해양	

☐ берег	На берегу реки стоял красивый домик.	기슭, 강변, 해변
		복 берега
	강**가**에 있는 아름다운 집이 하나 있다.	전 на берегу

☐ волна	Сегодня на море огромные волны. Купаться нельзя.	파도
		복 волны
	오늘 **파도**가 심해. 물놀이하면 안 돼.	

| ☐ глубокий | Байкал – это жемчужина Сибири, самое глубокое и чистое озеро в мире. | 깊은 |
| | 바이칼 호는 시베리아의 진주이자 세계에서 가장 **깊고** 깨끗한 호수이다. | |

1 Приро́да / Ко́смос 자연/우주

□ све́жий
Я́рко сия́ет со́лнце, с мо́ря ду́ет све́жий ве́тер.
햇살은 눈부시게 빛나고, **산뜻한** 바닷바람이 불어온다.

신선한, 산뜻한, 개운한

□ пейза́ж
Мы сиде́ли в кафе́ на верши́не холма́, пи́ли ко́фе и любова́лись пейза́жами Тоска́ны.
우리는 언덕 위의 카페에 앉아 커피를 마시며 토스카나의 **풍광**을 즐겼다.

풍경, 경치

□ коро́ткий
У нас на се́вере в Росси́и коро́ткая весна́, коро́ткое ле́то, коро́ткая о́сень и така́я дли́нная зима́!
러시아 북부는 봄, 여름, 가을이 **짧고**, 겨울이 매우 길다.

коро́тко 짧게 / дли́нный 길이가 긴

짧은

□ широ́кий
Река́ Ханга́н о́чень широ́кая. Она́ ши́ре Невы́ в Петербу́рге.
한강은 강폭이 매우 **넓은 편**인데 그 규모가 페테르부르크에 있는 네바 강보다도 더 넓다고 한다.

넓은, 광대한

□ у́зкий
От до́ма к ле́су ведёт у́зкая тропи́нка.
집에서 숲까지 **좁다란** 오솔길이 나 있다.

좁은, 가느다란

□ пусто́й
В шесть утра́ пляж совсе́м пусто́й. То́лько я, не́бо и мо́ре!
새벽 6시, **텅 빈** 해변엔 나와 하늘, 바다뿐이다.

텅 빈, 비어 있는

□ густо́й
Со́лнечный луч прони́к сквозь густы́е ве́тви дере́вьев.
울창한 나뭇가지 사이로 햇빛이 스며들었다.

(숲이) 무성한, 울창한, 빽빽한, 짙은

VI. Приро́да / Окружа́ющая среда́ 자연/환경

☐ темно́	Со́лнце опусти́лось за горизо́нт, ста́ло совсе́м темно́. 해가 지평선 뒤로 넘어가자 완전히 **캄캄해졌다**. тёмный 어두운	어둡게, 컴컴하게
☐ светло́	Везде́ в го́роде пра́здничное освеще́ние. На у́лицах светло́ как днём. 도시 전체를 수놓은 장식(축제) 조명으로 거리가 대낮처럼 **밝다**. све́тлый 밝은	밝게, 환하게
☐ любова́ться 불	Сижу́ пью чай и любу́юсь тюльпа́нами, кото́рые уже́ распусти́лись в саду́. 나 지금 앉아서 차 한잔하면서 정원에 핀 튤립을 **감상하고 있어**. 불 любу́юсь, любу́ется, любу́ются	кем-чем 조 바라보다, 감상하다, 구경하다
☐ восто́к	Со́лнце восхо́дит на восто́ке и захо́дит на за́паде. 태양은 **동쪽**에서 떠서 서쪽으로 진다. восто́чный 동쪽의	동, 동방
☐ за́пад	С за́пада надвига́ются грозовы́е ту́чи. **서쪽**에서 폭풍우를 실은 먹구름이 몰려오고 있다. за́падный 서쪽의	서, 서방
☐ юг	Зимо́й пти́цы улета́ют на юг, туда́, где тепло́. 겨울에 새들은 따뜻한 **남쪽**으로 떠난다. ю́жный 남쪽의	남, 남방

1 Приро́да / Ко́смос 자연/우주

□ се́вер
Каки́е кру́пные города́ нахо́дятся к се́веру от Москвы́?
모스크바의 **북쪽**에는 어떤 대도시들이 있나요?
се́верный 북쪽의

북, 북방

□ ресу́рс
Росси́я необыкнове́нно бога́та приро́дными ресу́рсами.
러시아는 천연**자원**이 매우 풍부한 나라이다.
у́голь 남 석탄 / нефть 석유 / газ 가스

자원

□ ка́мень
В темноте́ я споткну́лся о ка́мень и чуть не упа́л.
어두운 데서 **돌부리**에 걸려 넘어질 뻔했다.

남 돌; 보석
단생 ка́мня

□ песо́к
Не ходи́те босико́м по пля́жу, песо́к горя́чий. Надева́йте та́почки.
모래가 뜨거우니 맨발로 해변을 걷지 마세요. 슬리퍼를 신으세요.

모래
단생 песка́

□ зо́лото
Вчера́ цена́ на зо́лото на мировы́х ры́нках увели́чилась на два проце́нта.
어제 세계 시장에서 **금** 시세가 2% 상승했다.
серебро́ 은 / мета́лл 금속

금, 황금

□ бере́чь 불
К сожале́нию, мно́гие лю́ди не берегу́т приро́ду.
안타깝게도 많은 사람이 자연을 **아끼지** 않는다.
불 берегу́, -режёт, -регу́т; берёг, -гла́, -гли́

кого́-что 대
소중히 간직하다,
아끼다, 보호하다

□ гора́здо
Нева́ в Петербу́рге гора́здо ши́ре Москвы́-реки́ в Москве́.
페테르부르크의 네바 강은 모스크바의 모스크바 강보다 **훨씬** 폭이 넓다.
유 намно́го 훨씬 더

훨씬
(비교급 강조)

VI. Приро́да / Окружа́ющая среда́ 자연/환경

연습 문제

1 다음 중 잘못 짝지어진 것은?

① Байка́л – о́зеро ② Чеджудо́ – о́стров

③ Земля́ – плане́та ④ Халласа́н – океа́н

2 다음 명사의 복수형을 쓰고 강세를 표시하시오.

① лес

② по́ле

③ мо́ре

④ гора́

3 다음 밑줄 친 부분 중 틀린 것을 고르고 바르게 고치시오.

① На берегу́ реки́ стои́т краси́вый до́мик.

② Неда́вно че́рез э́ту ре́ку постро́или ещё оди́н мост.

③ Во́лга течёт с се́вера в юг.

④ Ле́том мы езди́ли на мо́ре.

4 빈칸에 알맞은 단어를 쓰시오.

① 러시아의 면적은 호주의 면적보다 **훨씬 크다**.

Пло́щадь Росси́и _____ бо́льше пло́щади Австра́лии.

② 우리는 토스카나의 **풍경을 바라보며 즐겼다**.

Мы _____ Тоска́ны.

정답

1. ④

2. ① леса́ ② поля́ ③ моря́ ④ го́ры

3. ③ в юг → на юг

4. ① гора́здо, намно́го

② любова́лись пейза́жами

260

2 Времена́ го́да / Пого́да 계절/날씨

Track 38

☐ **пого́да**

В апре́ле пого́да всегда́ капри́зная: то со́лнце, то снег, то дождь.
4월에는 항상 **날씨**가 변덕스럽다. 해가 비치다가도 눈이 왔다 비가 왔다 한다.

날씨

☐ **кли́мат**

За после́дние три́дцать лет кли́мат в Росси́и стал бо́лее тёплым и мя́гким.
지난 30년간 러시아의 **기후**는 더욱 따뜻하고 온화해졌다.

기후

☐ **ве́тер**

На у́лице ду́ет холо́дный ве́тер.
밖에는 찬 **바람**이 분다.

바람
단생 ве́тра

☐ **со́лнечный**

На за́втра обеща́ют со́лнечную пого́ду.
내일은 날씨가 **맑을** 거래.

태양의, 해가 드는, 맑은

☐ **я́сный**

В я́сную пого́ду с верши́ны горы́ прекра́сно ви́дно мо́ре.
맑게 갠 날에는 산 정상에서 바다가 잘 보인다.

맑게 갠, 청명한; 명확한

☐ **о́блачно**

В сентябре́ ча́сто иду́т дожди́, почти́ всё вре́мя о́блачно, па́смурно.
9월에는 비가 자주 내리고, 거의 항상 **구름이** 껴 있고 흐리다.

유 па́смурный 흐린, 음침한

구름 낀, 흐리게

☐ **прозра́чный**

В гора́х во́здух всегда́ чи́стый и прозра́чный.
산은 항상 공기가 깨끗하고 **맑다**.

투명한, 맑은

VI. **Приро́да / Окружа́ющая среда́** 자연/환경

☐ тума́н

С утра́ го́род накры́л густо́й тума́н.
아침부터 짙은 **안개**가 도시를 뒤덮었다.
тума́нный 안개 낀

안개

☐ о́блако

По не́бу плыву́т густы́е облака́.
하늘에는 두터운 **구름**이 떠다닌다.
ту́ча 먹구름

구름
복 облака́
복생 облако́в

☐ дождь

Дождь, ли́вший весь день, переста́л то́лько к но́чи.
종일 내리던 **비**가 새벽이 되어서야 멈추었다.
дождли́вый 비가 오는, 비가 자주 내리는

남 비

☐ снег

Снег шёл всю ночь, и у́тром на всех доро́гах образова́лись про́бки.
새벽 내내 **눈**이 내려 아침에 도로가 꽉 막혔다.

눈
전 в снегу́

☐ мо́крый

В сре́ду в Москве́ ожида́ются оса́дки в ви́де дождя́ и мо́крого сне́га.
수요일에 모스크바에서는 눈과 진눈깨비(**물기를 머금은 눈**)가 내릴 예정입니다.

습한, 젖은

☐ вла́жный

Ле́то в Коре́е жа́ркое и вла́жное.
한국의 여름은 덥고 **습하다**.

습한, 눅눅한

☐ сухо́й

Уже́ це́лую неде́лю стои́т суха́я, тёплая пого́да.
일주일 내내 날씨가 **건조하고** 따뜻하다.

건조한, 마른

2 Времена́ го́да / Пого́да 계절/날씨

☐ **прогно́з пого́ды**

Вы случа́йно не зна́ете, како́й на за́втра прогно́з пого́ды?
혹시 내일 **일기예보**가 어떤지 알고 계세요?
사ино́птик 기상캐스터

일기예보

☐ **ожида́ться**

За́втра оса́дков не ожида́ется.
내일 비나 눈은 내리지 않을 것으로 **보입니다**.

예정이다, 예상되다

☐ **по́ртиться испо́ртиться**

Едва́ мы вы́шли из до́ма, пого́да как назло́ испо́ртилась.
우리가 집을 나서자마자 마치 일부러 그러는 것처럼 날씨가 **나빠졌다**.
불 по́рчусь, по́ртится, по́ртятся

나빠지다, 썩다

☐ **наступа́ть наступи́ть**

Наступи́ла весна́, наконе́ц-то ста́ло тепло́.
봄이 **와서** 드디어 날씨가 따듯해졌어요.
완 наступлю́, насту́пит, насту́пят

(계절, 시기 등이) 오다, 도래하다; 밟다, 공격하다

☐ **весно́й**

Всё вре́мя хо́чется спать – мно́гим из нас знако́мо э́то состоя́ние весно́й.
계속해서 졸음이 쏟아지는 현상은 많은 사람이 **봄**이 되면 겪는 익숙한 현상이다.
весна́ 봄 / весе́нний 봄의

봄에

☐ **ле́том**

У меня́ о́тпуск всегда́ ле́том.
나는 늘 **여름에** 휴가를 낸다.
ле́то 여름 / ле́тний 여름의

여름에

☐ **о́сенью**

По́здней о́сенью у меня́ всегда́ депре́ссия.
늦**가을이면** 나는 항상 기분이 우울해진다.
о́сень 가을 / осе́нний 가을의

가을에

VI. Приро́да / Окружа́ющая среда́ 자연/환경

☐ **зимо́й**	**Зимо́й** мно́гие россия́не е́здят на лы́жные куро́рты Фра́нции и Австрии. **겨울이면** 많은 러시아인들이 프랑스와 오스트리아의 리조트로 스키를 타러 간다. зима́ 겨울 / зи́мний 겨울의	겨울에
☐ **тёплый**	Зимо́й мно́гие тури́сты отправля́ются на о́тдых в **тёплые** стра́ны. 겨울에는 수많은 관광객이 **따뜻한** 나라로 휴가를 떠난다. тепло́ 따뜻하게	따뜻한
☐ **жа́ркий**	Э́тот студе́нт прие́хал в Росси́ю из **жа́ркой** Африки, здесь он впервы́е уви́дел снег. 이 학생은 아프리카의 **더운** 나라에 있다가 러시아로 온 뒤 난생처음 눈이라는 것을 봤다. жа́рко 덥게 / жара́ 무더위	더운
☐ **прохла́дно**	В густо́й тени́ дере́вьев **прохла́дно** да́же в са́мый жа́ркий день. 아무리 날이 더워도 빽빽한 나무 그늘 밑은 **시원하다**. прохла́дный 시원한, 선선한	시원하게, 선선하게
☐ **хо́лодно**	На у́лице **хо́лодно**, а я забы́ла до́ма перча́тки, ру́ки совсе́м замёрзли. 밖이 **추운데**, 장갑을 집에 두고 오는 바람에 손이 다 얼어버렸어. холо́дный 추운, 차가운	춥게, 차갑게
☐ **гра́дус**	Но́чью температу́ра во́здуха была́ о́коло десяти́ **гра́дусов** моро́за. 지난밤 기온은 영하 10**도**였습니다.	도(온도, 각도)

2 Времена́ го́да / Пого́да 계절/날씨

☐ **моро́з** — 추위, 한파, 영하

Смотри́ не простуди́сь. На у́лице си́льный моро́з.
감기 걸리지 않도록 조심해. 밖에 엄청 **추워**.

☐ **ми́нус** — 마이너스, 영하

Иногда́ но́чью температу́ра во́здуха опуска́ется до ми́нус двадцати́ гра́дусов.
가끔 밤 기온이 **영하** 20도까지 떨어질 때가 있다.

плюс 플러스, 영상

☐ **ско́льзко** — 미끄럽게

На у́лице о́чень ско́льзко – смотри́ не упади́.
길이 매우 **미끄러우니** 넘어지지 않도록 조심해.

☐ **урожа́й** — 수확, 추수

В э́том году́ был хоро́ший урожа́й пшени́цы и кукуру́зы.
올해는 밀과 옥수수가 풍년이다(**수확**이 잘됐다).

☐ **та́ять**
раста́ять — 녹다

Весна́. Та́ет снег, побежа́ли ручьи́.
봄이 왔다. 눈이 **녹고**, 냇물이 흐르기 시작했다.

불 та́ю, та́ет, та́ют

☐ **привыка́ть**
привы́кнуть — к чему́ 여 적응하다, 익숙해지다

Сла́ва бо́гу, мы уже́ привы́кли к жи́зни в Росси́и, к её лю́дям и кли́мату.
다행히도 우리는 이미 러시아에서의 생활, 러시아인, 러시아 기후에 잘 **적응했다**.

완 привы́к, -вы́кла, -вы́кли

추가단어

🌱 **기타 날씨 관련 단어**

☐ град 우박
☐ гром 천둥
☐ гроза́ 폭풍
☐ мо́лния 번개
☐ ра́дуга 무지개
☐ наводне́ние 홍수
☐ за́суха 가뭄

연습 문제

1 다음의 그림과 관련 있는 단어를 보기 에서 알맞게 고르시오.

> 보기 ту́ча   суха́я пого́да   снег   ли́вень   ве́тер
> со́лнечная пого́да   за́суха   ра́дуга

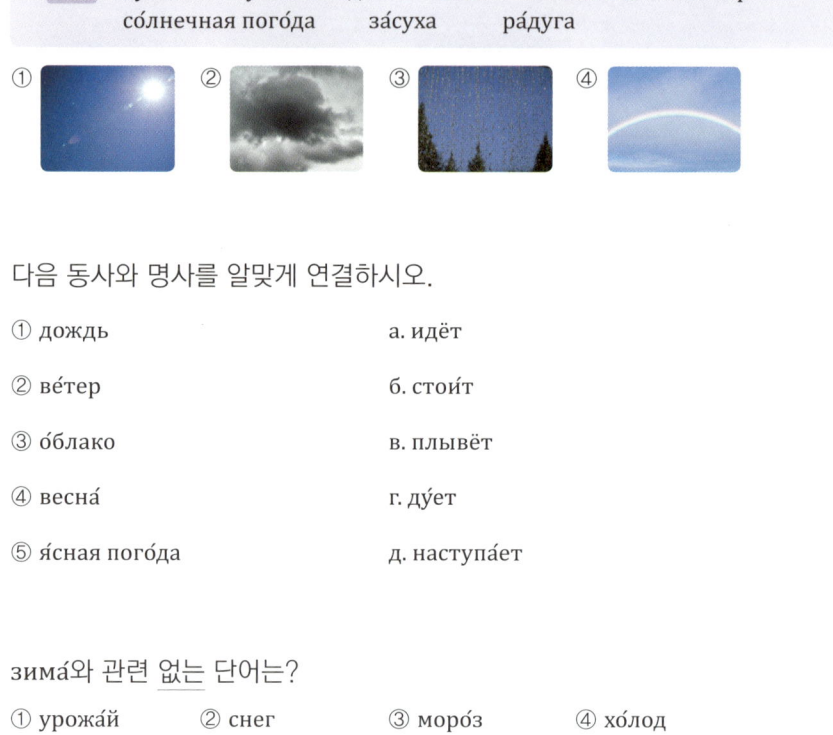

2 다음 동사와 명사를 알맞게 연결하시오.

① дождь   а. идёт

② ве́тер   б. стои́т

③ о́блако   в. плывёт

④ весна́   г. ду́ет

⑤ я́сная пого́да   д. наступа́ет

3 зима́와 관련 없는 단어는?

① урожа́й   ② снег   ③ моро́з   ④ хо́лод

4 다음의 빈칸에 알맞은 표현을 넣으세요.

① 우리는 이미 러시아 **기후에 적응했다**.

Мы уже́ _____ _____ Росси́и.

② 주말에 **날씨가 나빠져** 우리는 다차에 가지 못했다.

К концу́ неде́ли _____ _____, и на да́чу мы не пое́хали.

정답

1. ① со́лнечная пого́да   ② ту́ча
   ③ ли́вень   ④ ра́дуга
2. ① - а   ② - г   ③ - в   ④ - д   ⑤ - б
3. ①
4. ① привы́кли к кли́мату
   ② пого́да испо́ртилась

3 Фло́ра и фа́уна 동식물

☐ **живо́тное**	Иногда́ дома́шние живо́тные помога́ют лю́дям вы́йти из депре́ссии. 때로는 반려**동물**이 사람들의 우울증 극복에 도움을 준다.	동물
☐ **пти́ца**	Пе́ред дождём пти́цы лета́ют ни́зко над землёй. 비가 오기 전 **새**들은 낮게 비행한다.	새
☐ **насеко́мое**	Среди́ насеко́мых име́ются не то́лько вре́дные, но и поле́зные ви́ды. **벌레**에는 해로운 벌레도 있고 이로운 벌레도 있다.	곤충, 벌레
☐ **живо́й**	Расте́ния – э́то то́же живы́е существа́. 식물도 **살아 있는** 생물이다.	살아 있는, 생기 있는, 활기찬
☐ **мёртвый**	Грибы́ расту́т как на живы́х, так и на мёртвых дере́вьях. 버섯은 살아 있는 나무뿐 아니라 **죽은** 나무에서도 자란다.	죽은
☐ **расте́ние**	Дома́шние расте́ния очища́ют во́здух в до́ме. 집 안에서 **식물**을 키우면 실내 공기가 정화된다.	식물
☐ **цвето́к**	У нас на да́че мно́го цвето́в: ро́зы, георги́ны, пио́ны. 우리 다차에는 장미, 달리아, 작약 등 **꽃**이 많다.	꽃 복 цветы́

VI. Приро́да / Окружа́ющая среда́ 자연/환경

☐ цвет	Како́го цве́та ро́зы вам бо́льше нра́вятся – бе́лые и́ли кра́сные? 붉은 장미와 흰색 장미 중 어떤 **색**을 더 좋아하세요?	색, 색깔 복 цвета́
☐ ро́за	Буке́т роз – лу́чший пода́рок для люби́мой де́вушки. **장미** 꽃다발은 여자 친구를 위한 최고의 선물이다.	장미
☐ де́рево	Хво́йные дере́вья в основно́м расту́т на се́вере Росси́и и в Сиби́ри. 침엽**수**는 주로 러시아의 북부와 시베리아에서 자란다. деревя́нный 나무로 만든, 목조 / трава́ 풀	나무 복 дере́вья 복생 дере́вьев
☐ существова́ть 불	В ми́ре живо́тных та́кже существу́ют любо́вь и ре́вность. 동물의 세계에도 사랑과 질투가 **존재한다**. 불 существу́ю, -ву́ет, -ву́ют	존재하다
☐ поли́ть полива́ть	Это расте́ние ну́жно полива́ть у́тром и ве́чером. 이 식물은 아침저녁으로 **물을 줘야** 한다. 완 полью́, -льёт, -лью́т; поли́л, -ла́, -ли	물을 주다
☐ зоопа́рк	Бо́льше всего́ мы с мои́м ма́леньким сы́ном лю́бим ходи́ть в зоопа́рк. 나는 어린 아들과 **동물원**에 가는 것을 제일 좋아한다.	동물원
☐ дели́ть раздели́ть	Мы де́лим всех живо́тных на дома́шних и ди́ких. 우리는 동물을 가축과 야생동물로 **나눈다**. 불 делю́, де́лит, де́лят	кого́-что 대 + на кого́-что 대 나누다

3 Флóра и фáуна 동식물

☐ **лист**
Октя́брь. Ли́стья на дере́вьях жёлтые, кра́сные, ко́е-где ещё зелёные.
10월이다. 멀리 보이는 숲은 노랗고 붉은 **잎** 사이에 초록 **잎**이 섞여 있다.

잎
복 ли́стья
복생 ли́стьев

ко́рень 남 뿌리 / ствол 줄기

☐ **сажáть посади́ть**
Весно́й в па́рке посади́ли не́сколько деся́тков молоды́х дере́вьев.
봄에 공원에 묘목 수십 그루를 **심었다**.
완 посажу́, поса́дит, поса́дят

кого́-что 대
심다; 앉히다, 감금하다

☐ **стрáнный**
В после́днее вре́мя с кли́матом происхо́дят каки́е-то стра́нные ве́щи.
최근 들어 **이상한** 기상 현상이 발생하고 있다.

이상한, 기이한

☐ **ми́лый**
Бо́же мой, котя́та! Каки́е ми́лые и пуши́стые!
어머, 새끼 고양이들이잖아! 참 **귀엽고** 털이 복슬복슬하네!

귀여운, 사랑스러운

☐ **страдáть пострадáть**
Как и лю́ди, мно́гие ди́кие живо́тные страда́ют от измене́ния кли́мата.
사람들과 마찬가지로 야생 동물들도 기후 변화로 **고통받고 있다**.

от чего́ 생 / чем 조
고생하다, 고통받다; 병을 앓다

☐ **корми́ть** 불
Свои́х ры́бок в аква́риуме я кормлю́ два ра́за в день.
나는 수족관의 물고기들에게 하루에 두 번 **밥을 준다**.
불 кормлю́, ко́рмишь, ко́рмят

кого́-что 대 + чем 조
먹이다, 먹이를 주다; 부양하다

☐ **загáдка**
Живо́тный мир по́лон зага́док.
동물의 세계에는 많은 **수수께끼**가 있다.

수수께끼, 신비, 비밀

VI. Приро́да / Окружа́ющая среда́ 자연/환경

□ защища́ть
защити́ть

Бере́чь и защища́ть приро́ду – наш долг.
자연을 아끼고 **보호하는** 것은 우리의 의무이다.
완 защищу́, защити́т, защитя́т

кого́-что **대** +
от чего́ **생**
보호하다

□ повторя́ть
повтори́ть

Попуга́и охо́тно повторя́ют слова́ и фра́зы, кото́рые произно́сят лю́ди.
앵무새는 사람이 말하는 단어와 구절을 스스로 **따라 한다**.

что **대**
반복하다,
되풀이하다

□ охо́та

В на́шей стране́ охо́та на ре́дких живо́тных запрещена́ зако́ном.
우리나라는 희귀 동물 **사냥**이 법으로 금지되어 있다.

на кого́-что **대**
사냥, 수렵

□ я́ркий

Бана́ны я не о́чень люблю́, но, когда́ захо́чется, стара́юсь брать я́рко-жёлтые.
바나나를 좋아하지는 않지만 먹고 싶을 때면 되도록 **샛**노란 바나나를 사려고 한다.

빛나는, 선명한

□ фо́рма

Эти ры́бы свое́й фо́рмой напомина́ют кро́шечных драко́нов.
이 물고기는 **생김새**가 작은 용을 닮았다.

모양, 형태

추 가 단 어

🌱 색깔 Цвета
- [ ] бе́лый 흰색의
- [ ] чёрный 검은색의
- [ ] ро́зовый 분홍색의, 장미빛의
- [ ] кра́сный 붉은색의
- [ ] се́рый 회색의
- [ ] зелёный 초록색의
- [ ] си́ний 파란색의
- [ ] жёлтый 노란색의
- [ ] кори́чневый 갈색의
- [ ] голубо́й 하늘색의

🌱 모양 Фо́рмы
- [ ] круг 동그라미, 원
- [ ] треуго́льник 세모, 삼각형
- [ ] квадра́т 네모, 정사각형
- [ ] серде́чко 하트 모양
- [ ] звёздочка 별
- [ ] крест 십자형
- [ ] шар 구

🌱 동식물명

동물 Живо́тные
- [ ] тигр 호랑이
- [ ] лев 사자
- [ ] волк 늑대
- [ ] лиса́ 여우
- [ ] медве́дь 남 곰
- [ ] слон 코끼리
- [ ] за́яц 토끼
- [ ] жира́ф 기린
- [ ] обезья́на 원숭이

3 Фло́ра и фа́уна 동식물

- [ ] крокоди́л 악어
- [ ] бык, коро́ва 소
- [ ] пёс, соба́ка 개
- [ ] кот, ко́шка 고양이
- [ ] пету́х, ку́рица 닭
- [ ] свинья́ 돼지
- [ ] козёл, коза́ 염소
- [ ] конь, ло́шадь 말
- [ ] бара́н, овца́ 양

새 Пти́цы
- [ ] воробе́й 참새
- [ ] ча́йка 갈매기
- [ ] ле́бедь 남 백조
- [ ] гусь 남 거위
- [ ] у́тка 오리
- [ ] орёл 독수리

곤충 Насеко́мые
- [ ] кома́р 모기
- [ ] ба́бочка 나비
- [ ] пчела́ 벌
- [ ] му́ха 파리

식물 Расте́ния
- [ ] сосна́ 소나무
- [ ] па́льма 야자수
- [ ] бамбу́к 대나무
- [ ] берёза 자작나무
- [ ] и́ва 버드나무
- [ ] клён 단풍나무
- [ ] ро́за 장미
- [ ] подсо́лнечник 해바라기

연습 문제

1 보기 에서 다음의 각 범주에 해당하는 단어를 골라 써 넣으시오.

보기	лев	ба́бочка	ро́за	сосна́	орёл
	попуга́й	козёл	кома́р	рома́шка	ко́шка
	берёза	му́ха	го́лубь	клён	

① Пти́цы: _____

② Насеко́мые: _____

③ Дере́вья: _____

2 다음을 번역하시오.

① Я полива́ю цветы́ ка́ждый день.

② Прави́тельство стреми́тся защити́ть ре́дких живо́тных.

③ Я кормлю́ свои́х соба́к специа́льными корма́ми.

3 다음 중 잘못 쓰여진 부분을 고치시오.

① Осенью листы́ желте́ют и опада́ют.

② В на́шем са́де расту́т ра́зные цвета́.

정답

1. ① 새: орёл 독수리, попуга́й 앵무새, го́лубь 비둘기
   ② 곤충: ба́бочка 나비, кома́р 모기, му́ха 파리
   ③ 나무: сосна́ 소나무, берёза 자작나무, клён 단풍

2. ① 나는 매일 꽃에 물을 준다.
   ② 정부는 희귀동물 보호를 위해 노력한다.
   ③ 나는 강아지들에게 특수 사료를 먹인다.

3. ① листы́ → ли́стья
   ② са́де → саду́, цвета́ → цветы́

4 Го́род / Окружа́ющая среда́ 도시/환경

Track 40

☐ **го́род**

Мно́гие молоды́е лю́ди мечта́ют жить в больши́х города́х.
젊은이들은 대부분 대**도시**에 살길 꿈꾼다.

городско́й 도시의

도시
복 города́

☐ **дере́вня**

Я счита́ю, что жить в большо́м го́роде интере́снее, чем в дере́вне.
나는 **시골**보다 대도시에서의 삶이 더 흥미롭다고 생각한다.

дереве́нский 시골의

시골
복생
дереве́нь

☐ **райо́н**

Наш райо́н – оди́н из са́мых зелёных в Москве́.
우리 **동네**는 모스크바에서 가장 녹지가 많은 지역 중 하나입니다.

지역, 구역, 동네

☐ **се́льский**

Се́льское населе́ние бу́дет продолжа́ть старе́ть.
시골 인구는 계속해서 고령화될 것이다.

се́ло 마을, 농촌 / посёлок 촌, 마을

농촌의, 마을의, 시골의

☐ **при́город**

Я живу́ в при́городе, на рабо́ту е́зжу на маши́не.
나는 **교외**에 살면서 자가용으로 출근한다.

за́ го́родом 교외에

교외, 근교

☐ **кру́пный**

Москва́ вхо́дит в двадца́тку са́мых кру́пных городо́в ми́ра.
모스크바는 세계 20대 **큰** 도시 중 하나이다.

큰, 대규모의

☐ **окружа́ющая среда́**

Гла́вный исто́чник загрязне́ния окружа́ющей среды́ – э́то автомоби́ли.
자동차는 **환경** 오염의 주범이다.

экологи́ческий 환경의, 생태계의

환경

VI. Приро́да / Окружа́ющая среда́ 자연/환경

| □ загрязне́ние | Загрязне́ние во́здуха – наибо́лее о́страя экологи́ческая пробле́ма.
대기**오염**은 가장 심각한 환경 문제이다. | 오염 |

| □ населе́ние | Населе́ние Сеу́ла составля́ет о́коло десяти́ миллио́нов челове́к.
서울시 **인구**는 약 천만 명이다. | 인구 |

| □ жи́тель | Мно́гие жи́тели больши́х городо́в жа́луются на постоя́нные стре́ссы.
대도시에 사는 사람(**주민**)들의 대다수가 지속적인 스트레스에 시달린다. | 주민 |

| □ шум | Все о́кна кварти́ры выхо́дят во двор. Шум с у́лицы в неё не проника́ет.
집의 모든 창이 마당 쪽으로 나 있어요. 그래서 바깥의 **소음**이 집안으로 들어오지 않아요.
шу́мный 시끄러운, 소란스러운
тишина́ 침묵, 고요함, 정적 | 소음, 소리 |

| □ столи́ца | Сеу́л – столи́ца Ю́жной Коре́и.
서울은 한국의 **수도**이다.
столи́чный 수도의 | 수도 |

| □ центр | От вокза́ла до це́нтра го́рода идти́ пешко́м три́дцать мину́т.
역에서 시내 **중심**까지 걸어가면 30분 정도 걸린다.
центра́льный 중앙의, 중심의 | 중심 |

| □ пло́щадь | Кра́сная пло́щадь в Москве́ – люби́мое ме́сто госте́й столи́цы.
붉은 **광장**은 모스크바를 찾는 사람들이 즐겨 찾는 장소 중 하나이다. | ⓓ 광장; 면적 |

4 Го́род / Окружа́ющая среда́ 도시/환경

☐ **заво́д**

Хими́ческий заво́д нахо́дится на окра́ине го́рода.
화학 **공장**이 도시 근교에 있다.

фа́брика (경공업) 공장

(보통 중공업)
공장

☐ **фонта́н**

Тури́сты броса́ют моне́тки в фонта́ны го́рода и зага́дывают жела́ния.
관광객들이 **분수**에 동전을 던지고 소원을 빈다.

분수

☐ **парк**

Я ка́ждое у́тро бе́гаю в па́рке ря́дом с до́мом.
나는 매일 아침 집 근처 **공원**에서 조깅을 한다.

газо́н 잔디밭

공원

☐ **рекла́ма**

Сего́дня мы ви́дим рекла́му повсю́ду: на у́лице, в тра́нспорте, в интерне́те.
길거리, 대중교통, 인터넷 등 어디를 봐도 사방이 **광고** 천지이다.

광고, 선전

☐ **объявле́ние**

Алло́, здра́вствуйте! Я звоню́ по объявле́нию о прода́же кварти́ры.
여보세요, 안녕하세요! 아파트 매물 **공고** 보고 연락 드려요.

объявля́ть/объяви́ть 발표하다, 알리다

о чём 전
공지, 게시판

☐ **многолю́дно**

В э́том райо́не го́рода всегда́ многолю́дно и шу́мно.
이 동네는 늘 사람이 **넘쳐나고** 시끌벅적하다.

반 малолю́дно 사람이 적은, 한산하게

사람이 많은,
북적북적하게

VI. Приро́да / Окружа́ющая среда́ 자연/환경

☐ стро́ить постро́ить	Бо́льше нигде́ в Коре́е не стро́ят так мно́го высо́тных зда́ний, как в Сеу́ле. 한국에서 서울만큼 고층 건물이 많이 **지어지고** 있는 곳은 없다. строи́тельство 건설 🔳 стро́ю, стро́ит, стро́ят	что 대 짓다, 세우다, 건설하다
☐ горе́ть 🔳	Ве́чером на у́лицах я́рко горя́т фонари́, рекла́мные вы́вески. 가로등과 광고판 불빛으로 저녁에도 길거리가 환하게 **빛난다**. 🔳 горю́, гори́т, горя́т	빛나다, 불타다
☐ появля́ться появи́ться	Неда́вно в на́шем го́роде появи́лись пе́рвые кафе́ сети́ "Ста́рбакс". 얼마 전 우리 도시에 '스타벅스' 체인점이 처음으로 **생겼다**. 🔳 появлю́сь, поя́вится, поя́вятся	나타나다, 출현하다
☐ сли́шком	В на́шем го́роде сли́шком мно́го маши́н, поэ́тому на у́лицах постоя́нные про́бки. 내가 사는 도시에는 자동차가 **너무** 많아서 항상 교통이 혼잡하다.	너무, 지나치게
☐ доста́точно	Это живопи́сное о́зеро – доста́точно изве́стное ме́сто среди́ тури́стов. 이 그림 같은 호수는 관광객들 사이에서는 이미 **꽤** 알려진 곳이다.	충분하다, 넉넉하게; 꽤, 어지간히
☐ недоста́точно	В на́шем го́роде ещё недоста́точно круглосу́точных продукто́вых магази́нов. 우리 도시에는 아직 24시간 운영하는 식료품점이 많이 없다(**부족하다**).	부족하게; 모자라다

4 Го́род / Окружа́ющая среда́ 도시/환경

☐ толпа́

В час пик на ста́нциях метро́ то́лпы люде́й.

러시아워에는 지하철역이 **사람들로 넘친다**.

무리, 군중, 인파
복 то́лпы

☐ электри́чество

Но́чью пла́та за электри́чество ни́же.

밤에는 **전기**세가 더 저렴하다.

전기

☐ потребле́ние

За пять лет наш го́род сни́зит потребле́ние электроэне́ргии на пятна́дцать проце́нтов.

향후 5년간 우리 도시는 전력 **소비**량을 15% 감축할 계획입니다.

потреби́тель 소비자

소비

☐ уменьша́ться уме́ньшиться

Чи́сленность се́льского населе́ния в стране́ постоя́нно уменьша́ется.

농촌 인구가 계속 **감소하고 있다**.

감소하다, 줄어들다

☐ увели́чиваться увели́читься

За про́шлый год коли́чество преступле́ний в на́шем го́роде увели́чилось на семь проце́нтов.

작년에 우리 도시에서 범죄가 7% **증가했다**.

증가하다, 늘어나다

☐ пожа́р

Вчера́ на на́шей у́лице случи́лся пожа́р. Сгоре́л небольшо́й кни́жный магази́н.

어제 우리 동네(거리)에 **불**이 나서 작은 서점 하나가 불탔다.

화재, 불

VI. Приро́да / Окружа́ющая среда́ 자연/환경

연습 문제

1 다음 밑줄 친 표현과 같은 의미의 표현을 고르시오.

Я живу́ в при́городе Нью-Йо́рка.

① в мегапо́лисе　　　② в столи́це

③ за грани́цей　　　④ за́ го́родом

⑤ в глухо́й дере́вне

2 다음 밑줄 친 단어의 반의어를 쓰시오.

① Населе́ние в больши́х города́х увели́чивается.

② В на́шем го́роде недоста́точно кругосу́точных продукто́вых магази́нов.

③ В э́том райо́не го́рода всегда́ малолю́дно.

3 다음의 한국어는 러시아어로, 러시아어는 한국어로 쓰시오.

электри́чество	①
потребле́ние	②
загрязне́ние	③
도시 생활	④ г_____ ж_____
환경	⑤ о_____ с_____
광고	⑥ р_____
공고, 공지	⑦ о_____

정답

1. ④
2. ① уменьша́ется　② доста́точно　③ многолю́дно
3. ① 전기　② 소비　③ 오염　④ городска́я жизнь　⑤ окружа́ющая среда́　⑥ рекла́ма　⑦ объявле́ние

부록

01 러시아어 동사 활용형
02 동사의 상
03 러시아어 형용사/명사 격변화
04 전치사의 활용
05 수사
06 수사의 격변화
07 러시아어 전치사 в / на
08 특수 전치격(전치격에서 어미가 –у로 변하는 명사)
09 불규칙 비교급
10 이동 동사의 추상적 의미
11 **-то, -нибудь, кое-**

01 러시아어 동사 활용형

제 1 활용형(-ать/-ять/-еть/-овать/-нуть)

рабо́та-ть отдыха́-ть зна-ть чита́-ть слу́ша-ть де́ла-ть понима́-ть пис-а́ть	я	-ю (-у)
	ты	-ешь (-ёшь)
	он(а́)	-ет (-ёт)
	мы	-ем (-ём)
	вы	-ете (-ёте)
	они́	-ют (-ут)

제 2 활용형(-ить/-еть)

говор-и́ть кур-и́ть повтор-и́ть по́мн-ить звон-и́ть смотр-е́ть получ-и́ть леж-а́ть	я	-ю (-у)
	ты	-ишь
	он(а́)	-ит
	мы	-им
	вы	-ите
	они́	-ят (-ат)

02 동사의 상

	불완료상(НСВ)	완료상(СВ)
1. 시제	과거 / 현재 / 미래 (Быть + 동사원형)	과거 / 현재 / 미래
2. 기본 의미	행위 자체	행위의 결과
3. 활용	**과정** Журналист писал статью всю неделю. 기자는 한 주 내내 기사를 썼다. (весь день, целый год, три года, бесконечно 등 지속을 나타내는 시간 표현과 함께)	**결과** Журналист написал статью за неделю. 기자는 일주일만에 기사 작성을 끝마쳤다.
	반복 После завтрака мой отец обычно выходил в сад и пил там чай. 우리 아버지는 아침 식사 이후에 보통은 정원에 나가서 차를 마신다. (ежедневно, часто, регулярно 등 빈도를 나타내는 표현과 함께)	**일회성** Сегодня после завтрака мой отец вышел в сад и полил цветы. 아버지는 오늘 아침을 드시고 정원으로 나가서 꽃에 물을 주었다.
	동시 Профессор читал лекцию, а студенты внимательно его слушали. 학생들은 교수가 수업하는 동안 이를 집중해서 들었다.	**순차** Профессор подошёл к доске и написал тему новой лекции. 교수는 칠판에 가서 새로운 강의 주제를 썼다.
	결과의 취소 Кто открывал окно? 누가 아까 창문 열었어요? (창문을 열었다가 다시 닫음)	**결과의 지속** Кто взял мой мобильный телефон? 누가 내 휴대폰 가져간 거야? (가져가서 주지 않음)
	금지(부정명령문) Не открывайте дверь незнакомым людям. 낯선 사람에게 문 열어 주면 안 돼.	**명령, 요청(긍정 명령문)** Откройте дверь! 문 열어 주세요!

부록 281

03 러시아어 형용사 / 명사 격변화

형용사/명사 격변화표

	남성		여성		
	형용사	명사	형용사	명사	
주격	-ой -ый -ий	-# -й -ь	-ая -яя	-а -я -ь	
생격	-ого -его	-а -я	-ой -ей	-ы -и	
여격	-ому -ему	-у -ю	-ой -ей	-е -ь, -ия→-и	
대격	생격/주격과 동일	생격/주격과 동일	-ую -юю	-у -ю	
조격	-ым -им	-ом -ем	-ой -ей	-ой -ей -ь→-ью	
전치격	-ом -ем	-е -ий→-ии	-ой -ей	-е -ия→-ии -ь→-и	

의문사

주격	кто	что
생격	кого́	чего́
여격	кому́	чему́
대격	кого́	что
조격	кем	чем
전치격	о ком	о чём

	중성		복수	
	형용사	명사	형용사	명사
	-ое -ее	-о -е -мя	-ые -ие	-ы, -и -о, -е→-а, -я
	-ого -его	-а -я	-ых -их	-#, -й→-ов, -ев -ж, -ш, -щ, -ч, -ь→-ей -о, -а→-# -ия, -ие→-ий
	-ому -ему	-у -ю	-ым -им	-ам -ям
	-ое -ее	주격과 동일	생격/주격과동일	생격/주격과 동일
	-ым -им	-ом -ем	-ыми -ими	-ами -ями
	-ом -ем	-е -ие→-ии	-ых -их	-ах -ях

인칭대명사

주격	я	ты	он	она	мы	вы	они
생격	меня́	тебя́	его́	её	нас	вас	их
여격	мне	тебе́	ему́	ей	нам	вам	им
대격	меня́	тебя́	его́	её	нас	вас	их
조격	мной	тобо́й	им	ей	на́ми	ва́ми	и́ми
전치격	обо мне	о тебе́	о нём	о ней	о нас	о вас	о них

명사(남)

단수 주격	телефо́н	музе́й	учи́тель	ге́ний	челове́к
생격	телефо́на	музе́я	учи́теля	ге́ния	челове́ка
여격	телефо́ну	музе́ю	учи́телю	ге́нию	челове́ку
대격	телефо́н	музе́й	учи́теля	ге́ний	челове́ка
조격	телефо́ном	музе́ем	учи́телем	ге́нием	челове́ком
전치격	телефо́не	музе́е	учи́теле	ге́нии	челове́ке

복수 주격	телефо́ны	музе́и	учителя́	ге́нии	лю́ди
생격	телефо́нов	музе́ев	учителе́й	ге́ниев	люде́й
여격	телефо́нам	музе́ям	учителя́м	ге́ниям	лю́дям
대격	телефо́ны	музе́и	учителе́й	ге́ниев	люде́й
조격	телефо́нами	музе́ями	учителя́ми	ге́ниями	людьми́
전치격	телефо́нах	музе́ях	учителя́х	ге́ниях	лю́дях

명사(중)

단수 주격	о́зеро	мо́ре	зда́ние	вре́мя
생격	о́зера	мо́ря	зда́ния	вре́мени
여격	о́зеру	мо́рю	зда́нию	вре́мени
대격	о́зеро	мо́ре	зда́ние	вре́мя
조격	о́зером	мо́рем	зда́нием	вре́менем
전치격	о́зере	мо́ре	зда́нии	вре́мени

복수 주격	озёра	моря́	зда́ния	времена́
생격	озёр	море́й	зда́ний	времён
여격	озёрам	моря́м	зда́ниям	времена́м
대격	озёра	моря́	зда́ния	времена́
조격	озёрами	моря́ми	зда́ниями	времена́ми
전치격	озёрах	моря́х	зда́ниях	времена́х

명사(여)

단수 주격	ко́мната	кни́га	де́вушка	неде́ля	соль	аудито́рия
생격	ко́мнаты	кни́ги	де́вушки	неде́ли	со́ли	аудито́рии
여격	ко́мнате	кни́ге	де́вушке	неде́ле	со́ли	аудито́рии
대격	ко́мнату	кни́гу	де́вушку	неде́лю	соль	аудито́рию
조격	ко́мнатой	кни́гой	де́вушкой	неде́лей	со́лью	аудито́рией
전치격	ко́мнате	кни́ге	де́вушке	неде́ле	со́ли	аудито́рии

복수 주격	ко́мнаты	кни́ги	де́вушки	неде́ли	со́ли	аудито́рии
생격	ко́мнат	книг	де́вушек	неде́ль	соле́й	аудито́рий
여격	ко́мнатам	кни́гам	де́вушкам	неде́лям	соля́м	аудито́риям
대격	ко́мнаты	кни́ги	де́вушек	неде́ли	со́ли	аудито́рии
조격	ко́мнатами	кни́гами	де́вушками	неде́лями	соля́ми	аудито́риями
전치격	ко́мнатах	кни́гах	де́вушках	неде́лях	соля́х	аудито́риях

형용사 단수(남/중)

주격	но́в-ый но́в-ое	си́н-ий си́н-ее	больш-о́й больш-о́е	мя́гк-ий мя́гк-ое	хоро́ш-ий хоро́ш-ее
생격	но́в-ого	си́н-его	больш-о́го	мя́гк-ого	хоро́ш-его
여격	но́в-ому	си́н-ему	больш-о́му	мя́гк-ому	хоро́ш-ему
대격	но́в-ый(ое) но́в-ого	си́н-ий(ее) си́н-его	больш-о́й(о́е) больш-о́го	мя́гк-ий(ое) мя́гк-ого	хоро́ш-ий(ее) хоро́ш-его
조격	но́в-ым	си́н-им	больш-и́м	мя́гк-им	хоро́ш-им
전치격	но́в-ом	си́н-ем	больш-о́м	мя́гк-ом	хоро́ш-ем

형용사 단수(여성)

주격	но́в-ая	си́н-яя	больш-а́я	мя́гк-ая	хоро́ш-ая
생격	но́в-ой	си́н-ей	больш-о́й	мя́гк-ой	хоро́ш-ей
여격	но́в-ой	си́н-ей	больш-о́й	мя́гк-ой	хоро́ш-ей
대격	но́в-ую	си́н-юю	больш-у́ю	мя́гк-ую	хоро́ш-ую
조격	но́в-ой	си́н-ей	больш-о́й	мя́гк-ой	хоро́ш-ей
전치격	но́в-ой	си́н-ей	больш-о́й	мя́гк-ой	хоро́ш-ей

형용사 복수

주격	но́в-ые	си́н-ие	больш-и́е	мя́гк-ие	хоро́ш-ие
생격	но́в-ых	си́н-их	больш-и́х	мя́гк-их	хоро́ш-их
여격	но́в-ым	си́н-им	больш-и́м	мя́гк-им	хоро́ш-им
대격	но́в-ые но́в-ых	си́н-ие си́н-их	больш-и́е больш-и́х	мя́гк-ие мя́гк-их	хоро́ш-ие хоро́ш-их
조격	но́в-ыми	си́н-ими	больш-и́ми	мя́гк-ими	хоро́ш-ими
전치격	но́вых	си́н-их	больш-и́х	мя́гк-их	хоро́ш-их

의문/소유/지시형용사(남/중)

주격	чей чьё	весь всё	какой какое	э́тот э́то	мой моё
생격	чьего́	всего́	како́го	э́того	моего́
여격	чьему́	всему́	како́му	э́тому	моему́
대격	чей/чьё чьего́	весь/всё всего́	како́й(о́е) како́го	э́тот/э́то э́того	мой/моё моего́
조격	чьим	всем	каки́м	э́тим	мои́м
전치격	чьём	всём	како́м	э́том	моём

의문/소유/지시형용사(여)

주격	чья	вся	кака́я	э́та	моя́
생격	чьей	всей	како́й	э́той	мое́й
여격	чьей	всей	како́й	э́той	мое́й
대격	чью	всю	каку́ю	э́ту	мою́
조격	чьей	всей	како́й	э́той	мое́й
전치격	чьей	всей	како́й	э́той	мое́й

의문/소유/지시형용사 복수

주격	чьи	все	каки́е	э́ти	мои́
생격	чьи́х	всех	каки́х	э́тих	мои́х
여격	чьи́м	всем	каки́м	э́тим	мои́м
대격	чьи чьи́х	все всех	каки́е каки́х	э́ти э́тих	мои́ мои́х
조격	чьи́ми	все́ми	каки́ми	э́тими	мои́ми
전치격	чьи́х	всех	каки́х	э́тих	мои́х

04 전치사의 활용

кого-чего 생

전치사		예문
без	~없이	кófe без cáхара 무설탕 커피
для	~을 위한	Máма приготóвила торт для гостéй. 엄마가 손님들을 위해 케이크를 만들었다.
до	~까지(시간)	Я занимáюсь с утрá до вéчера. 나는 아침부터 저녁까지 공부한다.
	~까지(장소)	Мы доéхали до дóма на такси́. 우리는 집까지 택시를 타고 갔다.
из	~로부터	Вчерá сестрá вернýлась из Москвы́. 어제 언니(누나, 여동생)가 모스크바에서 돌아왔다.
	~로 만든	Варéнье из мали́ны. 라즈베리로 만든 잼
из-за	~때문에, ~로 인해	Он опоздáл из-за прóбок на дорóге. 그는 교통체증 때문에 지각했다.
от	~로 부터	письмó от друзéй 친구에게서 온 편지
крóме	~을 제외하고	На экскýрсию пришли́ все, крóме Сáши. 사샤를 제외한 모든 사람이 견학을 왔다.
	~외에도	Крóме рýсского, я хорошó знáю англи́йский, францýзский и немéцкий языки́. 나는 러시아어 말고도 영어, 프랑스어, 독일어를 다 잘한다.
вмéсто	~대신에	Вмéсто мя́са мы заказáли ры́бу. 우리는 고기 대신 생선을 시켰다.
у	~에게	У дóчери мнóго подрýг. 딸에게는 친구가 많다.
	~옆에	У окнá стои́т стол. 창문 옆에 책상이 있다.
вóзле	~근처에	Мы посади́ли дерéвья вóзле дóма. 우리는 집 근처에 나무를 심었다.
вокрýг	둘레를, 주위를	Мы обошли́ вокрýг пáмятника Пýшкину. 우리는 푸시킨 동상 주위를 돌았다.
ми́мо	~을 지나쳐서	Мы прошли́ ми́мо бáнка. 우리는 은행을 지나쳐 왔다.

накануне	~전날 밤	Накануне Нового года дети украсили ёлку. 새해 전날 밤 아이들이 트리를 장식했다.
около	~근처에	Машина остановилась около подъезда. 자동차가 현관 근처에서 멈춰 섰다.
после	~후에	После уроков мы погуляли по парку. 수업이 끝나고 우리는 공원에서 산책했다.

кому-чему 여

	~쪽으로, 근접하여	Машина подъехала к театру. 차가 극장 쪽으로 다가갔다.
к	~에게로	Мы пришли к друзьям в гости. 우리는 친구들에게 놀러 갔다.
	~를 따라, ~에서	Мы шли по улице и весело болтали. 우리는 거리를 따라 걸으며 즐겁게 수다를 떨었다.
по	~분야의	специалист по русскому искусству 러시아 예술 분야의 전문가
	~마다	По четвергам я хожу в бассейн. 목요일마다 나는 수영장에 간다.
благодаря	~덕분에	Благодаря помощи друзей мы решили эту проблему. 친구들의 도움 덕분에 우리는 문제를 해결했다.

кого-что 대

	~로(방향)	Дети идут в школу. 아이들이 학교로 간다.
в	~에(시간, 날씨 등)	в понедельник, в выходные, в мороз, в солнечную погоду... 월요일에, 휴일에, 혹한에, 화창한 날씨에…
на	~로(방향)	Поставь цветы на окно. 꽃을 창가에 놓도록 해.
за	~너머로(방향)	Мы поехали за город. 우리는 교외로 (도시 밖으로) 나갔다.
	~을 이유로	Спасибо Вам за помощь. 도움을 주셔서 감사합니다.
про	~에 관한	Фильм про войну 전쟁에 관한 영화

че́рез	~을 관통하여, 지나서	Мы перешли́ ре́ку че́рез мост. 우리는 다리를 통해 강을 건넜다.
	~이후에	Андре́й вернётся из командиро́вки че́рез ме́сяц. 안드레이는 한 달 후에 출장에서 돌아온다.
несмотря́ на	~에도 불구하고	Несмотря́ на дождь, мы отпра́вились на прогу́лку. 비가 왔지만 우리는 산책하러 나갔다.

кем-чем 조

пе́ред	~앞에(장소)	Пе́ред до́мом разби́ли сад. 집 앞에 정원을 조성했다.
	~전에(시간)	Табле́тку на́до вы́пить пе́ред за́втраком. 약은 아침 식사 전에 먹어야 한다.
ме́жду	~사이에	Ме́жду на́шим до́мом и сосе́дним – спорти́вная площа́дка. 우리 집과 옆 건물 사이에는 운동장이 있다.
с	~와 함께	Вади́м лю́бит чай с са́харом. 바딤은 차에 설탕을 (같이) 타 마시는 것을 좋아한다.
за	~뒤에, 너머에	Они́ живу́т за грани́цей. 그들은 해외에 산다.
	~을 가지러, 사러	– За чем ты идёшь в магази́н? – За ма́слом и сы́ром. - 가게에 뭐 사러 가는 거야? - 버터랑 치즈 사러 가.
под	~아래에	Под окно́м растёт берёза. 창 아래에서 자작나무가 자라고 있다.
ря́дом с	근처에	Ря́дом с до́мом есть кни́жный магази́н. 집 근처에 서점이 있다.
над	~위에	Над о́зером стоя́ла луна́. 호수 위에 달이 떠 있다.

ком-чём 전

в	~에(장소)	В э́том го́роде мно́го кинотеа́тров. 이 도시에는 영화관이 많다.
	~에 (시간)	в январе́, в э́том ме́сяце, в э́том году́, в двадца́том ве́ке... 1월에, 이번 달에, 올해에, 20세기에…
на	~에(장소)	Вчера́ мы бы́ли на вы́ставке. 어제 우리는 박람회에 갔다.
	~에(시간)	На сле́дующей неде́ле у меня́ се́ссия. 나는 다음 주에 시험 기간이다.
	~을 타고	На рабо́ту я е́зжу на авто́бусе. 나는 버스를 타고 출근한다.
о	~에 관한	Кни́га об исто́рии Росси́и 러시아 역사에 관한 책
при	부설된	При шко́ле рабо́тает музе́й. 교내에 부설 박물관이 있다.
	~의 통치 시기에	Са́нкт-Петербу́рг стал столи́цей Росси́и при Петре́ Пе́рвом. 상트페테르부르크는 표트르 1세 시대에 러시아의 수도가 되었다.
	~조건에서, ~할 때	При жела́нии челове́к мо́жет всё. 사람은 하고자 하는 열망이 있다면 무엇이든 할 수 있다.

05 수사

0 ноль	10 де́сять		

1 оди́н
  одна́
  одно́
  одни́
	11 оди́н-		100 сто

2 два, две	12 две-	20 два́-	200 две́сти
3 три	13 три-	30 три́-	300 три́-
4 четы́ре	14 четы́р-	40 со́рок	400 четы́ре-
5 пять	15 пят-	50 пять-	500 пять-
6 шесть	16 шест-	60 шесть-	600 шесть-
7 семь	17 сем-	70 се́мь-	700 семь-
8 во́семь	18 восем-	80 во́семь-	800 восемь-
9 де́вять	19 девят-	90 девяно́сто	900 девять-

Columns 3 and 4 suffixes: -надцать (11–19), -дцать (20), -десят (50–80), -ста (200), -сот (500–900)

(*оди́ннадцать, четы́рнадцать, се́мьдесят, во́семьдесят은 강세를 주의해야 함)

1000 ты́сяча
10 000 де́сять ты́сяч
100 000 сто ты́сяч
1 000 000 миллио́н
1 000 000 000 миллиа́рд

06 수사의 격변화

① 0 (ноль)

	0
주	ноль
생	ноля́
여	нолю́
대	ноль
조	нолём
전	ноле́

1000 (ты́сяча)

	천	수천
주	ты́сяча	ты́сячи
생	ты́сячи	ты́сяч
여	ты́сяче	ты́сячам
대	ты́сячу	ты́сячи
조	ты́сячей	ты́сячами
전	ты́сяче	ты́сячах

② 1 (оди́н, одна́, одно́, одни́)

	남성	중성	여성	복수
주	оди́н	одно́	одна́	одни́
생	одного́		одно́й	одни́х
여	одному́		одно́й	одни́м
대	оди́н / одного́	одно́	одну́	одни́ / одни́х
조	одни́м		одно́й	одни́ми
전	одно́м		одно́й	одни́х

③ 2 (два, две)

	남성	중성	여성
주	два		две
생	двух		
여	двум		
대	два / двух	два	две / двух
조	двумя́		
전	двух		

④ 3(три)　⑤ 4 (четы́ре)　⑥ 5~20(пять - два́дцать), 30(три́дцать)

	④ 3	⑤ 4	⑥ 5
주	три	четы́ре	пять
생	трёх	четырёх	пяти́
여	трём	четырём	пяти́
대	три трёх	четы́ре четырёх	пять
조	тремя́	четырьмя́	пятью́
전	трёх	четырёх	пяти́

⑦ 40(со́рок)　⑧ 90(девяно́сто)　⑨ 100(сто)
⑩ 50~80 (пятьдеся́т - во́семьдесят)

	⑦ 40	⑧ 90	⑨ 100	⑩ 50
주	со́рок	девяно́сто	сто	пятьдеся́т
생	сорока́	девяно́ста	ста	пяти́десяти
여	сорока́	девяно́ста	ста	пяти́десяти
대	со́рок	девяно́сто	сто	пятьдеся́т
조	сорока́	девяно́ста	ста	пятью́десятью
전	сорока́	девяно́ста	ста	пяти́десяти

⑪ 200(две́сти)　⑫ 300~400(три́ста - четы́реста)
⑬ 500~900 (пятьсо́т - девятьсо́т)

	⑪ 200	⑫ 300	⑬ 500
주	две́сти	три́ста	пятьсо́т
생	двухсо́т	трёхсо́т	пятисо́т
여	двумста́м	трёмста́м	пятиста́м
대	две́сти	три́ста	пятьсо́т
조	двумяста́ми	тремяста́ми	пятьюста́ми
전	двухста́х	трёхста́х	пятиста́х

07 러시아어 전치사 в/на

в/на는 모두 '~에서'라는 의미로 쓰입니다. 함께 결합하는 명사에 따라 в/на를 사용하는 경우가 다릅니다. на와 결합하는 명사는 다음과 같습니다.

열린 공간		방위	
на у́лице	거리	на ю́ге	남쪽
на перекрёстке	사거리, 교차로	на се́вере	북쪽
на разви́лке	갈림길	на восто́ке	동쪽
на проспе́кте	대로	на за́паде	서쪽
на пло́щади	광장	사건	
на мосту́	다리	на рабо́те	직장
на берегу́	강변, 해변	на уро́ке	수업
на пля́же	해변	на заня́тии	수업
на мо́ре	바닷가	на ле́кции	강의
на о́зере	호숫가	на вы́ставке	전시회
на по́ле	들	на спекта́кле	연극
на вокза́ле	기차역	на бале́те	발레
на ста́нции	지하철역	на ко́нкурсе	대회
на остано́вке	정류장	на экза́мене	시험
на стадио́не	경기장	на экску́рсии	단체관광
на балко́не	베란다	표면, 위	
на ры́нке	시장	на полу́	바닥
на горе́	산	на крова́ти	침대
на о́строве	섬	на по́лке	책장
на земле́	땅	на страни́це	쪽, 페이지
на не́бе	하늘		

08 특수 전치격 (전치격에서 어미가 –у로 변하는 명사)

Что?	Где?	뜻
аэропо́рт	в аэропорту́	공항
порт	в порту́	항구
лес	в лесу́	숲
мост	на мосту́	다리, 교량
бе́рег	на берегу́	해변, 강변
сад	в саду́	정원
пол	на полу́	바닥
шкаф	в/на шкафу́	옷장
у́гол	в/на углу́	구석/모퉁이
лёд	во льду́	얼음
снег	в снегу́	눈
край	на краю́	가장자리
Крым	в Крыму́	크림반도
ряд	в ряду́	열, 줄
круг	в кругу́	범위
лоб	на лбу́	이마
год	в году́	년(年)

*в / на와 결합하지 않는 경우, об аэропо́рте, о ле́се, о мосте́…로 규칙 변화함.

09 불규칙 비교급

원급	비교급	원급의 뜻
дорого́й	доро́же	값비싼
молодо́й	моло́же	젊은
глубо́кий	глу́бже	깊은
кре́пкий	кре́пче	단단한, 진한
я́ркий	я́рче	선명한, 빛나는
бога́тый	бога́че	부유한, 풍부한
круто́й	кру́че	가파른
ти́хий	ти́ше	조용한
чи́стый	чи́ще	깨끗한
то́лстый	то́лще	뚱뚱한, 두꺼운
просто́й	про́ще	단순한
густо́й	гу́ще	빽빽한, 무성한
у́зкий	у́же	좁은
бли́зкий	бли́же	가까운
ре́дкий	ре́же	드문
коро́ткий	коро́че	짧은
то́нкий	то́ньше	얇은, 가는
далёкий	да́льше	먼
плохо́й	ху́же	나쁜
хоро́ший	лу́чше	좋은
большо́й	бо́льше	큰
ма́ленький	ме́ньше	작은
ста́рый	ста́рше	늙은
широ́кий	ши́ре	폭이 넓은

10 이동 동사의 다양한 의미

이동 동사	뜻	결합하는 어휘	예문
идти́/ ходи́ть	(대중교통) 운행되다	авто́бус, по́езд, трамва́й, тролле́йбус...	Авто́бусы хо́дят далеко́ не по расписа́нию. 버스가 운행 시간표에 맞게 운행되는 법이 없다.
идти́	(눈, 비) 내리다	дождь, снег...	Сего́дня це́лый день идёт снег. 오늘 종일 눈이 내린다.
	(시간) 흐르다, 지나다	вре́мя, го́ды, часы́...	Вре́мя идёт, нас не ждёт. 시간은 흐르고, 우리를 기다려 주지 않는다.
	진행되다	фильм, экза́мен, разгово́р, спор, спекта́кль, собра́ние...	Э́тот фильм идёт два часа́. 이 영화는 두 시간짜리이다(두 시간 동안 진행된다).
	어울리다	кому́(여) идёт что(주)	Тебе́ идёт твоя́ но́вая причёска. 새로 한 머리 너한테 잘 어울려.
бежа́ть	흐르다	река́, руче́й, вода́...	Весна́. Та́ет снег, бегу́т ручьи́. 봄이다. 눈이 녹고, 시냇물이 흐른다.
вести́/ води́ть	(차를) 몰다	маши́ну, автомоби́ль, авто́бус...	Я бою́сь води́ть маши́ну. 나는 운전하는 게 무서워.
вести́	진행하다	уро́к, наблюде́ние, разгово́р, рабо́ту, иссле́дование, войну́...	Наш преподава́тель ру́сского языка́ ведёт заня́тия о́чень интере́сно. 우리 러시아어 선생님은 아주 재미있게 수업을 한다.
	행동하다	себя́	Ты ведёшь себя́ как ребёнок! 너는 참 애같이 구는구나!
везти́	운이 좋다	кому́(여) + везёт	Ему́ почему́-то всегда́ везёт. 걔는 왠지는 모르겠는데 항상 운이 좋아.

носи́ть	입다, 착용하다	оде́жду, очки́, бо́роду, причёску...	Мой оте́ц но́сит бо́роду. 우리 아버지는 턱수염을 기른다.
	~의 이름을 따다, 명칭이 ~이다	и́мя, назва́ние...	Моско́вский госуда́рственный университе́т но́сит и́мя М.В. Ломоно́сова. 모스크바국립대학교의 명칭은 로모노소프의 이름을 따서 지었다.
лете́ть	(시간) 빨리 흐르다	вре́мя, го́ды...	Когда́ ве́село, вре́мя лети́т незаме́тно. 즐거울 때는 시간 가는 줄 모른다.
плыть/ пла́вать	(구름) 떠다니다	о́блако, ту́ча...	По не́бу плыву́т облака́. 하늘에 구름이 떠다닌다.

11 -то, -нибудь, кое-

-то	내가 모르는 특정한 대상	кто́-то 누군가 что́-то 무엇인가 че́й-то 누구의 것인가 како́й-то 어떤, 웬	В дверь кто́-то постуча́л. 누군가 문을 두드렸다. Чья́-то маши́на перекры́ла въезд во двор. 누군가의 자동차가 마당 입구를 막고 있었다.
-нибудь	여러 가지 중 어떤 것이든 상관 없는 경우	кто-нибу́дь 아무나, 누구든 что-нибу́дь 무엇이든 чья-нибу́дь 누구의 것이든 како́й-нибу́дь 어떤 것이든	Да́йте мне каку́ю-нибу́дь газе́ту. 아무 신문이나 하나 주세요. Спо́йте каку́ю-нибу́дь ру́сскую пе́сню. 러시아 노래 중 무슨 노래든 좋으니 불러 봐.
кое-	본인은 알고 있으나 상대방에게 이야기하지 않는 경우/ 몇몇	ко́е-кто 누군가 ко́е-что 무언가, 어떤 것 ко́е-чей 누군가의 ко́е-како́й 어떤	Мне ну́жно тебе́ ко́е-что сказа́ть. 나 너한테 뭐 할 말 있어. Я ко́е с кем уже́ встре́тился. 나 누구 좀 만났어.

색인

А

а	176
ава́рия	101
авто́бус	99
автома́т	111
а́втор	160
а́дрес	18
Азия	129
аккура́тный	45
акти́вный	45
ана́лиз	247
анке́та	134
аппети́т	120
апте́ка	77
а́рмия	237
арома́тный	72
арти́ст	163
архитекту́ра	134
атмосфе́ра	237
аудито́рия	217
аэропо́рт	102

Б

ба́бушка	10
бага́ж	132
ба́зовый	212
бале́т	157
балко́н	17
ба́нка	123
бар	117
бассе́йн	173
ба́шня	135
бе́гать	90
бе́дный	238
бежа́ть	90
бензи́н	103
бе́рег	256
бере́менная	84
бере́чь	259
бесе́да	225
беспла́тно	108
беспоко́иться	51
беспоря́док	17
бессо́нница	79
библиоте́ка	217
би́знес	226
биле́т	135
бить	60
благодари́ть	186
благодаря́	177
бли́зко	104
близне́ц	12
блю́до	118
бог	150
бога́тый	237
боле́знь	75
боле́льщик	171
боле́ть	75, 171
болта́ть	60
больни́ца	77
бо́льно	75
больно́й	76
большинство́	238
большо́й	11
борьба́	238
боя́ться	51
брак	84
брат	11
брать	62
броса́ть	77
бу́дущий	197
бу́ква	213
буты́лка	123
бы́вший	188
бытова́я те́хника	24

В

ваго́н	103
ва́жный	153
ва́нна	28
ва́нная	16
вари́ть	120
вверх	97
вдвоём	187
вдруг	201
ведь	179
ве́жливо	44
везде́	96
везти́	92
вели́к	113
велосипе́д	103
ве́рить	152

ве́рный	44		внима́тельный	44		вслух	213
вес	65		внук	11		вспомина́ть	136
ве́село	167		внутри́	18		встава́ть	36
весёлый	44		во вре́мя	202		встре́ча	190
весно́й	263		вода́	118		встреча́ть	190
вести́	91		води́ть	91, 102		встреча́ться	190
вести́ себя́	61		вое́нный	238		вход	20
весь	197		возвраща́ть	111		выбира́ть	54
ве́тер	261		возвраща́ться	38		выбра́сывать	26
ве́чером	36		во́здух	255		выздора́вливать	78
ве́шать	33		вози́ть	92		вызыва́ть	77
вещь	24		возника́ть	153		выи́грывать	171
взгляд	56		возража́ть	57		выключа́ть	26
взро́слый	83		во́зраст	82		выноси́ть	26
вид	99		война́	152		выполня́ть	225
ви́деть	71		вокру́г	96		выража́ть	162
ви́за	132		волна́	256		высо́кий	65
ви́лка	121		волнова́ться	51		вы́ставка	162
ви́рус	234		воню́чий	72		выходно́й	224
висе́ть	33		вопро́с	211		вы́ше	65
вкус	72		вор	138			
вку́сный	122		восто́к	258		**Г**	
вла́жный	262		вперёд	95			
власть	238		впечатле́ние	136		газе́та	236
влюблённый	49		враг	183		галере́я	162
вме́сте	186		врач	77		гара́ж	21
вме́сто	177		вре́дно	75		гардеро́б	157
вмеша́ться	187		вре́мя	195		где	33
вне́шность	65		вряд ли	178		геро́й	163
внизу́	22		всё вре́мя	195		гимн	126
внима́ние	55		всё равно́	58		гимна́стика	172
						гита́ра	167

гладкий	73	грустно	48	день	196
глубокий	256	гулять	38	день рождения	142
глупый	43	густой	257	деньги	111
глухой	73			депутат	240
говорить	127	**Д**		деревня	273
год	196			дерево	268
голодный	120	давай(те)	191	держать	61
голос	72	давать	63	детский сад	13
гора	255	давно	200	детство	82
гораздо	259	даже	114	дёшево	108
гордиться	52	далеко	104	деятельность	239
горе	48	дарить	144	диван	27
гореть	276	дата	145	диплом	219
город	273	дача	20	дискуссия	240
горький	122	дверь	17	для	177
горячий	73	двигаться	172	днём	36
гостеприимный	145	двор	21	до	97, 203
гостиная	16	дворец	135	добиваться	226
гостиница	137	двухкомнатный	16	добрый	42
гость	145	девушка	83	доволен	50
государство	239	Дед Мороз	142	договариваться	191
готов	226	дедушка	10	договор	243
готовить	38	действие	239	дождь	262
готовиться	219	действительно	173	доказывать	250
градус	264	делать	142	доклад	227
гражданин	128	делегация	240	документ	226
грамотно	214	делить	268	долго	195
граница	128	делиться	188	должен	206
грипп	78	дело	222	дом	20
громкий	72	деловой	222	дома	20
группа	183	демократия	240	домашнее задание	
		демонстрация	239		210

домо́й	20
домохозя́йка	14
доро́га	100
до́рого	108
доста́вка	108
доста́точно	276
достига́ть	226
досто́инство	42
достопримеча́тельность	113
дочь	10
дре́вний	150
друг	182
дру́жба	182
дружи́ть	183
дру́жный	12
ду́мать	54
дух	152
душ	37
душа́	187
дыша́ть	255

Е

Евро́па	129
еда́	121
еди́нственный	154
еди́ный	154
ежего́дно	197
е́здить	90
ёлка	142
е́сли	178

е́сли бы	178
есть	32, 119
е́хать	90
ещё	199

Ж

жа́лко	49
жа́ловаться	50
жаль	49
жа́реный	120
жа́ркий	264
ждать	190
жела́ть	144
жена́	11
жена́т	12
жени́ться	12
жени́х	84
же́нщина	83
живо́й	267
живо́тное	267
жизнь	82
жи́тель	274
жить	14

З

за	33, 57, 203
за грани́цу	127
забо́р	21
забо́титься	13
забыва́ть	212

зави́довать	50
зави́сеть	241
заво́д	275
за́втра	199
за́втрак	38
зага́дка	269
зага́дывать	146
загора́ть	167
загрязне́ние	274
зада́ча	240
зака́зывать	118
зака́нчивать	224
зако́н	237
заку́ска	118
заменя́ть	227
замеча́тельный	136
замеча́ть	62
за́муж	12
за́мужем	12
занима́ть	118
занима́ться	171
за́нят	227
заня́тие	215
за́пад	258
за́пах	71
запи́ска	227
запи́сывать	191
заполня́ть	134
запомина́ть	212
зара́нее	200
зарпла́та	227

зарубе́жный	127	изобрета́ть	247	ка́рта	133
заря́дка	37	изуча́ть	217	карье́ра	224
заставля́ть	207	ико́на	159	ка́сса	109
защища́ть	270	и́ли	176	ката́ться	167
заявле́ние	225	и́менно	138	ка́шлять	79
звезда́	254	име́ть	206	кварти́ра	20
звони́ть	233	и́мпорт	241	кива́ть	60
здоро́ваться	191	и́мя	191	кино́	156
здоро́вье	75	инвали́д	76	ки́слый	123
здра́вый смысл	54	иностра́нный	127	класс	210
земля́	254	инструме́нт	167	класси́ческий	159
зимо́й	264	интересова́ться	165	класть	32
знако́миться	191	Интерне́т	232	кли́мат	261
знако́мый	182	иска́ть	63	ключ	18
зна́ние	217	иску́сство	156	кни́га	161
знать	182	исполня́ться	84	кно́пка	232
значе́ние	154	испо́льзовать	26	когда́	195
зову́т	14	иссле́дование	247	коли́чество	112
зо́лото	259	исто́рия	150	коллекти́в	225
зоопа́рк	268			колле́кция	111
зре́ние	71	**К**		кома́нда	171
				командиро́вка	225
И		к	97	ко́мната	16
		каблу́к	114	компа́ния	222
и	176	ка́ждый	197	компью́тер	231
игра́ть	166	каза́ться	55	коне́ц	198
идеа́льный	66	как раз	114	консервато́рия	163
идти́	90	как то́лько	201	конце́рт	157
изве́стный	159	календа́рь	143	коридо́р	18
извиня́ться	186	ка́мень	259	корми́ть	269
из-за	177	кани́кулы	211	коро́бка	123
изменя́ть	246	карма́н	111		

коро́ль	151	
коро́ткий	257	
ко́смос	254	
кофе́йня	117	
краси́вый	65	
кра́сить	67	
кре́пкий	123	
кре́сло	27	
кри́тика	57	
крича́ть	60	
крова́ть	27	
кро́ме	186	
кро́ме того́	179	
круг	146	
кру́пный	273	
круто́й	58	
кста́ти	179	
куда́	33	
культу́ра	156	
купа́ться	169	
кури́ть	76	
курс	215	
кусо́к	119	
ку́хня	16	

Л

ла́мпа	28	
лёгкий	25	
легко́	234	
лёд	118	
лежа́ть	32	

лека́рство	79	
ле́кция	215	
лентя́й	43	
лес	256	
ле́стница	22	
лета́ть	91	
лете́ть	90	
ле́том	263	
лечи́ть	78	
ли	178	
лист	269	
литерату́ра	156	
лифт	21	
ложи́ться	39	
лома́ться	25	
луна́	254	
лу́чше	67	
лы́жи	168	
люби́мый	49	
люби́ть	166	
любова́ться	258	
любо́й	200	
любопы́тный	45	

М

магази́н	107	
мал	113	
ма́ленький	12	
ма́льчик	82	
Ма́сленица	145	
мать	10	

маха́ть	61	
маши́на	100	
ме́бель	24	
медици́на	80	
ме́дленно	103	
ме́жду	186	
междунаро́дный	127	
ме́лочь	111	
меню́	118	
меня́ть	225	
мёртвый	267	
ме́сто	117	
ме́сяц	196	
метро́	99	
мечта́ть	223	
меша́ть	187	
микроволно́вка	29	
ми́лый	269	
ми́мо	97	
ми́нус	265	
мир	126	
мири́ться	185	
мне́ние	55	
мно́го	112	
многолю́дно	275	
мо́дный	109	
мо́жет быть	179	
мо́жно	206	
мо́крый	262	
молодёжь	83	
моло́же	14	

молчать	60	назад	202	неожиданно	190
момент	136	называться	134	неприятный	48
море	256	накрывать	29	несколько	112
мороз	265	налево	95	несмотря на	176
мост	137	наливать	120	нести	91
мочь	207	наличные	110	нет	32
муж	11	напоминать	146	ни разу не	200
мужчина	83	направо	96	ниже	66
музей	133	напротив	34	нижний	22
музыка	158	народ	126	низкий	66
музыкант	158	насекомое	267	но	176
мусорный бак	29	население	274	новость	236
мыло	28	настоящий	197	новый	24
мысль	54	настроение	48	Новый год	142
мягкий	73	наступать	263	номер	137
мясо	121	научный	246	носить	91, 113
мяч	172	находиться	32	ночью	36
		национальность	127	нравиться	166
		начало	198	нужен	206

Н

		начальник	223		
на	203	начинать	224		
на самом деле	179	не только..., но и	179	### О	
наблюдение	247	небо	255		
наверно	58	невозможно	207	обедать	38
навещать	76	неделя	196	обещать	192
навстречу	137	недостаточно	276	обижаться	92
над	34	независимый	241	обладать	208
надевать	113	некогда	200	облако	262
надежда	85	нельзя	206	область	251
надеяться	56	ненавидеть	50	облачно	261
надо	206	ненужный	25	обманывать	107
нажимать	232			обменивать	133
				образец	214

образова́ние	218	
обраща́ться	78	
обсужда́ть	234	
обща́ться	192	
общежи́тие	20	
о́бщество	236	
о́бщий	56	
общи́тельный	44	
объединя́ть	234	
объявле́ние	275	
объясня́ть	214	
обы́чай	149	
обя́занность	227	
обяза́тельно	206	
о́вощи	122	
одева́ться	37	
одина́ковый	149	
одино́кий	49	
одна́жды	200	
одновре́менно	202	
однокла́ссник	210	
ожида́ться	263	
о́зеро	255	
означа́ть	154	
ока́зываться	185	
ока́нчивать	216	
окно́	17	
о́коло	96	
окружа́ющая среда́	273	
Олимпиа́да	172	
опа́здывать	211	

опа́сно	101	
о́пера	157	
опера́ция	79	
опи́сывать	163	
о́пыт	223	
организа́ция	243	
организо́вывать	243	
оригина́л	162	
ору́жие	249	
освобожда́ться	224	
о́сенью	263	
осма́тривать	135	
осно́ван	136	
основно́й	136	
осо́бенно	129	
остава́ться	39	
оставля́ть	38	
остально́й	112	
остана́вливаться	137	
остано́вка	99	
осторо́жно	101	
о́стров	256	
о́стрый	122	
от	97	
отве́тственный	45	
отвеча́ть	230	
отдава́ть	64	
отде́льно	111	
о́тдых	166	
отдыха́ть	39	
оте́ц	10	

отка́зываться	56	
открыва́ть	18	
откры́тие	247	
откры́тка	143	
отку́да	95	
отлича́ться	138	
отли́чно	58	
отмеча́ть	143	
отнима́ть	64	
относи́ться	182	
отноше́ние	182	
отправля́ть	230	
о́тпуск	224	
отстава́ть	134	
отста́лый	153	
отсю́да	95	
офице́р	152	
официа́льный	234	
официа́нт	119	
охо́та	270	
оце́нивать	56	
оце́нка	213	
о́чередь	110	
оши́бка	212	
ощуще́ние	72	

П

па́дать	61	
паке́т	110	
па́мятник	159	
па́мять	54	

па́ра	215	
пара́д	144	
парк	275	
паркова́ть	102	
парла́мент	240	
паро́ль	232	
паро́м	100	
па́ртия	240	
па́спорт	132	
пассажи́р	101	
па́хнуть	71	
пейза́ж	257	
пе́нсия	85	
пе́рвый	198	
переводи́ть	218	
перегово́ры	234	
пе́ред	34	
передава́ть	63	
переда́ча	169	
переезжа́ть	22	
переноси́ть	193	
перепи́сываться	192	
переры́в	211	
переса́дка	102	
перестава́ть	77	
песо́к	259	
петь	158	
печа́тать	232	
пешко́м	100	
писа́тель	160	
писа́ть	212	
письмо́	230	
пить	119	
пла́вать	91	
пла́кать	61	
план	193	
плане́та	254	
пла́стырь	79	
плати́ть	109	
плита́	29	
плохо́й	42	
пло́щадь	274	
плыть	91	
по	96, 203	
по доро́ге	96	
побе́да	172	
побыва́ть	135	
повора́чивать	102	
повторя́ть	270	
повыша́ть	242	
погиба́ть	85	
пого́да	261	
под	34	
подава́ть	120	
пода́рок	144	
подва́л	21	
подде́рживать	243	
подде́ржка	183	
подключа́ться	233	
поднима́ть	64	
поднима́ться	22	
подозрева́ть	55	
подпи́сывать	228
подро́сток	83
подъе́зд	103
пое́здка	132
пожа́р	277
пожило́й	84
позавчера́	199
по́здно	36
поздравля́ть	143
пока́зывать	109
покупа́тель	107
покупа́ть	106
пол	17, 82
по́ле	256
поле́зно	75
поли́тика	237
поли́ть	268
по́лка	27
по́лный	66
положи́тельный	57
полтора́	196
получа́ть	230
по́льзоваться	231
по́мнить	56
помога́ть	186
по-мо́ему	55
по́мощь	186
понима́ть	54
по́зже	199
популя́рный	171
пора́	207

по́ртиться	263	предме́т	213	програ́мма	169
портре́т	162	предпочита́ть	167	прогре́сс	248
по-ру́сски	128	представля́ть	223	продава́ть	106
посереди́не	34	пре́жде чем	203	продаве́ц	106
посеща́ть	135	прекраща́ть	63	продолжа́ть	224
по́сле	203	пре́мия	249	проду́кты	121
после́дний	198	преступле́ние	243	прозра́чный	261
посло́вица	151	при	202	прои́грывать	172
посо́льство	133	приве́т	192	произведе́ние	160
постоя́нно	202	привыка́ть	265	производи́ть	250
поступа́ть	216	привы́чка	76	произноше́ние	217
посту́пок	61	приглаша́ть	143	происходи́ть	151
посу́да	29	при́город	273	промы́шленность	250
посы́лка	231	прие́зд	103		
потому́ что	176	приме́р	154	проси́ть	188
потребле́ние	277	примеря́ть	113	про́сто	234
похо́ж	12	принадлежа́ть	208	простужа́ться	79
по́чта	230	принима́ть	78	просыпа́ть	37
почти́	112	при́нцип	250	просыпа́ться	37
поэ́зия	161	приро́да	254	про́тив	57
поэ́тому	176	приходи́ться	206	профе́ссия	222
появля́ться	276	причёска	67	профе́ссор	217
прав	58	причи́на	177	прохла́дно	264
пра́вда	188	прия́тно	191	проце́нт	251
пра́вило	212	про́бка	101	проце́сс	248
пра́вильный	212	пробле́ма	226	про́шлый	197
прави́тельство	239	про́бовать	120	проща́ть	183
пра́здник	142	проверя́ть	231	проща́ться	192
пра́ктика	249	проводи́ть	165	пры́гать	62
превраща́ться	153	провожа́ть	190	пря́мо	95
предлага́ть	56	прогно́з пого́ды	263	пти́ца	267
				пуска́ть	63

пустóй	257
пусть	193
путешéствовать	132
путь	138
пьéса	162

Р

рабóта	222
рабóчий	222
равнодýшный	44
рáвный	182
рад	48
рáдио	27
раз	196
разбивáть	26
рáзве	58
развивáться	239
развлекáться	165
разводи́ться	13
разговáривать	183
размéр	113
рáзница	149
рáзный	149
разрешáть	207
райóн	273
рáно	36
расписáние	216
распродáжа	108
расскáзывать	134
растéние	267
расти́	13

расти́ть	13
расхóд	241
рвать	64
ребёнок	82
ревновáть	51
револю́ция	152
регуля́рно	201
режиссёр	163
рéзать	64
рекá	255
реклáма	275
рекомендовáть	117
рекóрд	172
рéктор	218
рели́гия	149
ремéнь	101
ремóнт	26
респýблика	129
ресторáн	117
ресýрс	259
рецéпт	78
решáть	228
рисовáть	166
рóвно	195
рóдина	128
роди́тели	10
роди́ться	13
роднóй	128
рóдственник	11
Рождествó	142
рóза	268

роль	158
ромáн	161
росси́йский	129
рост	65
ругáть	185
руководи́ть	251
рыба	121
рынок	107
ряд	158
ря́дом	33

С

сад	21
сади́ться	25
сажáть	269
сайт	232
салáт	123
салфéтка	121
самолёт	100
самостоя́тельно	184
свáдьба	84
свéжий	257
свет	24
светлó	258
светофóр	99
свобóда	236
свобóдный	165
связь	233
сдавáть	219
сдáча	110
себя́	208

се́вер	259	сли́шком	276	со́лнечный	261
сего́дня	199	сло́во	213	со́лнце	254
сейча́с	198	сло́жный	250	сомнева́ться	55
се́льский	273	служи́ть	223	сон	39
семе́стр	215	слух	71	сообща́ть	231
семья́	10	слу́чай	184	соревнова́ние	172
серди́ться	52	случа́ться	185	сосе́д	182
середи́на	198	слу́шатель	158	состоя́ть	13
сериа́л	169	слу́шать	71	сохраня́ть	152
серьёзный	42	слы́шать	71	социа́льная сеть(со́цсе́ть)	233
сестра́	11	смерть	85
сиде́ть	25	смешно́й	49	социа́льный	237
си́ла	80	смея́ться	51	спа́льня	16
си́мвол	129	смотре́ть	71	спаса́ть	80
симпати́чный	65	снача́ла	200	спать	39
ситуа́ция	184	снег	262	спекта́кль	157
ска́чивать	233	снижа́ть	242	специали́ст	251
ски́дка	108	снима́ть	39	специа́льность	216
ски́дывать	233	сно́ва	202	спеши́ть	192
ско́льзко	265	собесе́дование	225	споко́йный	45
ско́лько	106	собира́ть	169	спо́рить	226
ско́рая по́мощь	78	собира́ться	144	спорт	171
ско́ро	201	собра́ние	240	спортза́л	172
ско́рость	104	собы́тие	151	спо́соб	250
скро́мный	43	соверша́ть	61	спосо́бность	214
скрыва́ть	64	соверше́нно	57	справедли́вый	237
ску́чно	48	сове́товать	184	спуска́ться	22
сла́бый	80	совреме́нный	246	спу́тник	251
сла́дкий	122	согла́сен	57	сра́внивать	249
сле́ва	34	создава́ть	246	сра́зу	201
сле́дующий	198	солёный	122	сре́дний	65
				сро́чно	201

ссо́риться	185
ста́вить	32
станови́ться	84
ста́нция	99
стара́ться	214
старе́ть	85
стари́к	85
ста́рший	14
статья́	236
стекло́	28
стена́	17
стереоти́п	54
стесня́ться	52
стипе́ндия	219
стира́ть	62
стихи́	161
сто́ить	106
стол	24
столи́ца	274
столо́вая	117
сторона́	103
стоя́ть	32
страда́ть	269
страна́	126
страни́ца	161
стра́нный	269
стра́шно	50
стреми́ться	86
стресс	168
стричь	67
стро́гий	44
стро́йный	66
стро́ить	22, 276
студе́нт	218
стул	24
стуча́ть	62
сты́дно	50
сувени́р	138
судьба́	86
супру́ги	11
сухо́й	262
существова́ть	268
сце́на	259
счастли́вый	49
счёт	110
сын	10
сыт	119
сы́тный	119
сюда́	33

Т

табли́ца	251
таи́нственный	153
та́к себе	58
та́кже	178
такси́	100
тала́нт	173
там	33
тамо́жня	132
танцева́ть	168
та́почки	28
та́ять	265
твёрдый	73
тво́рчество	159
теа́тр	157
текст	160
телеви́зор	27
те́ма	160
темно́	258
температу́ра	79
тео́рия	249
тепе́рь	199
тёплый	264
терпе́ть	64
террито́рия	126
теря́ть	63
те́сно	18
техноло́гия	246
течь	255
ти́хий	72
това́р	107
тогда́	195
то́же	178
толка́ть	60
толпа́	277
то́лстый	66
то́лько	114
то́лько что	201
торго́вля	241
торго́вый центр	107
торт	145
то́чно	169
тради́ция	149

транспорт	99		угрожать	243		успевать	192
тратить	109		удаваться	208		успех	223
требовать	207		ударять	62		успокаиваться	51
тренировка	172		удача	211		уставать	39
трогательный	159		удивляться	51		усталый	228
трогать	72		удобно	234		устный	219
трубка	233		удовольствие	52		устраивать	146
труд	222		ужасно	50		уступать	102
трудно	234		уже	199		усы	67
трудолюбивый	43		ужинать	38		утро	36
туалет	16		узкий	257		ухудшаться	187
туалетная бумага	28		узнавать	190		участвовать	238
туман	262		украшать	143		учёба	218
тупой	25		улица	101		учебник	210
турист	132		улучшать	187		ученик	213
тюрьма	243		улыбаться	52		учёный	246
тяжёлый	25		уменьшаться	277		учитель	210
			уметь	208		учить	216
У			уметь	168		учиться	216
у	34		умирать	85		уютный	16
убеждать	185		умный	43			
убивать	242		умываться	37		**Ф**	
убирать	17		университет	215		факс	231
уважать	188		уникальный	146		факт	249
увеличиваться	277		унитаз	28		факультет	215
уверен	55		упаковка	110		фен	28
уверенный в себе	43		употреблять	219		ферма	242
увлекаться	165		уровень	211		фигура	66
увлечение	165		урожай	265		фильм	156
угол	17		урок	211		флаг	126
угощаться	145		условие	227		флешка	234

фонта́н	275
фо́рма	270
фотогра́фия	138
фра́за	161
фронт	153

Х

хара́ктер	42
хвали́ть	184
хвата́ть	119, 166
хо́бби	165
ходи́ть	90
хозя́ин	20
хозя́йство	242
холоди́льник	29
хо́лодно	264
хор	163
хоро́ший	42
хоте́ть	187
хоте́ться	188
хотя́	177
храм	150
худо́жественный	156
худо́жник	163
худо́й	66
ху́же	67

Ц

царь	150
цвет	268
цвето́к	267
целова́ть	184
це́лый	112
цель	86
цени́ть	86
це́нный	157
центр	274
церемо́ния	144
це́рковь	150

Ч

чаевы́е	137
ча́йник	29
час	195
ча́сто	195
часть	112
ча́шка	121
чек	110
челове́к	42
челове́чество	152
чемпио́н	172
чемпиона́т ми́ра	172
че́рез	97, 202
че́стный	45
че́тверть	196
число́	197
чи́стить	37
чи́стый	18
чита́тель	160
чита́ть	217
член	242

чу́вство	48
чу́вство ю́мора	43
чу́вствовать	76
чу́до	151
чужо́й	126
чуть-чу́ть	122

Ш

ша́хматы	168
широ́кий	257
шить	168
шкаф	27
шко́ла	210
шко́льная фо́рма	213
шко́льник	210
шо́пинг	105
шум	274
шути́ть	60

Э

экза́мен	218
эконо́мика	236
эконо́мить	109
экра́н	232
экску́рсия	133
экспериме́нт	247
электри́чество	277
электро́ника	24
электро́нный	230
электроста́нция	248

эмо́ция	48
эне́ргия	248
энциклопе́дия	248
эпо́ха	151
эта́ж	21

Ю

юбиле́й	142
юг	258
ю́ность	82
юриди́ческий	241

Я

явля́ться	242
я́дерный	248
язы́к	128
я́ркий	270
я́сный	261

착!붙는 러시아어 단어장

초판발행	2017년 8월 1일
초판 2쇄	2018년 12월 31일
저자	러포자 구제 연구소, М.Ю. Бордюговский
책임 편집	김효은, 장은혜, 양승주, 이효리
펴낸이	엄태상
디자인	이건화
제작	전태준
마케팅	이승욱, 오원택, 전한나, 왕성석
온라인마케팅	김마선, 김제이, 유근혜
콘텐츠 제작	김선웅, 최재웅
전산	김예원, 오희연
물류	유종선, 정종진, 고영두, 최진희, 윤덕현
펴낸곳	랭기지플러스
주소	서울시 종로구 자하문로 300 시사빌딩
주문 및 교재 문의	1588-1582
팩스	(02)3671-0500
홈페이지	www.sisabooks.com
이메일	book_english@sisadream.com
등록일자	2000년 8월 17일
등록번호	제1-2718호

ISBN 978-89-5518-209-5   13790

* 이 책의 내용을 사전 허가 없이 전재하거나 복제할 경우 법적인 제재를 받게 됨을 알려 드립니다.
* 잘못된 책은 구입하신 서점에서 교환해 드립니다.
* 정가는 표지에 표시되어 있습니다.